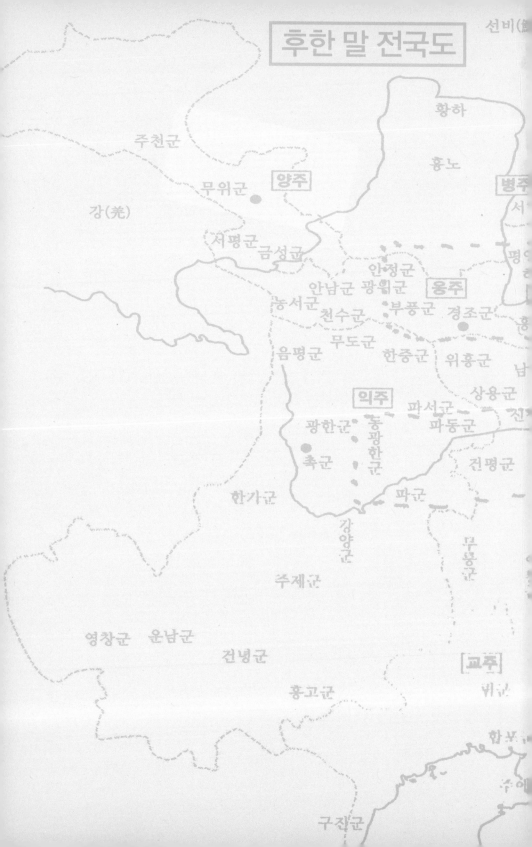

후한 말 전국도

오환(烏丸)

유주

어양군

요동군

낙랑군

대방군

대군 ●연군 우북평군

문군

흥군 상산군 유해군

빅군 거록군 기주 동룩군

동평군 ●안평군 청주

상당군 평원군 제국●

진평군 태산군 복해국

위군 동군

진류국 연주 낭아국

양국 동해국

하남군 하비군 서주

경천군 진국 초군 광릉군

예주

여남군 단양군

남양군 양주 오군

형주

양군 강하군 신도군 회계군

장강

남군 임해군

장사군 건안군

상봉군 임천군

계양군

이주

남해군

애주

인생백년을 읽는

삼국지 인문학

나채훈 지음

춤추는고래

인생백년을 읽는
삼국지 인문학

초판 1쇄 인쇄 | 2022년 3월 15일
초판 1쇄 발행 | 2022년 3월 20일

지은이 | 나채훈
펴낸곳 | 도서출판 춤추는 고래
펴낸이 | 임성구
디자인 | 윤영화
등록번호 | 제2015-000077호
주소 | 서울시 마포구 월드컵북로5길 65(서교동), 주원빌딩 201호
전화 | 02-887-7930 **팩스** | 02-6280-9257
ISBN 979-11-87867-63-0   03910

■ 참고원전 「三國演義校注」
   校注者 吳小林 중국인민대 교수
   〈出版社 里仁書庯(1995)〉

책 머리에

정사『삼국지』나 소설『삼국연의』는 대개 동탁이 낙양에 들어와 폭정을 일삼은 때부터 시작합니다. 시기적으로 조금 앞서거나 뒤서거나 하지만요. 이것은 상당히 의미가 있습니다. 조조 · 손권 · 유비라는 3대 세력이 민심을 얻고 영토를 넓히고자 치열한 각축을 벌이면서 발전하고 성장하는 그러니까 역사적으로 보면 원인이 있어야 결과가 있고, 겉만 보지 않고 속을 보아야 한다는 점에서 의미를 부여할 수 있다는 것입니다.

난세(亂世)는 어지러운 세상, 기존의 가치관이 허물어지고 새로운 인물들이 저마다 지닌 기량을 맘껏 발휘하는 그야말로 온갖 모순과 충돌, 마찰과 거대한 살기(殺氣)가 범람합니다. 여기서 영웅들의 본색이 나타나고 강렬한 기개가 세상을 휘젓습니다. 물론 그곳에는 낭만적 정서도 있고, 아기자기

한 풍류도 더러 있습니다만 용호상박의 지략과 투혼 속에서 승리하는 인물과 배경이 빛을 발합니다. 물론 이기는 자가 바로 정의가 되기도 합니다. 역사의 기록이 대부분 나중 승리자의 입장에서 정리되고 서술되니까요.

하지만 역사란 그리 간단히 이해할 수만은 없는 복잡한 이면을 지니게 마련입니다. 더구나 문장가들의 드라마틱한 서술로 대중의 흥미를 자극하여 역사적 사실보다는 꾸민 이야기가 엉뚱한 견해와 판단을 낳기도 합니다. 그렇다고 역사의 진실이 무엇이냐를 찾는 것만이 해결책은 아닙니다. 문학적 영향력이 역사의 진실을 뛰어넘는 예도 허다하니까요.

삼국지 인문학이란 역사의 본 얼굴을 찾으면서도 소설이나 민간 속에 전승된 이미지도 곱씹어 보면서, 오늘을 사는 우리가 나름의 성찰과 자기 계발을 풍부하게 하는 데 진정한 의도가 있습니다. 누구를 편들 이유도 없고, 깎아내릴 필요도 없습니다. 숱한 논란 속에 함께 들어가서 살펴보고 해석하면서 즐기는 것이지요. 물론 쉬운 일은 결코 아닐 것입니다만, 그냥 편하게 바라보면서 헤아려 본다면 좋지 않을까 생각합니다. 숱한 영웅들이 남긴 족적과 평가, 또는 그들의 폐부를 찌르는 '말'을 통해서 삼국지의 의미를 오늘에 비추어 다시 살펴보는 기회가 된다면 더할 나위 없이 고맙겠습니다.

인천에서 글쓴이

차례

名言·故事成語로
인생백년을 읽는

삼국지
인문학

역사를 아는 자는 무너지는 담장 아래 서지 않는다!

분열이 오래면 필히 통합되고,
통일이 오래면 필히 분열한다

分久必合 분구필합 合久必分 합구필분

천하대세는 분열이 오래면 필히 통합되고, 통일이 오래면 필히 분열된다.

주(周)나라 말기에 일곱 나라로 나뉘어 다투더니 진(秦)나라로 통일됐다. 진이 망한 후에는 초(楚)나라와 한(漢)나라로 나뉘어 다투더니, 결국 한나라로 통일되었다.

역사는 안정된 치세(治世)와 혼란스런 난세(亂世)의 연속이며, 흥망성쇠가 반복된다고 보는 관점이 있다. 천하를 통일한 주나라 이후 춘추전국시대라는 분열기를 거쳐 진시황의 진나라로 통일되었으나 곧 분열되었고, 한나라 역시 2백여 년이 흐르자 왕망의 반역이 일어나 세상이 어수선해졌고, 후한 광무제가 이를 평정했으나 역시 2백년이 흐르자 세상이 또다시 혼란스러워졌다. 이렇듯 천하가 일치일란(一治一亂)을 거듭했다는 것을 소설「삼국연의」의 앞부분에서 지적하는 까닭은 중국인들의 역사인식과 긴밀히 연결되어 있기 때문이다.

역사의 변천, 또는 시대의 흐름을 보는 시각에는 두 가지 관점이 있다. 하나는 발전(發展)이라고 보는 것이고, 다른 하나는 비슷한 형태로 순환(循環)된다고 보는 것인데 중국인들은 후자 쪽이 강했다. 우선 그들은 역사의 진행법칙에서 일정한 원리가 왕조 교체에 있다고 보았다. 예컨대 새로운 왕조의 시작은 덕망과 의욕을 갖춘 창업자가 있었기에 가능했는데 왕조의 마지막 군주는 덕망을 잃고 기본적인 도리마저 내팽개쳤기에 민심을 잃고 망했다는 사실을 지적한 것.

이러한 형태의 거듭된 왕조 교체는 마치 정해진 패턴처럼, 때로는 기분 나쁠 정도로 유사하게 계속되며 반복되었다.

天下大勢(천하대세) / 分久必合(분구필합) /
合久必分(합구필분) / 周末七國分爭(주말칠국분쟁) /
併入於秦(병입어진) / 及秦滅之後(급진멸지후) /
楚漢分爭(초한분쟁) / 又併入於漢(우병입어한)

의리를 저버리고 은혜를 잊는다면
하늘이여 세상이여 죽이소서

背義忘恩 天人共戮 배의망은 천인공륙

"유비와 관우, 장비는 각각 성이 다르나 이제 형제가 되었으니 마음을 함께하고 힘을 합쳐 온갖 어려움을 도와 위로는 나라에 보답하고 아래로는 백성을 편안케 할 것입니다. 같은 해 같은 달 같은 날에 태어나지는 못했지만 같은 해 같은 달 같은 날에 죽기를 바라오니 황천후토는 굽어 살펴 주소서. 의리를 저버리고 은혜를 잊는다면, 하늘이여 세상이여 죽이소서."

이는 유비와 관우, 장비 세 사람이 의형제를 맺으면서 다짐한, 도원결의(桃園結義)의 맹세 내용이다.

소설 「삼국연의」에서는 장비네 장원에서 세 호걸이 복숭아꽃 만발한 나무아래 제단을 마련하고 황건 잔당을 무찌르고자 제물을 바치고 분향재배하며 의형제를 맺은 것으로 되어 있다. 그러나 탁현(涿縣 : 오늘의 하북성 탁주시로 북경에서 남쪽으로 150리)지방에서 주민들 사이에 전해오는 이야기는 사뭇 다르다.

탁현 고을 교외에 있는 도장(桃莊)이란 곳에서 대대로 살아온 장비는 원래 돼지고기를 취급하는 식육 해체업자로 호걸들과 사귀기를 좋아했다. 그래서 집 앞에 있는 우물 속에 한 덩이의 고기를 넣어두고 천근이나 되는 큰 바위로 덮은 후 '이 바위를 손으로 치울 수 있는 사람은 고기를 가져가도 좋다'고 써 놓았다. 어느 날 얼굴이 불그레한 건장하게 보이는 사내가 수레를 끌고 지나가다 이 글귀를 보고 큰 바위를 치운 후 고기를 꺼내 갔다. 집에 돌아온 장비는 그 이야기를 듣고 수레의 주인을 찾아 시장으로 달려갔다. 과연 얼굴이 대춧빛에 몸집이 장대한 사내가 녹두를 팔고 있었다. 장비는 일부러 녹두를 한움큼 쥐고 부수어 가루를 내보이며 "이 따위를 파느냐"며 시비를 걸었다. 상대와 겨루어 보려는 의도였다.

결국 두 사람은 말다툼 끝에 서로 치고 받는 싸움을 하게 되었는데 양쪽이 모두 천 근 바위를 들어 올리는 힘센 장사들이라 쉽게 승부가 나질 않았다. 주변에 수백 명이 모여들어 이 굉장한 싸움에 넋을 잃고 구경하는데 끼어드는 인물이 있었다. 짚신을 파는 사내로 몸집은 크지 않았으나 단정한 용모에 양쪽 귀가 어깨까지 늘어진 괴이한 모습이었다. 두 장사 사이에 들어선 그는 두 사람의 팔을 잡으며 "사내대장부라면 나라를 위해 힘을 써야지 어찌 길바닥에서 이런 추태를 부리는가!"하고 소리쳤다.

싸우던 둘은 의외의 질타에 놀라 서로 손을 놓았고, 구경하던 사람들은 짚신을 둘러맨 그에게 일제히 갈채를 보냈다. 순식간에 일어난 일이었다. 이리하여 세 사람은 공수(拱手: 중국식 예절의 하나로 공경의 예를 표하기 위하여 두 손을 마주 잡는다)의 예를 나누고 서로의 이름을 밝혔다.

짚신을 파는 이는 유비, 녹두를 팔던 대춧빛 얼굴의 장한은 관우, 그리고 장비의 첫 만남이 이루어진 것이다. 세 사람이 싸움과 중재로 알게 되었다 해서 일대에서는 일룡분이호(一龍分二虎: 한 마리 용이 두 마리 호랑이를 갈라놓다)라고 전해진다.

또한 이곳에서는 도원결의를 세 번 했다는 설이 있다. 첫 번째는 일룡분이호 직후에 장비네 집 후원에서 앞서 말한 1차 도원결의를 했다. 그런데 탁주의 불량배 요빈(姚賓)이란 자가 체격이 관우와 흡사한 걸 이용하여 관우의 이름을 팔아 나쁜 짓을 했다. 장비는 이를 오해해서 사이가 틀어졌고 관우를 원수나 다름없이 대했다. 유비가 이 사실을 알아내어 진상을 밝히니 오해는 풀어졌으나 의형제를 맺은 사이가 껄끄러워졌다. 그래서 2차로 결의를 맺었다. 3차는 좀 의미심장하다.

당시 후한(後漢) 조정은 무능하여 백성들의 생활은 비참하기 이를 데 없었다. 셋이 이런 상황에 분개하고 있을 때 관아에서 황건 반란 잔당들이 탁현으로 쳐들어온다면서 의병을 모집하는데 유비와 관우는 가담하자고 했지만, 장비는 "어리석은 황제와 부패한 조정을 위해 싸우지 않겠다"며 거부했다. 일설에는 장비의 형이 황건에 가담했기 때문이라고 했다. 유비가 수습하여 도적떼로 변한 황건 잔당을 무찌른다는 조건으로 의병 모집에 가담하면서 3차 결의를 했다는 내용이다.

도원결의에 대해서는 이외에도 여러 견해와 민간전승의 설화가 많고, 심지어는 나관중의 창작에 불과하다는 주장도 있으나 확실한 점은 유비와 관우 장비 세 사람이 공적(公的) 면에서는 군신(君臣)관계였고, 사적으로는 '형제와 같았다'고 했다. 이는 정사(正史)의 기록이므로 허구라고 보긴 어렵다.

중요한 것은 결의를 몇 차례 했느냐보다 서로 다짐하는 마지막 구절이 아닐까 싶다. 배의망은(背義忘恩) 천인공륙(天人共戮). 참으로 과격하기 이를 데 없다. 그 시절 유학을 배운 선비나 지식계층에서는 사용하지 않는 표현이었다. 하지만 세상은 크게 어지러워졌다. 무력을 사용해서라도 옳지 않은 상대를 응징하고 처치하는 과감성이 필요하게 되었다. 따라서 의리를 저버리고 은혜를 잊는다는 것은 절대로 옳은 일일 수 없으려니와 그런 행동을 하는 자를 가혹하게 응징하지 않고서는 정의가 바로 서는 내일을 기대할 수 없었다. 악을 징벌하는 의협(義俠)의 기치 아래 유비와 관우, 장비가 미래를 향해 첫걸음을 내딛었다는 의미를 새삼 되새겨 보게 하는 구절이다.

念劉備關羽張飛(염유비관우장비) / 雖然異姓(수연이성) /
旣結爲兄弟(기결위형제) / 則同心協力(즉동심협력) /
救困扶危(구곤부위) / 上報國家(상보국가) /
下安黎庶(하안여서) / 不救同年同月同日生(불구동년동월동일생) /
只願同年同月同日死(지원동년동월동일사) / 皇天后土(황천후토) /
實鑒此心(실감차심) / 背義忘恩(배의망은) /
天人共戮 (천인공륙)

태평성대라면 유능한 신하
혼란한 세상이면 간사한 영웅

治世之能臣 치세지능신 亂世之奸雄 난세지간웅

여남 땅의 허소는 사람 됨됨이를 잘 알아보기로 유명했다. 조조가 찾아가 간곡히 물었다.

"내가 어떤 사람인지 봐주십시오."

허소는 대답하지 않았고, 조조가 거듭 다그쳐 묻자, 그제서야 말했다.

"그대는 태평성대라면 유능한 신하, 어지러운 세상이라면 간사한 영웅이 될 것이오."

조조는 이 말을 듣자 매우 기뻐했다.

조조는 성격이나 행동철학이 간단치 않은 인물로 그에 대한 평가가 시대적으로 극단적이랄 수 있을 만큼 다양하다. 출생부터 그런 조짐이 엿보인다. 그의 부친 숭(嵩)은 원래 하후(夏侯)씨였는데 생활이 몹시 곤궁해서 중상시(中常侍: 조정 내시의 고위직) 조등이란 인물의 양자로 들어갔다. 당시 환관들에게 후대를 잇게 해주는 특전이 있었기 때문이었다. 결국 조조는 주위에서 손가락질 받는 탁류(濁流: 환관을 지칭했다) 집안에서 출생했으나 경제적으로는 부유한 환경 속에서 성장할 수 있었다. 부잣집 아들로서 호강했지만 그가 받은 가정교육은 별로였다. 훗날 조조는 스스로 읊은 시(詩)에서 "삼사(三徙: 맹자 모친이 아들의 교육을 위해 세 번 이사한 일)의 가르침도 없었고, 과정(過庭: 공자가 아들에게 가르침을 준 일)의 훈육도 듣지 못했다"고 했다. 한마디로 그의 부모는 자식을 가르치는 일에 그다지 신경을 쓰지 않았던 모양이다.

부잣집 망나니 도련님으로 성장한 조조는 장난이 심했고, 일반적 규범을 지키지 않았으며 악독한 짓도 서슴없이 저질렀다. '젊었을 때 기지가 뛰어났고 상황 대처 능력이 출중했다. 권모술수에도 능했으며 자유분방한 성격으로 품행을 바르게 하거나 학업에 정진하지 않았다'는 정사 「삼국지」의 지적은 그래도 많이 봐준 평가였다고 하겠다. 조조는 '개망나니 같은 짓을 많이 했는데 재주와 무예가 남보다 뛰어나 그를 해칠 수 있는 사람이 없었으며 특히 병법을 좋아했다'는 기록도 있다. 이는 조조를 깎아 내리려 했던 기록으로 신빙성이 높다.

정리해보면 조조는 어릴 때 악동이었고, 청년이 되었을 때는 병법에 밝고 무예가 출중했다고 여겨진다. 그런 조조였기에 태평성대에는 유능한 신하가 될 것이고 세상이 어지러워지면 간사한 영웅이 될 것이란 관상가의 평(評)에 만족하지 않았을까 싶다.

흔히 영웅이란 표현과 함께 효웅(梟雄)이나 간웅(奸雄)이란 말을 쓰는데, 효웅은 '용맹하다, 잘 길들여지지 않는다, 기백이 있다'는 뜻이다. 삼국지 무대에서 가장 포악무도하고 사리분별이 없었던 동탁을 효웅이라 하지만, '유비는 천하의 효웅'이라는 평가도 함께 나타난다. 간웅이라 해서 부정적 측면에 연연할 일이 아닐 것이다. 소설에서도 설명하고 있지만 조조는 젊은 시절 벼슬길에 나아갔을 때 권세에 굴하지 않는 의연한 모습을 보였고, 당당히 재상들을 탄핵하는 상소문을 올려 조정을 발칵 뒤집어놓기도 했었다. 그러나 조정은 조조를 배척했고, 때로는 멀리 쫓아내기도 했다.

걸출한 인물이라도 어지러운 세상을 만나게 되면 자신이 지닌 포부와 능력에 상관없이 상황에 따라 '영웅', '효웅', '간웅'이 될 수밖에 없다는 건 부정할 수 없는 사실이다. 실제로 어떤 인물이 영웅이 되고 싶어 했을지라도 그렇게 되기는 힘들었다. 조조는 이 점을 헤아렸을 것이다. 허소가 무엇이라 했든 그것은 먼 후세의 평가로 결말이 나지 당대에서 끝날 일이 아니었다. 조조 자신이 영웅의 삶을 추구하면 그것으로 족하다고 여겼고 그렇게 행동했다고 보는 게 합리적이지 않을까.

삼국지 무대에서 가장 격동적 상황이었던 190년부터 200년 초까지 10여 년 동안 조조가 보여준 난세의 인물로서 정치적 식견과 미래를 헤아리는 안목은 걸출했고 당시 어느 누구도 견줄 수 있거나 따를 수 없었다.

루쉰(魯迅·중국 근대문학의 선구자)은 조조에 대해 경모하는 말을 했다. "조조는 대단한 인물이며 적어도 영웅이다. 내가 비록 조조와 한패는 아니지만 이유 여하를 막론하고 그를 매우 존경한다."

조조의 인간 됨됨이에 대한 평가는 오래전부터 엇갈려 왔다. 조조가 죽은 후 천하를 통일한 진대(晉代)부터 그랬다.

왕침(王沈)의 「위서(魏書)」, 사마표(司馬彪)의 「속한서(續漢書)」는 조조를 긍정적으로 보았고, 손성(孫盛)의 「이동잡어(異同雜語)」, 오인(吳人)이 쓴 「조만전(曹瞞傳)」은 조조를 못된 인물로 기록했다. 동진(東晉)의 사학자 습착치(習鑿齒)는 조조를 나라를 찬탈한 역신(逆臣)으로 규정했고, 이때부터 남북조와 수당시대에 이르기까지 조조에 대한 '시대적 견해'와 '역사적 의미'가 격렬하게 충돌하여 조조의 참 모습이 무엇인지 알 수 없게 된 점도 참고해 두었으면 한다.

어지러운 세상일수록 정정당당하고 소신 있는 인물일지라도 자기 뜻을 펼쳤다고 할 때 당대건 후대건 제대로 인정받는 건 쉬운 일이 아닌 모양이다.

汝南許劭(여남허소) /　有知人之名(유지인지명) /

操往見之(조왕견지) /　問曰(문왈) /　我何如人(아하여인) /

劭不答(소부답) /　又問(우문) /　劭曰(소왈) /

子治世之能臣(자치세지능신) /

亂世之奸雄也(난세지간웅야) /　操聞言大喜(조문언대희)

가시덤불에서는 난새와 봉새가 살지 않는다

枳棘叢中 지극총중 非棲鸞鳳之所 비서난봉지소

관운장이 와서 말하기를 "형님은 큰 공을 많이 세우고도 고작 현위 자리 하나를 얻었는데 독우에게 이런 모욕을 당하셨소. 내가 아는 바로 가시덤불에서는 난새와 봉새가 살지 않지요. 아예 독우를 죽이고 관직을 버린 후에 고향으로 돌아가 따로 원대한 계획을 세우지요."

유비가 황건 잔당을 토벌한 공로로 벼슬을 얻었는데 중산부 안희현의 현위(縣尉: 오늘의 시골 경찰서장에 해당)였다. 부임한 지 4개월이 채 안 되었을 때였다. 독우(督郵: 지방장관 태수의 소속으로 영내 고을을 순회하며 감찰하는 관리)가 안희현에 와서 유비를 불러놓고 시비를 걸며 뒷구멍으로 뇌물을 바치라는 수작을 부렸다. 하지만 유비는 응할 수 없었다.

"나는 백성의 재물을 빼앗은 일이 전혀 없으니 바칠 게 있겠소?"하며 사정하다가 끝내 분노가 치솟았다. 소설에서는 이때 장비가 독우를 끌어내서 관가 앞 말 매는 기둥에 매달고 버들가지를 꺾어 매질한 것으로 나오지만 정사에는 유비가 직접 독우를 때린 것으로 나온다.

감찰을 핑계로 지방 관리에게서 뇌물을 받아먹으려는 독우에게 분노한 유비의 매질은 몹시 혹독하였다. 뒤늦게 이 사실을 안 관운장이 달려와 유비에게 한 말이 '부패한 관리가 설치는 곳에 군자가 머물 수 없다'는 의미의 말을 했던 것.

관운장이 누구인가? 「청음소집(淸音小集)」이란 책자에 재미있는 내용이 있다. 관우의 원래 성은 풍(馮), 이름은 현(賢)이었다. 풍현은 교양도 있었고 의협심이 강했다. 그런데 그가 사는 동네에 권세를 부리는 여웅이란 자가 나쁜 짓을 함부로 일삼으며 여성을 강간하는 등 만행을 다반사로 저질렀다. 이에 분개한 그는 방조하는 현령과 여웅 일족을 모조리 죽이고 타향으로 도망쳤다.

청대(淸代)에 세워진 관성고리비(關聖古里碑)의 비문에 따르면 '어두운 밤에 여웅의 집에 숨어 들어가 일족을 모조리 주살했다'고 되어 있다. 그의 의협심이 어떠했는지를 알아 볼 수 있는 대목이다.

소설에서 관운장은 "나는 원래 하동 해량(解良) 땅 사람이오. 그곳의 행세하는 집에 세도만 믿고 사람을 업신여기는 자가 있었는데 그 자가 되지 못한 수작을 일삼다가 결국 내 손에 죽었소. 사람을 죽였는지라 몸을 피해 세상을 떠돌아다닌 지 벌써 5, 6년이 되었소" 하고 자신을 소개하는 구절이 있을 뿐이나 오늘날 그의 고향인 산서성 운성(運城)에서는 이때의 살인사건 탓에 그의 노부모가 자살했고, 가족들이 뿔뿔이 헤어진 가슴 아픈 이야기가 전해내려 올 정도로 의협심은 정평이 나 있다.

관운장은 하찮은 인물들과 아옹다옹하며 살아간다는 사실 자체가 싫었다고 보면 무리가 없다. 유비 역시 독우의 허튼 짓이 싫었던지라 관운장의 말을 받아들여 벼슬을 표시하는 인수(印綬)를 독우의 목에 걸면서 준열하게 꾸짖었다.

"백성을 들볶고 갈취하는 네 놈의 소행을 생각하면 이 자리에서 마땅히 죽여야 할 것이나 목숨만은 살려준다. 너에게 직인을 맡겼으니 상부에 갖다 주거라."

매관매직(賣官買職), 돈으로 벼슬을 팔고 사던 후한 시대에 못살겠다며 봉기한 황건 무리(농민반란군)들이 차츰 생존 자체가 어렵게 되자 도적떼로 변하고, 세상을 구해보겠다는 이상을 품은 호걸들이 저마다 최선을 다했으나 부패한 기득권의 벽에 막혀서 좌절하는 모습을 곱씹어 볼 수 있다.

關公來曰(관공래왈) / 兄長建許多大功(형장건허다대공) /
僅得縣尉(근득현위) / 今反被督郵侮辱(근반피독우모욕) /
吾思(오사) / 枳棘叢中(지극총중) /
非棲鸞鳳之所(비서난봉지소) / 不如殺督郵(불여살독우) /
棄官歸鄉(기관귀향) / 別圖遠大之計(별도원대지계)

눈을 가리고 새를 잡으려는 건
자신을 속이는 것

淹目而捕燕雀 엄목이포연작 是自欺也 시자기야

하진이 "그 계책이 묘하다" 말하고는 즉시 각 진영의 군벌들에게 격문을 보내 낙양으로 올라오라는 명령을 내리려 하는데 주부 벼슬의 진림이 말렸다.

"안 됩니다. 속담에 이르기를 '눈을 가리고 새를 잡으려는 건 자신을 속이는 것'이라 했습니다. 미물을 잡는데도 속이면 뜻대로 안 되는데 나라의 큰 일이 그렇게 되겠습니까."

황건의 반란이 일어나자 진압 총사령관 대장군이 된 하진은 군사 경험이 전혀 없었고, 외척(그의 누이동생이 하황후)으로서 조정의 실권을 쥔 환관들과 다투기 일쑤였다. 그러나 명문 집안을 자랑하는 사대부들과 어울리기를 좋아했는데 이는 백정 출신이라는 열등감 때문이었다.

당대 최고의 명문가 후예 원소가 찾아와 환관들의 부패가 심하고 대장군에게 적대적이라는 이유로 모조리 죽일 계책을 세우자며 부추겼을 때 하진은 이를 받아들였고, 놀란 환관들은 하진의 동생 하묘를 찾아가 뇌물을 바치면서 구명운동을 했다.

하묘는 입궐하여 하황후에게 "대장군 형님이 자꾸 십상시(十常侍: 당시 실권을 쥐고 있던 장양. 단규. 조절 등 환관 10인)를 죽이려 드는데 말려 달라"고 부탁했다. 하황후는 이를 받아들여 하진을 불러 환관들을 죽이지 말라고 했다. 하진은 물러나와 원소를 만나서 "황후께서 허락하지 않으니 어쩔 수 없잖소"하며 주저했다.

원소는 강경하게 주장했다.

"이러다간 큰일 납니다. 그러시다면 각지에 진치고 있는 장군들에게 도성으로 올라오라는 명령을 내리십시오. 그들이 군사를 거느리고 오거든 그때 환관 놈들을 모조리 잡아 죽이십시오."

하진은 줏대없이 이 말에 솔깃하여 "그 계책이 묘하다"며 동조하려 했는데, 주부 벼슬의 진림이 나서서 지방 군웅들의 낙양 소집령이 잘못된 생각이라고 지적한 것.

여기서 후한 말엽의 환관들이 어떠한 인물들이었는지를 살펴볼 필요가 있다. 범엽은 「후한서(後漢書)」에서 "군왕(君王)의 시작도 환관들에 의하여 이루어지고 이들에 의해 끝나는데 후한 조정은 환관을 총애하여 높은 지위를 주었다가 그들의 지나친 탐욕으로 멸망했다"고 했다. 어떻게 해서 이런 지경에 이르기까지 그들이 득세할 수 있었을까?

남성을 거세한 이유로 후궁에 들어가 봉사하게 되어 있는 환관들이 권세를 부릴 수 있었던 까닭은 황태후 섭정이란 제도와 깊이 연관되어 있다. 황제가 죽고 후계자의 나이가 어리거나 방계에서 데려오게 될 때 황태후가 직접 정치를 관장하게 된다. 이렇게 되면 황태후의 거처인 장락궁이 권력을 장악하게 되고, 황태후가 내리는 명령은 환관이라는 통로를 지나 조정대신들에게 전해진다. 이리하여 그들은 황태후의 손과 발 노릇을 하면서 문고리 권력으로 자리잡게 되고 사대부들과 맞서기 위해 굳게 단결했다.

그리하여 환관들의 권력은 점차 커졌고 이를 유지하기 위해 온갖 더러운 꾀를 냈음은 물론이다. 후한 말 마지막 외척 세력인 대장군 하진, 후한 최대의 명문가 출신인 원소가 힘을 합쳐 환관을 모조리 죽이려 한데는 이런 배경이 있었던 것이다. 지방 군웅 낙양 소집령에 진림은 불가함을 강력히 직간했으나 하진은 소집령을 내렸다.

결과는 지방 군웅의 소집령이 내려진 가운데 환관들이 선수를 써서 하진을 암살했고, 분노한 원소 등이 환관 대학살을 감행하는데 이 혼란기에 폭군 동탁이 집권하게 된다.

何進曰(하진왈) / 此計大妙(차계대묘) /
便發檄至各鎭召赴京師(편발격지각진소부경사) /
主簿陳琳(주부진림) / 不可(불가) 俗云(속운)
掩目而捕燕雀(엄목이포연작) / 是自欺也(시자기야) /
微物尙不司欺以得志(미물상불사기이득지) /
況國家大事乎(황국가대사호)

끓는 물을 식히려면
불 타는 장작을 꺼내야 한다

揚湯止沸 양탕지비 不如去薪 불여거신

　대장군 하진이 환관들을 숙청하려고 지방 군웅들에게 낙양소집령을 내리자 기뻐한 자가 동탁이었다. 황건의 반란 진압에서 공을 세우지 못했으나 많은 뇌물을 환관들에게 바쳐 서량자사에 올랐으므로 전전긍긍하던 차였던 것이다.

　동탁이 소집령에 응해 군사를 거느리고 낙양으로 출발하려는데 측근 모사 이유(李儒)가 "먼저 표문을 올려야 명분이 서고 이치에 닿아 큰일을 도모할 수 있다"고 하자 표문을 올렸다.

　— 신이 듣건대, 천하가 혼란한 까닭은 십상시 장양 등이 이치에 어긋난 짓을 함부로하기 때문입니다. 옛사람은 '끓는 물을 식히려면 불

타는 장작을 꺼내야 하고, 종기를 째는 것은 아프지만 내버려 두는 것보다 낫다(揚湯止沸 不如去薪 潰癰雖痛 勝於養毒)고 했습니다. 신은 이제 북을 울려 낙양으로 들어가 장양 등을 제거하겠으니 이는 사직의 복이요, 천하의 다행이라 하겠나이다.

이 표문을 받은 하진이 여러 대신들에게 보여줬는데, 노식의 지적이 날카로웠다.

"나는 동탁의 됨됨이를 안다. 그는 겉으론 관대한 척 하지만 속마음은 늑대다. 그가 궁궐에 들어오는 날이면 반드시 재앙을 일으킬 테니 막아서 변고를 방지하도록 해야 한다."

하지만 누구 하나 노식의 지적에 대해 마땅한 대책이 없었다.

동탁이 올린 표문 가운데 '장작을 빼낸다'는 「36계 병법」의 19번째 부저추신(釜底抽薪)이란 계책이 흥미를 끈다.

「회남자」의 〈본경훈편〉에 "뜨거운 물을 퍼냈다가 다시 부어 끓는 물을 식히려 해봐야 끓는 것은 멈추지 않는다. 진실로 그 근본을 안다면 솥 밑의 불 타는 장작을 치워버리는 방법 외에는 없다"고 했고, 「한서」 〈매승전〉에도 "끓는 물이 식기를 바라고 있는데 한 사람이 불을 때는 한 백 명이 아무리 물을 저어 식히려 해도 아무 도움이 안 된다. 장작을 치워 꺼지게 하는 방법뿐이다"고 했다.

임시방편으로 문제를 처리하기보다 근본 원인을 제거하는 것이 확실한 해결 방법이라는 「36계 병법」의 19번째 부저추신이다.

나를 따르는 자는 살고
나와 맞서는 자는 죽는다

順我者生 순아자생　逆我者死 역아자사

　동탁이 낙양에 들어와 군사를 배경으로 세력을 잡고 잔치를 열자 겁먹은 대신들은 초청에 응했다. 그때 동탁이 황제를 폐하고 새로 세우자면서 참석자들의 뜻을 묻자, 형주자사 정원(丁原: 이때는 여포의 의부였다)이 "천자께서는 바로 선제의 적자(嫡子)이시며 아무런 허물이 없는데 폐위하자니 무슨 말이냐! 네가 반역을 하려느냐"며 매섭게 쏘아붙였다.

　동탁이 화를 내며 "나를 따르는 자는 살고, 나와 맞서는 자는 죽는다"고 소리치면서 허리에 찼던 칼을 뽑아들었다. 그때 정원의 뒤에 한 장수가 우뚝 서 있는데 기상이 씩씩하고 위풍이 늠름했다. 그의 손에는 방천화극이 들려 있는데 성난 눈빛으로 동탁을 쏘아보고 있었다. 이를 보고 위기감을 느낀 동탁의 측근 모사 이유가 재빨리 나서서 "이런 자리에서 대사를 논하는 것은 바람직하지 않다"며 수습하여 싸움은 일어나지 않았다.

정원이 시답잖다는 표정으로 그곳을 떠났고, 이튿날 정원의 군사와 동탁의 군사가 싸우게 되었을 때 정원 뒤에 서 있던 장수가 용맹을 발휘하니 동탁의 군사는 크게 패하여 30여 리나 도망쳤다. 그 장수가 바로 여포였다.

동탁은 한참을 도망쳐서 심복들을 모아놓고 여포를 우리 편으로 삼아야 이 난국을 해결할 수 있다면서 방법을 물었고, 모사 이숙은 "여포는 용맹하나 꾀가 없으며 이익을 위해서는 철석같이 맺은 맹세나 의리를 쉽게 저버리는 성격이니 유인해 내겠다"고 장담했다. 그러고 나서 여포에게 금은보화와 적토마를 주면서 장차 동탁의 후계자로 삼겠다고 꾀자 의리 없는 여포는 이에 혹하여 양부 정원을 죽이고 동탁 휘하로 들어가서 폭군의 동조자로 악행을 저질러 지탄의 대상이 되는 것이다.

◆정원의 숙소로 쳐들어 가는 여포. 왼쪽은 병서를 읽고 있는 정원

영리한 새는 나무를 가려 둥지를 틀고
현명한 신하는 주인을 골라 섬긴다

良禽擇木而棲 양금택목이서 賢臣擇主而事 현신택주이사

이숙이 말했다.

"현명한 아우는 하늘을 놀래키고 바다라도 타고 누를 인물이니 사방에서 존경하지 않을 자 있겠는가. 부귀공명을 주머니 속에서 물건 꺼내듯 할 수 있을 텐데 어찌 남의 밑에 있어야 한단 말인가."

여포가 "모실 만한 주군을 못 만나서 한이지요" 하니 이숙이 웃으며 대답했다.

"영리한 새는 나무를 가려 둥지를 틀고, 현명한 신하는 주인을 골라서 섬긴다 했소. 기회가 왔는데 서두르지 않으면 나중 후회해도 늦소."

이숙은 이렇듯 번드레한 미사여구로 여포를 유혹했다.

이 무렵 '주인을 골라서 섬긴다(擇主而事)'는 것은 당연시 되어 있었다. 조정의 권위가 무너지고 세상이 어지러워지면, 재주 있는 인물들이 각자 주군을 택해 자신의 일생을 도모하는 일이 빈번해지는 법.

나중의 일이지만 명장 서황을 조조 진영으로 가담시킬 때 만총이 나섰는데 이와 똑같은 말을 했었다. "영리한 새는 나무를 가려 둥지를 틀고 현명한 자는 주인을 골라 모신다고 하지 않소. 섬길 만한 주인을 만났는데 그냥 지나쳐 버린다면 어찌 남아대장부라 하겠소?" 이 말을 들은 서황은 고개를 끄덕이며 조조에게 가담했던 것이다.

비슷한 표현이 나중에 또 나온다. 유비가 파촉 땅을 빼앗을 때, 유장 밑에 있던 이회가 찾아와 받아달라고 하자, 유비가 "어찌하여 내게 몸을 맡기려는 것이오?" 하고 물었다.

이회가 대꾸하기를 "영리한 새는 나무를 가려서 둥지를 틀고 현명한 신하는 주인을 골라 섬긴다라고 하지 않습니까?"라고 하니 유비는 크게 기뻐하며 이회를 수하로 맞이했다.

李肅曰(이숙왈) / 賢弟有擎天駕海之才(현제유경천가해지재)
四海孰不欽敬(사해숙불흠경) / 功名富貴(공명부귀)
如探囊取物(여탐낭취물) /
何言無奈而在人之下乎(하언무나이재인지하호) / 布曰(포왈)
恨不逢其主耳(한불봉기주이) / 肅笑曰(숙소왈)
良禽擇木而棲(양금택목이서) / 賢臣擇主而事(현신택주이사)
見機不早(견기불조) / 悔之晚矣(회지만의)

너는 나의 군주가 아니며
나는 너의 신하가 아니다

汝非吾君 여비오군 吾非汝臣 오비여신

동탁이 입조할 때였다.

오부가 누각 아래서 영접하는 척 하며 재빨리 비수를 뽑아 동탁을 찔렀다. 허나 동탁은 괴력의 장수였다.

두 손을 들어 오부를 틀어잡고 실랑이를 하는데, 때마침 여포가 들어오다 보고 오부의 뒷덜미를 잡아챘다.

동탁이 "누가 너에게 모반하도록 시키더냐?" 묻자 오부가 눈을 부릅뜨며 큰 소리로 외쳤다.

"네가 나의 군주가 아니고, 내가 너의 신하가 아닐진대 어찌 모반이라 한단 말이냐!"

동탁군이 낙양에 입성한 후 몹시 포악하게 굴면서 백성들의 재물을 약탈하거나 부녀자를 욕보이는 일은 다반사고 살인도 공공연히 자행했다. 백성들의 원성이 하늘을 찌를 듯했으나 누구도 이를 막을 수 없었다. 그때 월기교위(越騎校尉: 도성 밖 군사를 거느리는데 오늘의 절강 지역 군사들로 조직된 기병대라는 설도 있다. 그 기병대의 사령관) 오부(伍孚)는 전부터 그들의 악행과 잔인무도함에 치를 떨면서 품안에 날카로운 비수를 숨겨 갖고 동탁을 죽일 기회를 노리고 있었다.

어느 날 동탁이 호위대장 여포가 없는 가운데 조정에 들어설 때였다. 오부는 기회가 왔다고 여기고 즉시 동탁을 죽이려 했지만 실패하고 만다. 붙잡힌 오부, 우리는 그를 의로운 인물이라 부른다. 성공했든 실패했든 그는 천하의 악당이자 무도한 자를 정의와 양심의 이름으로 응징하려 했기 때문이다.

여기서 테러리스트에 대한 해석을 살펴볼 필요가 있다. 이 말을 처음 사용한 것은 19세기 제정러시아의 혁명단체들이었다고 한다. 그보다 먼저 나온 테러리즘이란 용어는 프랑스 혁명 당시 공포정치 시기에 사용되었다. 그러나 테러리즘에 대한 개념과 정의는 매우 다양하다. 학자들에 의하면 1백가지가 넘는다. 개인이나 단체, 국가나 종교에 따라 관점이 다르기 때문이다. 미중앙정보국(CIA)의 규정은 '반드시 폭력이 수반되고 연방법이나 주법(州法)에 저촉되며 정부나 시민을 위협하거나 강제함으로써 정치적 사회적 목적을 달성하려는 시도가 뒤따르는 것'이라고 되어 있다.

테러와 관련해 주목을 끄는 이론은 아일랜드 출신의 정치가이자 학자인 코너 오브라이언의 주장인데 그는 두 가지 기준을 제시했다. 동의와 참여다. 이 기준에 따르면 소수파가 그들의 정당한 불평불만을 의회 의석과 표현의 자유를 통해 주장하고 관철할 수 있고 민주적 절차나 평화적으로 개선할 수 있음에도 폭력을 행사한다면 이건 테러리즘이고 행위자는 테러리스트가 된다. 따라서 테러리스트가 아닌 '의사(義士)'가 되려면 그들이 대항해서 투쟁하는 대상 자체가 표현의 자유가 없는 독재정권이거나 불량정권이어야 한다.

이 논리에 따르면 약탈, 방화, 살인 등등 무력수단에 의거하여 폭압정치를 하는 독재자 동탁을 암살하려는 행위는 정당하고 의로운 행위라는 것이 명백해진다. 놀란 동탁은 오부를 죽인 후 늘 무장한 호위병을 거느리고 행차하는가 하면, 많은 사람을 극도로 의심하고 경계했다.

卓入朝(탁입조) / 孚迎至閣下(부영지각하) /
拔刀直刺卓(발도직자탁) / 卓氣力大(탁기력대) /
兩手摳住(양수구주) / 濾胞編入(여포편입) / 揪倒倍孚(추도오부)
卓問曰(탁문왈) / 誰敎汝反(수교여반) /
孚瞪目大喝曰(부징목대갈왈) / 汝非吳君(여비오군) /
吾非汝臣 오비여신 / 何反之有(하반지유)

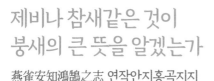

제비나 참새같은 것이
붕새의 큰 뜻을 알겠는가

燕雀安知鴻鵠之志 연작안지홍곡지지

"내가 들은 바로 승상께서 너를 섭섭하지 않게 대했다는데 어찌하여
스스로 이런 화를 자초했느냐?

조조가 대꾸했다.

"제비나 참새 같은 것이 붕새의 큰 뜻을 알겠는가. 네가 나를 붙잡았
으면 압송하여 상이나 탈 일이지 어찌 여러 가지를 묻느냐."

현령은 좌우를 물리치고 조조에게 말했다.

"그대는 나를 얕보지 마라. 나는 속된 벼슬아치가 아니다. 아직 진정
한 주인을 못 만났을 뿐이다."

조조가 왕윤에게서 보검을 빌려 동탁을 암살하려다 실패하고 도망쳤

다. 노한 동탁은 '조조를 사로잡아 바치는 자에게는 천금(千金)을 줌과 동시에 만호후(萬戶侯)로 봉한다. 그러나 숨겨주거나 고하지 않는 자가 있다면 조조와 같은 처벌을 받을 것이다'는 대대적 체포령을 내렸다.

조조는 고향 초군(譙郡)으로 도망치는데 낮에는 숨고 밤중에는 달려 가다 중모현(오늘의 鄭州市)이란 곳에서 검문에 걸려 붙들렸다. 현령은 과거 낙양에 간 일이 있어 조조를 본 기억이 있었다. 결국 조조는 감옥에 갇혔고, 밤이 되자 현령인 진궁이 조조를 불러 은근히 속을 떠본 후에 조조가 "나는 고향에 가서 의병을 일으키고 조서를 만들어 천하 제후들을 불러 동탁 타도에 나서려 한다"는 말에 감동을 받아 조조를 풀어주고 자신도 벼슬을 내던진 후 조조를 따라 도망친다.

역사적 사실은 소설의 내용과 달리 당시 중모현의 현령은 진궁이 아니었고, 조조를 풀어준 사람은 중모현 관아의 공조(功曹: 관리들의 근무 성적 고과를 매기는 부서)에 있던 관리가 "지금처럼 천하가 크게 혼란한 때에 영웅을 구금하여 죽이는 것은 옳은 일이 아니다"고 현령을 설득해서 풀어준 것이었다. 이미 조조는 동탁 같은 폭군을 죽이려한 이유만으로도 사람들로부터 영웅 대접을 받게 되었음을 알 수 있다.

여기서 조조가 표현한 홍곡지지(鴻鵠之志)는 오래전부터 '크고 높게 품은 뜻'으로 널리 알려져 있었다. 홍곡이란 그대로 해석하면 큰 기러기와 고니 즉 붕새(鵬鳥)이지만 원대한 포부를 지닌 큰 인물을 의미했다. 「사기(史記)」〈진섭세가(陳涉世家)〉에 따르면 진승(陳勝)은 젊은 시절 머슴살이를 한 적이 있었다. 하루는 밭두렁에서 신세 한탄을 하다가 옆의 동료에게 말했다. "우리 부귀하게 되면 서로 잊지 말기로 하자." 그러자 상대가 "지금 고용살이 하는 주제에 무슨 부귀란 말인가?" 하고 비웃었다. 진승이 탄식하며 말했다. "제비와 참새 같은 것이 봉새의 큰 뜻을 어찌 알리오(燕雀安知鴻鵠之志)."

　세월이 흘러 진시황이 죽고 2세 황제 호해는 환관 조고의 농간에 휘둘려 나라는 기울고 백성들의 원성은 높아져갔다. 이때 진승과 오광 두 사람은 빈민들을 이주시키는 일을 했는데 홍수가 나서 명령 받은 날보다 몇 달을 지체하게 되자 반란을 일으키게 된다. 당시 진승이 '왕후장상의 씨가 어찌 따로 있겠느냐!(王侯將相寧有種乎)'고 외친 말은 마치 요원의 불길처럼 번졌고 그가 비록 여섯 달밖에 왕 노릇을 못 했으나 사마천은 그의 남다른 사고방식을 높이 평가하여 사기의 세가에 넣어 주었다.

　조조가 진섭의 말을 인용한 셈인데 이후 '홍곡지지'는 오랜 세월을 두고 혁명가들의 큰 뜻을 대변하는 의미를 더해 전해졌다.

我聞丞相待汝不薄(아문승상대여불박) /
何故自取其禍(하고자취기화) / 操曰(조왈) /
燕雀安知鴻鵠志哉(연작안지홍곡지재) /
汝旣拏主我(여기나주아) / 便當解去請賞(편당해거청상) /
何必多問(하필다문) / 縣令屛退左右(현령병퇴좌우) /
謂操曰(위조왈) 汝休小覰我(여휴소처아) / 我非俗吏(아비속리) /
奈未遇其主耳(나미우기주이)

내가 세상 사람을 버릴지언정 세상 사람이 나를 버리게 하지는 않겠다

寧敎我負天下人 영교아부천하인 休敎天下人負我 휴교천하인부아

여백사가 고개를 돌리는 순간, 조조가 칼을 휘두르자 나귀 아래로 떨어져 즉사했다. 진궁이 놀라 소리쳤다.

"좀 전에는 오해하여 참혹한 짓을 했지만 이번은 어찌 된 일이오?"

조조가 대꾸했다.

"여백사가 집에 도착해 여럿이 죽은 걸 발견하면 가만있겠소? 많은 사람을 데리고 뒤쫓아 오면 우리는 화를 당하게 되오."

진궁이 화를 냈다.

"알면서 살인하는 건 커다란 불의요!"

조조가 대답했다.

"내가 세상 사람을 버릴지언정 세상 사람이 나를 버리게 하지는 않

겠소."

진궁은 아무 대꾸도 하지 않았다.

조조가 희대의 악당으로 욕을 먹을 때면 틀림없이 등장하는 여백사 일가 살해사건의 마지막 장면이다.

동탁의 엄중한 체포령이 내려진 가운데 조조는 진궁과 함께 도망치다가 하남성 성고현에 있는 아비의 친구 여백사의 집에 들렀는데 그곳에서 뜻하지 않게 여씨 일가를 모조리 죽이고 말았다. 어찌하여 이런 일이 벌어졌을까? 배송지가 의견을 달지 않고 주석으로 인용한 세 권의 책 내용이 각기 다르다.

— 조조가 여씨 집에 들어섰을 때 주인 여백사는 출타 중이었고 그 아들과 식객들이 조조의 말과 짐을 빼앗으려 했으므로 싸움이 붙었는데 조조가 그들을 모조리 죽였다. 나중 여백사까지 죽인 것은 후환이 두려웠기 때문이다. 〈위서(魏書)〉

— 조조가 여씨 집에 들렀을 때 여백사는 집에 없었고 아들들이 정중히 대접하였다. 허나 지나친 친절에 의심이 생긴 조조는 그들이 관가에 연락할지 모른다는 생각이 들어 밤중에 아들 다섯과 하인 여덟 명을 해치우고 도망쳤다. 〈세어(世語)〉

— 조조가 여씨 집에 가자 식구들이 매우 환대하여 모시고, 부엌에서 돼지를 잡아 요리하려고 칼을 가는 소리에 자기를 죽이려는 줄 알고 조조 일행은 그들을 죽였다. 나중 오해였음을 알게 된 조조는 얼굴이 창백해지더니 "내가 세상 사람을 버릴지언정 세상 사람들이 나를

버리게 하지는 않겠다"고 소리쳤다. 〈이동잡어(異同雜語)〉

　배송지는 이 세 가지 자료를 출전만 명시하고 열거했을 뿐이나 이 사건을 조조의 악행으로 꾸미려는 작가나 사가들에게는 좋은 소재가 되어 소설 「삼국연의」 제4회에서는 희대의 악당으로 은혜를 원수로 갚은 전형적인 일화로 그려졌다.

　이 사건의 진상이 어떠한지는 불분명하다. 사실 사건의 진상은 특별한 관심거리가 아닐 수도 있다. 중요한 건 조조라는 인물이 과연 이런 극단적인 행동으로 옮길 가능성이 있느냐는 것이다.

　조조는 야망이 컸고, 작은 성취에 만족하지 못했다. 세상은 이미 어지러워졌으므로 치세의 능신으로서 처세도 무의미해졌다. 동탁이 조조를 회유하려 했으나 잠시의 부귀영화보다는 장래를 보고 거부했다. 조조의 생각은 대략 다음과 같았을 것으로 짐작된다.

　'동탁은 분명 용맹한 장수지만 천하를 다스릴만한 인물이 못 된다. 이렇게 포악하고 잔인해서는 세상 사람의 지지를 받지 못한다. 얼마 있으면 거꾸러질 것이다. 일단 고향으로 가서 동탁 타도의 명분으로 의병을 모아 세상에 나설 기회를 엿보자.'

　이런 결심으로 도망치는 조조에게 누가 뭐라던 자신을 위험에 빠트릴 수 없었다. 그에게는 시간이 필요했고, 준비만 갖춘다면 세상을 호령할 충분한 자신감이 있었기에 베느냐 베임을 당하느냐 하는 순간에 상대가 누구건 그냥 두지 않았을 것이다. 중국 근대 신문학을 이끈 곽말약(郭沫若)의 지적은 참고할만하다.

　"고전 경극(京劇) 「착방조(捉放曹)」에서 잔학 비도한 조조의 모습을 극적으로 보여주는데 여씨 일가 살해사건은 조조에 대해 극도로 나쁜 인상을 심어준다. 물론 극중에서의 모습으로 왈가왈부 하는 건 적절치 않다…(中略)… 어느 정도 과장된 면도 보이고 어느 장면에서는 믿기 어려운 모습도 있다…(中略)… 그러나 역사적인 사실관계에서 볼 때 이 사건은 극중 전개처럼 되었을 가능성이 희박하다."

그렇다고 조조를 착한 영웅이라고 하긴 어렵다. 그를 욕하는 사람이 많은데 사실 욕먹을만한 짓을 많이 했다. 조조는 결단이 빠르고 자신의 계획에서 필요하다면 비정하게 행동한 경우가 여러 번 있었다. 이 여백사 일가 살해사건과 무관하게라도 조조는 자신의 앞길에 걸림돌이 된다고 여겼다면 상대가 누구든지 서슴없이 은혜를 원수로 갚을 수 있는 인물이었다.

伯奢回頭看時(백사회두간시) /

操揮劍砍伯奢於驢下(조휘검감백사어려하) /

宮大驚曰(궁대경왈) / 適纔誤耳(적재오의) /

今何爲也(금하위야) / 操曰(조왈) /

伯奢到家見殺死多人(백사도가견살사다인) /

安肯干休(안긍간휴) / 若率眾來追(약솔중래추) /

必遭其禍矣(필조기화의) / 宮曰(궁왈) /知而故殺(지이고살) /

大不義也(대불의야) / 操曰(조왈) /

寧教我負天下人(영교아부천하인) /

休教天下人負我(휴교천하인부아) / 陳宮默然(진궁묵연)

닭 잡는데 어찌 소 잡는 칼을 쓰리오

割鷄 焉用牛刀 할계 언용우도

　조조의 격문에 동조한 관동의 제후들이 산조 땅에 집결하여 반동탁 연합군을 결성하고 원소를 맹주로 삼았다. 그리고 장사태수 손견을 선봉으로 세워 사수관(汜水關)으로 진격해 갔다. 사수관을 지키던 장수는 이를 낙양에 알렸고, 동탁은 휘하 장수들을 불러 상의했다.

　여포가 큰소리 쳤다.

　"조금도 걱정하지 마십시오. 그놈들 제후라고 으스대지만 잡다하게 모인 그렇고 그런 놈들에 불과합니다. 제가 달려가 놈들의 목을 베어 줄줄이 도성 문 위에 걸어 놓겠습니다."

　동탁이 기뻐하면서 "내게 봉선(여포의 자)이 있으니 베개를 높이 베고 근심할 게 없도다"하고 말하는데 "닭을 잡는데 어찌 소 잡는 칼을 쓸 것이 뭐 있습니까?(割鷄 焉用牛刀) 내 제후 놈들 목 자르기를 내 주머니 속 물건을 꺼내듯 하리다(如探囊取物耳)"는 우렁찬 소리가 좌중에서 났다.

모두가 놀라서 바라보니 화웅(華雄)이란 장수였다. 관서 지방 출신으로 키가 9척에 범 같은 체격이요, 늑대 허리와 표범 머리에 원숭이 팔을 가졌다고 기록되어 있는 걸 보면 몹시 힘세고 날렵한 거구의 사나이였을 것으로 짐작된다.

동탁은 크게 기뻐하고 군사를 내주니 화웅은 사수관으로 달려가 포충, 조무, 유섭, 반봉 등 제후들의 부장들을 잇달아 죽여 기세가 등등했다. 하지만 그는 극적으로 등장하는 관운장의 적수가 못 되었다.

◆ 반동탁 연합군에 가담하는 장비, 유비, 관운장

술이 아직 따뜻할 때
화웅의 목을 베다

酒尙溫時 주상온시 斬華雄 참화웅

관운장이 청했다.

"이기지 못하면 그때는 내 목을 베시오."

조조가 더운 술을 한 잔 따라 관운장에게 주면서 마시고 말에 오르도록 권했다.

관운장이 대꾸했다. "술은 일단 그곳에 두시오. 내 곧 다녀오겠소" 하고는 청룡도를 들고 장막을 나와 몸을 날려 말 위에 올랐다.

관운장의 무용이 천하에 알려지는 결정적 사건이 사수관(汜水關)에서의 일이다. 이곳은 춘추시대 진(晉)나라가 대비산(大伾山) 기슭에 호뢰성을 쌓았고 이후 진(秦) 나라 때 관문을 설치하여 호뢰관이라 했다.

그 후 한대(漢代)에 현(縣)을 설치하여 성고현이라 했고, 이 무렵에는 사수관으로 개칭, 후에는 무뢰관, 행경관, 고효관 등으로 바뀌었으나 이 지역 사람들은 고대의 호뢰관 명칭에 더 익숙해져 있었다. 오늘날 형양현(滎陽縣) 관내에 있다

사수관에서 관운장과 화웅의 일전은 소설에서 묘사한 걸 보면 싱거울 정도다. 두 장수가 격돌한 장면은 없고, 관운장이 말 위에 올라타고 출전하자 함성이 크게 일어나는데 곧 하늘이 무너지고 땅이 뒤집혀지는 듯 산이 흔들리듯 했다고 되어 있다.

모든 제후들이 대경실색하여 결과를 궁금히 기다릴 때, 급한 말방울 소리가 반동탁연합군의 중군(中軍: 본부부대) 앞에 이르러 딱 멈추었고 제후들이 바라보니 관운장이 장막 안으로 들어서면서 화웅의 머리를 땅바닥에 던졌다. 그가 조조에게서 받아 놓고 간 술잔에서는 아직도 따뜻한 김이 솟아오르고 있었다.

화웅이 누군가? 그 직전까지 제후들의 4명 부장을 간단히 해치웠고, 강동의 손견(孫堅: 손책과 손권의 부친)마저도 패퇴시킨 장수다. 이런 용장을 순식간에 목을 베었으니 관운장의 무용이 천하를 뒤흔들었다고 해도 무리라 할 수 없다.

하지만 관운장이 화웅을 벤 것은 역사적 사실이 아니다. 정사 기록에 화웅을 죽인 장수는 손견. 그의 공로를 소설에서 슬쩍 관운장으로 바꿔 일대의 영웅으로 치켜세웠던 것이다.

관운장이 받아든 술이 아직 따뜻할 때 화웅의 목을 베고 돌아와서 마셨다는 것도 관운장이 화웅의 목을 잘라 오겠다며 나섰을 때 조조가 말한 '큰소리치는 걸 보면(旣出大言), 그만한 용기와 책략이 있을 것(必有

勇略)'이란 평가와 함께 관운장의 뛰어난 무예와 훗날 무신(武神)으로 숭배하는 바탕이 되었다.

◆ 화웅을 치러 출전하는 관운장

關公曰(관공왈) / 如不勝(여불승) / 請斬某頭(청참모두) /

操敎醶熱酒一杯(조교시열주일배) /

璵關公飮了上馬(여관공음료상마) / 關公曰(관공왈) /

酒且斟下(주차침하) / 某去便來(모거편래) /

出帳提刀(출장제도) / 飛身上馬(비신상마)

천하를 뒤흔들기는 쉬워도
안정시키기는 지극히 어려운 일

天下動之至易 천하동지지이 安之至難 안지지난

사도 양표가 말했다.

"관중 일대는 지금 매우 황폐해졌소. 이제 이유 없이 종묘와 황능을 버리고 간다면 백성들이 놀라 민심이 흔들릴까 두렵소이다. '천하를 뒤흔들기는 쉬워도 안정시키기는 지극히 어려운 일'이니 승상께서는 깊이 헤아려주시오."

동탁이 노하여 소리쳤다.

"네가 국가의 대계(大計)를 막으려 드는 것이냐!"

화웅이 죽고, 여포의 군사도 여의치 않자 모사 이유는 '하늘의 운수는 빙글빙글 도는 법(天運合回)'이라면서 이번 기회에 관중에 있는 옛 수도 장안으로 천도하자면서 동탁을 부추겼다.

동탁이 고무되었다. 본래 그의 근거지는 농서(隴西: 농산의 서쪽 일대) 지방이니 관중으로 간다면 자신의 권력기반을 단단하게 다지면서 반동탁 연합군에 가담한 제후들로부터 시달리지 않을 수 있었기 때문이었다.

그가 "한나라가 낙양에 도읍한지 200여년이 지나 운수가 다했다"는 핑계는 댔으나 자신의 근거지로 가고 싶은 욕구와 동시에 낙양의 부자들이 가진 재산이나 한실(漢室)에 관련된 금은보화를 챙기겠다는 속셈도 있었다. 동탁은 이 일을 실행에 옮겨 재산을 빼앗고, 궁궐은 물론 북망산 일대의 역대 능침들을 모조리 파헤쳐 부장물을 도굴했다. 그리고 낙양 거리를 불태워버렸다.

동탁의 무모함과 파괴자로서의 면모를 상징적으로 보여주는 장안 천도는 전혀 준비없이 마구잡이로 강제했으므로 낙양 인근 2~300리 일대에는 개 한 마리 닭 한 마리 볼 수 없는 참혹한 지경이 되었다고 사서는 전한다.

그런데 동탁은 젊은 시절 무리와 함께 서북 오랑캐 족들과 친분을 맺기도 했고, 한 번은 병주에서의 활약으로 비단 9천 필을 하사받은 일이 있었는데 모두 부하들에게 나누어주는 선심을 썼다는 기록도 있다. 또한 완력이 강해 두 개의 궁대(弓袋)를 몸의 좌우에 차고 말을 몰면서 좌우로 활을 쏠 수 있었다고 했다. 그러니까 의협적인 기질도 있었고, 부하를 배려하는 두목 기질에 무술까지 자신이 있는 무장이었다고 할 수 있었다.

그런 그가 어째서 낙양에 들어가 권세를 잡은 후에는 파괴적이고 악랄한 만행만 골라서 하게 된 것일까? 갑자기 그의 심성이 변했을 리는 없고, 조정의 무능이라든지 낙양 조정대신들의 호화사치라든지, 또는 낙양 부호들의 엄청난 재산을 목도하자 변방에서 굶주리며 살았던 분노가 치밀었고, 평상심을 잃은 나머지 거칠고 무모한 태도를 보여 그렇게 행동하게 되었는지도 모른다.

'오로지 파괴한다. 그래서 나는 존재한다'는 식으로 말이다. 권세에 어느 정도 경계심을 품고 있던 동탁이 온갖 만행을 저지른 낙양시대는 이렇게 종막을 고했고, 권력에 취한 나머지 허튼 황제의 꿈을 꾸면서 독재와 광란의 장안 시대가 열리게 된다.

司徒楊彪曰(사도양표왈) / 關中殘破零落(관중잔파영락) /
今無故捐宗廟(금무고연종묘) / 棄皇陵(기황릉) /
恐百姓驚動(공백성경동) / 天下動之至易(천하동지지이) /
安之至難(안지지난) / 望丞相鑒察(망승상감찰) /
卓怒曰(탁노왈) / 汝阻國家大計耶(여조국가대계야)

어리석은 무리들과는
함께 일을 도모할 수 없다

醫子不足與謀 수자부족여모

조조가 말했다.

"역적 동탁은 궁궐을 불태우고 천자를 겁박하여 데려갔기에 세상이 진동하여 모두들 어쩔 줄 모르니 이는 하늘이 그를 망하게 하려는 것이오. 한번 싸워서 천하를 결정지을 판인데 제공(諸公)들께서는 무얼 의심하며 나서지 않는 것이오?"

모든 제후들이 지금은 경솔히 행동할 때가 아니라고 했다.

조조가 화가 나서 소리쳤다.

"어리석은 무리들과는 함께 일을 도모할 수가 없구나."

그렇게 일갈하고는 휘하의 군사 만 여명과 하후돈, 하후연, 조인, 조홍, 악진 등을 거느리고 밤낮없이 동탁을 추격해 갔다.

반동탁연합군을 결성하는데 앞장섰던 조조는 동탁이 천도를 명분으로 장안 방면으로 도망치자 연합군의 제후들에게 추격하여 무찌르자고 호소했다.

하지만 연합군의 제후들 속마음은 각기 달랐다. 우선 자신의 병력을 유지하면서 대의명분을 잡아 세력을 잡아 키울 심산이었지 도망치는 동탁을 추격하여 싸우는 데는 관심을 두지 않았던 것이다.

이에 분노한 조조는 '어리석은 무리들과 무슨 일을 도모하겠는가.'

탄식하고는 홀로 휘하의 장수들과 전 병력을 이끌고 동탁군을 추격해갔다. 조조의 단독 군사행동을 보고 맹주인 원소조차 "꾀보 조조가 어찌 저리 무모한 짓을 할까?"하고 궁금해 했다.

조조의 추격은 자살행위와 다를 바 없었다. 우선 퇴각하는 군대의 최정예 부대는 후미에 배치하는 것이 통례다. 진격할 때는 선봉이 강해야 맞서는 적군을 물리칠 수 있고, 후퇴할 때는 후미가 강해야 추격해오는 적군을 막을 수 있기 때문이다. 아무리 호뢰관에서 패하고 도망치듯 물러간다고 하지만 동탁 휘하의 군사는 수십만 명이고 여포를 비롯해 막강한 장수들이 있어 연합군 전부가 나서지 않는 한 그들에 맞선다는 건 계란으로 바위치기나 다를 바 없었다.

조조는 이 추격전에서 대패하고 자신도 적군에게 죽기 직전에 이르는 절체절명의 위기에 빠졌다. 다행히 조홍이 달려와 겨우 구출했는데 다급한 조조가 "아우야, 나는 여기서 죽는다. 너는 속히 도망쳐라"하고 소리쳤다. 이때 조홍의 유명한 대사가 나온다.

"천하에 조홍은 없어도 괜찮지만, 형님이 없어서는 안 됩니다(天下可無洪 不可無公)."

이 추격전에 대해 조조를 비판하는 쪽에서 '장래를 염두에 둔 고도의 술책'이라고 하는 견해가 있다. 즉 '동탁에 맞섰던 맹장 조조'의 이미지를 위한 계산된 행동이었다는 것이다. 물론 그런 점도 있을 법하다. 하지만 대패하고 겨우 살아난 조조가 연합군 진영으로 돌아와 맹주 원소를 비롯한 제후들에게 들려준 이야기는 음미해볼만하다.

"내가 처음에 대의를 일으켜 나라를 구하려 역적을 치려하니 여러분들도 대의를 받들려 모인 것이오. 처음에 내 생각은 원소 장군의 힘으로 하내(河內) 군사가 맹진(孟津)과 산조(酸棗)땅을 진압하고, 여러분은 성고(成固) 땅을 굳게 지키며, 오창(敖倉)땅을 거점으로 해서 험한 요충지를 차지하는 것이었소. 동시에 원술 장군은 단수(丹水)와 석현(析縣)지대에 주둔하는 한편 무관(武關)을 넘어 장안을 중심으로 삼보(三輔)일대에서 기세를 올리고, 싸우지는 않으나 군사가 엄청나게 많은 것처럼 의병(疑兵: 소수의 군사를 군사가 많아 보이게 하는 계략)으로 적을 속여 천하의 형세가 이미 결정된 것처럼 보여줬더라면 역적 놈을 완전히 제압할 수 있었을 것이오. 그런데 여러분이 여기서 더 나아가지 않아 천하의 기대를 저버렸으니 나 조조는 정말로 부끄럽소이다."

조조는 이 말을 남기고 몇 백 명 남은 부하들과 함께 양주(揚州) 땅으로 떠나는데 이후 조조는 모습을 보이지 않고 은둔하다시피 하면서 병사를 기르고 기반을 닦아 곧 펼쳐지는 군웅할거 시대에 뚜렷한 세력을 가진 군벌로 활약하게 된다.

이러한 과정에서 볼 때, 조조는 동탁이라는 인물의 한계를 파악하고 있었음은 물론 물리칠 방도를 가지고 반동탁연합군을 결성했으나 여의치 않자 한실을 부흥시킨다거나 군웅들의 힘을 합쳐 세상을 안정시

키는 일을 포기하고 난세의 영웅으로 자신의 길을 확고히 정한 것이
이 무렵 이후의 일이었을 것으로 보인다.

◆ 동탁 토벌을 주장하며 군웅을 일깨우는 조조

操曰(조왈) / 董賊焚燒宮室(동적분소궁실) /

劫遷天子(겁천천자) / 海內震動(해내진동) /

不知所歸(부지소귀) / 此天亡之時也(차천망지시야) /

一戰而天下定矣(일전이천하정의) /

諸侯何疑而不進(제후하의이부진) /

眾諸侯皆言不可輕動(중제후개언불가경동) /

操大怒曰(조대노왈) / 豎子不足與謀(수자부족여모) /

遂自引兵萬餘(수자인병만여) / 領(영) /

夏侯惇 · 夏侯淵 · 曹仁 · 曹洪 · 李典 · 樂進(하후돈 · 하후연 ·

조인 · 조홍 · 이전 · 악진) / 星夜來趕董卓(성야래간동탁)

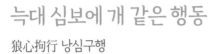

늑대 심보에 개 같은 행동

狼心拘行 낭심구행

공손찬이 소리쳤다.

"지난날 네가 충의심이 있는 듯하기에 맹주로 추대했는데 오늘날 소행을 보니 늑대의 심보에 개 같은 행동을 하는 놈이로구나. 장차 무슨 낯으로 세상을 대하겠다는 거냐!"

원소도 크게 노해 소리쳤다.

"누가 저놈을 잡아올 테냐?"

동탁을 제거하고 태평세월을 회복하자며 결성했던 반동탁연합군 내부에 분란이 발생했다. 어제의 동지들 간에 서로 속이고 심지어는 죽이는 상황으로까지 돌변한 것이다. 맹주 원소부터 변했다.

원소는 우선 군량미를 대주는 기주자사 한복의 영토를 노렸다. 기주 땅의 농업생산량이 풍부했던 까닭이다.

원소는 치사한 꾀를 냈다. 즉, 북방의 공손찬에게 비밀리 서찰을 보내 "기주 땅을 점령하여 반씩 나누어 갖자"고 제안했다. 공손찬 역시 의로운 인물은 아니었다. 이에 응하여 곧바로 출동 준비에 들어갔다.

원소는 때맞춰 기주의 한복에게 "공손찬의 움직임이 심상치 않다. 내가 구원해주겠다"는 요지의 서한을 보냈다. 한마디로 이중 계략을 썼는데 우직한 한복은 이 꾀에 넘어갔다. 물론 원소의 꾀를 의심한 경무라는 휘하 인재가 있었으나 그의 주장을 일언지하에 묵살했다.

한복은 "내 원래 원 씨 밑에서 벼슬을 살았다. 또 재주와 힘도 그만 못하다"며 원소에게 구원을 청했던 것이다. 거짓 구원군을 이끌고 기주성에 들어가자 원소는 본색을 드러내 한복의 권한을 모조리 빼앗아 버렸다. 한복은 후회했으나 이미 엎질러진 물. 마침내 그는 가족을 데리고 기주를 떠나 진류태수 장막에게 몸을 의탁했다.

한편 공손찬은 출동준비를 하다가 들려오는 소문에 "원소가 이미 기주 땅을 차지했다"고 하므로 동생을 보내 사실을 확인하고서 "전날의 약속대로 기주 땅 절반을 내놓으라"고 원소에게 요구했다.

원소는 뻔뻔하게도 사신으로 온 공손찬의 동생을 죽여 버리고 약속한 바 없다고 둘러대는 바람에 둘 사이에 전쟁이 벌어졌다. 공손찬은 "의리를 저버린 놈아!"하고 원소를 욕했고, 원소는 "한복이 기주 땅을 내게 양보했으므로 너에게 줄 땅은 없다"고 하며 공손찬을 자극했다.

공손찬은 북방 오랑캐와 싸울 때 흰말을 탄 군사만 골라서 선봉을 삼고 친히 백마장군(白馬將軍)이라 일컬었기 때문에 유명해졌지만 실제로 군사력이나 측근들의 면모는 원소에 비해 부족했다. 또한 그가 담당하고 있던 북평 일대는 당시 동북 지역의 최북단으로 풍요한 지역이 아니었으므로 물자 등도 시원찮았다. 한마디로 분노한 나머지 싸우게 된 셈이다.

원소와 공손찬의 싸움은 어제의 동지였던 군웅 사이에 약육강식이 시작된 군웅 할거 시대의 서막이었다.

◆ 반하에서 싸우는 조자룡(왼쪽), 오른쪽 위는 공손찬

瓚曰(찬왈) / 昔日以汝爲忠義(석일이여위충의) /
推爲盟主(추위맹주) / 今之所爲(금지소위) /
眞狼心狗行之徒(진낭심구행지도) /
有何面目立於世間(유하면목입어세간) /
袁紹大怒曰(원소대노왈) / 誰可擒之(수가금지)

분부만 내린다면 만 번
죽어도 사양하지 않겠다

但有使令 단유사령 萬死不辭 만사불사

왕윤이 "너는 한나라 천하의 모든 백성들을 불쌍히 여겨라" 하면서 눈물을 줄줄 흘렸다.

초선이 대답했다.

"방금 전에 천첩이 말씀드린 것처럼 분부만 내리시면 만 번 죽어도 사양하지 않겠습니다."

왕윤이 무릎을 꿇고 고하듯 말했다.

"오늘날 백성들은 거꾸로 매달린 듯한 처지에 있고 군주와 신하는 누란의 위급한 처지에 있으나 이를 구할 사람이 없다. 역적 동탁은 장차 제위를 찬탈하려 하는데 조정의 문무 대신들은 아무 대책이 없다. 동탁에게 양아들이 하나 있는데 그자가 바로 여포다. 그는 용맹이 비상하나 둘 다 여색을 밝히는 놈들이다. 내 연환계를 써서 먼저 널 여포에게 시집보내기로 허락하고 그 후 동탁에게 바칠 것이다. 너는 중간에서 그들 부자 사이를 이간시켜다오."

미인계(美人計)가 소설 「삼국연의」에서 흥미진진한 이야기로 펼쳐지는 부분이다. 초선은 중국에서 4대 미녀로 손꼽히는데 다른 미녀인 오월쟁패 시대의 서시(西施), 전한시대의 왕소군(王昭君), 당나라의 양귀비(楊貴妃)가 역사속의 인물인데 반해 그녀는 소설 속에 등장하는 가공의 인물. 한마디로 얼마나 예뻤기에 부자 관계인 동탁과 여포 사이를 갈라놓고, 천하의 4대 미녀가 되었을까 하는 궁금증이 있을 것이고, 경극 〈월하참초선〉에서 관운장조차 형제 사이의 의리가 깨질까 심적으로 두려워해서 목을 베었을까 하는 탄식도 있다.

또다른 주장이 있는데 초선은 노비 시장에 팔려나온 여자아이로 왕윤이 거둬들여 애지중지 아낀 여성이라고 하지만 춤과 노래에 능했다는 점에서 서역에서 온 가희(歌姬)였다는 설도 있다.

때는 동탁이 장안으로 천도한 후에 의붓아들 여포와 권력을 마구 휘두르며 온갖 못된 짓을 일삼던 암흑기. 사도 벼슬의 왕윤은 이런 정치를 끝장내려고 여러모로 고민을 하던 차였다. 오래전 낙양에서 조조가 동탁을 암살하려한 배경에도 왕윤이 있었다. 그랬는데 의외로 가희 초선이 무엇이든 분부만 내리면 기꺼이 목숨이라도 바치겠다는 각오를 보이자 그는 선비답지 않게 미인계를 떠올리게 된 것이다.

미인계는 「36計 병법」의 31번째 계책으로 '직접 물리적 행동으로 정복할 수 없는 상대에게 미녀나 음탕한 음악을 탐하게 만들어 정신을 현혹시키는 방법'으로 설명된다. 흔히 '영웅호걸은 여색을 밝힌다'는 고대의 속설에서 볼 때 유용한 계책으로 보이긴 하지만, 원래 시원찮고 기개 없는 인물들이 영웅호걸로 행세하다가 미색에 걸려든다고 보면 무리가 없을 듯하다.

왕윤이 '연환계'를 쓰겠다고 한 것은, '미인계'와 '반간계' 심지어는 갖가지 속임수를 모두 쓴다는 의미였다. '연환계'는 두 가지 이상의 계책을 연이어 사용해서 목적을 이루는 계책으로 「36計 병법」의 35번째에 있다.

王允曰(왕윤왈) / 汝可憐大漢天下生靈(여가련대한천하생령) /

言訖(언흘) / 淚如泉湧(누여천용) / 貂蟬曰(초선왈) /

適間賤妾曾言(적간천첩증언) / 但有使令(단유사령) /

萬死不辭(만사불사) / 允跪而言曰(윤궤이언왈) /

百姓有倒懸之危(백성유도현지위) /

君臣有累卵之急(군신유누란지위) /

非汝不能救也(비여불능구야) / 賊臣董卓(적신동탁) /

將欲篡位(장욕찬위) / 朝中文武(조중문무) /

無計可施(무계가시) / 董卓有一義兒(동탁유일의아) /

姓呂(성여) / 名布(명포) / 驍勇異常(효용이상) /

我看二人皆好色之徒(아간이인개호색지도) /

今欲用連環計(금욕용연환계) /

先將汝許嫁呂布(선장여허가여포) / 後獻與董卓(후헌여동탁) /

汝於中取便(여어중취편) / 謀間他父子反顏(첩간타부자반안)

도의 있는 사람이 도의 없는 자를 무찌르고,
덕 없는 자가 덕 있는 사람에게 양보한다

有道伐無道 유도벌무도　無德讓有德 무덕양유덕

왕윤이 말했다.

"자고로 도의 있는 사람이 도의 없는 자를 무찌르고, 덕 없는 자가 덕 있는 사람에게 자리를 양보하는 것은 당연한 일이지요."

동탁은 웃으며 대꾸했다.

"만약 천명이 내게 온다면 사도는 당연히 원훈이 되리라."

왕윤은 야비한 계략을 좋아하는 인물이 아니었다. 원래 태원군의 명문가로 손꼽히는 왕 씨 집안에서 태어나 인물평을 잘하는 곽림종이란 사람으로부터 "태생이 하루에 천리까지 이르고 군왕을 보필할 인재"라는 칭송을 들었다. 19세에 군리(郡吏)가 되고 황건의 난이 일어났을 때는 과감히 맞서서 반란군을 격파하기도 했다. 조정에 출사한 후 환관 장양이 황건 무리와 내통하고 있다는 사실을 폭로했으나, 오히려 옥에 갇히는 수난까지 겪었다. 석방되었을 때 장양이 보복하려고 하자 이름을 바꾼 후 도망쳤다.

이후 영제가 죽고 나서 낙양으로 돌아와 하진에게 초빙되어 종사중랑이란 벼슬에 나갔고, 사도(오늘의 부총리)직까지 승진했다. 동탁이 잔학무도하게 행동하자 그를 제거하려고 온갖 꾀를 내는데 집안의 가희 초선을 이용하여 미인계를 쓰면서 동탁의 헛된 야욕을 부추기려고 "요즘 천문을 보니 새로운 왕조의 기미가 보인다"면서 유인했다.

중국 고대의 역성혁명은 '덕(德)있는 자가 부덕(不德)한 자를 대신하는 것이 하늘의 뜻'이라는 사고에서 정당시 되었다. 왕윤은 왕조 교체의 이론적 배경인 이 원리를 이용하여 동탁의 마음을 흔들고자 사용함으로써 동탁을 우쭐거리게 하고 동탁과 여포 사이를 원수지간으로 만드는데 결정적인 뒷받침을 했다.

이후 왕윤은 여포를 자극해서 초선을 빼앗긴 원한을 불러일으켜 "맹세코 늙은 도적놈을 죽여(誓當殺止老賊) 자신의 수치를 씻겠다(以雪吾恥)"는 동탁 제거의 다짐을 확고히 만들었다.

王允曰(왕윤왈) / 自古有道伐無道(자고유도벌무도) /
無德讓有德(무덕양유덕) / 豈過分乎(개과분호) /
卓笑曰(탁소왈) / 若果天命歸我(약과천명귀아) /
司徒當爲元勳(사도당위원훈)

만약 이기지 못하면 그때 달아나도 늦지 않다

若基不勝 약기불승 走亦未遲 주역미지

모사 가후가 말했다.

"여러분이 만약 군사를 버리고 단신으로 행동하면 일개 정장이라도 여러분을 능히 결박 지을 거요. 그러니 이곳 섬서 땅 백성들을 유인하여 본부 군마와 합쳐 장안으로 쳐들어갑시다. 동탁의 원수를 갚게 되면 조정을 받들고 천하를 바로 잡읍시다. 만약 이기지 못하면 그때 달아나도 늦지 않소."

마침내 동탁이 미인계에 걸려 여포에게 죽었다.

왕윤은 여포와 사손서 3인으로 구성된 정권을 세우고, 동탁의 시체를 거리에 내버려 백성들에게 알리니 장안성의 남녀노소들은 일제히 만세를 부르고 거리로 뛰쳐나와 춤을 추면서 오랜만에 찾아온 자유의 시간을 만끽했다. 이때 시체를 지키던 병사들이 동탁의 배꼽에다 심지를 꽂고 불을 붙였는데 사흘 밤낮을 타올랐다고 한다.

한편, 동탁 휘하에서 장수 노릇을 했던 이각과 곽사 등은 섬서 땅으로 도망쳐서 어떻게든 살아 보려고 표문을 올려 지난 날의 잘못을 반성하고 있으니 사면해달라는 청원을 했다.

왕윤은 "동탁의 죄악은 바로 그놈들이 도운 것이다. 절대 용서해줄 수 없다"고 강경하게 거부했다.

이각과 곽사 등은 사면이 어렵다는 걸 알자 각자 군사를 버리고 도망칠 궁리를 하는데 당시 이들의 동료인 장제 휘하의 모사 가후(賈詡)가 한번 싸워보고 여의치 않으면 그때 달아나도 된다면서 어차피 이판사판이니 부딪쳐 보자고 했던 것.

가후의 책략을 높이 평가하고 있던 구 동탁군의 잔당들은 이에 용기를 내어 단합하여 장안을 공격하기에 이르렀고, 여포는 그들을 오합지졸이라고 평가했으나 막상 싸우다가 힘이 달리자 도망치므로 해서 구 동탁군이 장안성을 쉽게 점령했다. 결국 왕윤은 이각과 곽사의 손에 죽고 세상은 다시 암흑 천지가 되었다.

이 때문에 정사 「삼국지」에서는 가후를 "책략에 실수가 없고 사태변화를 꿰뚫어 보았다. 가는 곳마다 재능을 인정받았고, 자신의 재능에 다른 사람들이 경계심을 품지 않도록 조용히 생활하고 사적인 교류도 삼갔다. 자녀들의 결혼상대도 명문거족을 고르지 않았다"며 높이 평가하고 있으나, 주석을 단 배송지는 이 장안 공격으로 왕윤 같은 충신이 죽고 동탁의 잔당들이 다시 권력을 장악하게 되었다는 점을 지적하면서 가후의 죄상을 신랄하게 비판하고 있다.

가후의 처세에 대한 평가는 이외에도 다양하며 분분하다. 재능이 풍부하고 처세술에 빈틈이 없었다는 점에서는 대부분 일치하지만 그 인간성의 옳고 그름이나 백성을 사랑하는 어진 마음과는 거리가 멀었다는 점을 지적하여 정의감 없는 모사꾼에 불과했다고 보는 견해가 많다.

가후의 재능과 인간성의 면모는 난세를 살아야 했던 어쩔 수 없는 측면이 있다고는 하나, 자신에게 이익이 있으면 옳고 그름의 구분 없이 행하면서 부귀를 누렸다는 점에서 '도둑에게 남의 집 담을 넘어 들어가 금은보화를 챙기는 묘수를 가르쳐주었을 뿐이지 자신이 직접 훔치지 않았다고 면죄부가 주어지는 건 아니다'는 해석이 의미를 갖는다.

謀士賈詡曰(모사가후왈) / 諸君若棄軍單行(제군약기군단행) /
則一亭長能縛君矣(즉일정장능박군의) /
不若誘集陝人(불약유집섬인) / 并本部軍馬(병본부군마) /
殺入長安(쇄입장안) / 與董卓報仇(여동탁보구) / 事濟(사제) /
奉朝廷以正天下(봉조정이정천하) / 若其不勝(약기불승) /
走亦未遲(주역미지)

이익을 위해 의리를
저버리는 자가 아니다

非好利忘義之輩 비호리망의지배

진궁이 말했다.

"듣자니 공께서 대군으로 서주 땅을 치고, 부친의 원수를 갚고자 가
는 곳마다 백성을 모조리 죽일 것이라 하기에 이렇게 와서 특별히 부
탁드리는 거요. 도겸은 원래 어진 사람이며 군자요, 이익을 위해 의리
를 저버리는 그런 자가 아니오. 공의 부친께서 화를 당하신건 장개가
악행한 죄지 도겸의 잘못이 아니오. 더구나 서주 백성들은 공과 하등
원한이 없는데 모조리 죽이다니요. 재삼 깊이 헤아려주시오."

조조와 진궁 두 사람의 만남과 헤어짐은 역사적 사실과는 무관하게
소설 「삼국연의」에서 가슴 졸이게 하고 안타까움을 자극하는 대표적

인 대목의 하나로 꼽힌다.

첫 만남은 소설에서 조조가 동탁의 체포령에 걸려 중모현에서 붙잡혔을 때였다. 진궁은 이때 중모현의 현령. 만일 조조를 낙양으로 압송하여 동탁에게 갔다면 엄청난 상금을 받고 제후에 봉해졌을 것이다. 그런데 진궁은 조조를 풀어주고 자신도 현령직을 내던지고 함께 도망쳤다. 여백사일가 살해사건이 벌어진 것은 이때.

진궁은 "내 조조를 좋은 사람으로 여겨 따라왔건만 이제 보니 이리 같은 놈이구나"하고 조조를 죽여 버릴까 고민하다가 혼자 가버렸다.

이후 진궁은 동군에 있다가 다시 조조를 찾아오게 된다. 이유는 조조가 무자비하게 서주 살륙전을 전개하려 하는 걸 막아보기 위해서였다.

그 배경은 다음과 같다.

동탁군이 장안으로 도망칠 때 추격했던 조조는 대패하고 돌아와 반동탁연합군의 제후들에게 통렬한 지적을 하고 하내로 들어갔다. 그리고 황건 잔당을 진압하고 그 가운데서 쓸 만한 인물들을 골라 '청주병'을 조직하는 등 상당한 성과를 올렸다. 이어서 순욱을 비롯해 정욱 등 일류 책사를 영입하여 세력을 떨치니 조정으로부터 연주목에 임명되었다. 이 무렵 조조 휘하의 군사가 십여만 명, 거느리는 백성은 백여만 명이 넘었다고 한다.

조조는 확실한 기반이 생겼다고 자부심을 느껴 낭야에 은거해 있던 부친 조숭을 모시고자 사신을 파견했다. 그래서 조숭과 조 씨 일족은 모든 재산을 정리하여 수레에 싣고 연주로 향했는데 서주목 도겸이 파견한 장개가 조숭 등을 모조리 죽이고 재산을 강탈하여 사라진 것이었다.

조조는 격분하여 명령했다.

"부친의 복수다. 서주를 아예 없애버려라!"

조조군은 무자비하게 진격을 시작했다. 이들이 지나간 자리에는 시체가 산처럼 쌓여 강물조차 흐름이 막혔다는 기록이 있을 정도로 처참했다. 이 소식을 들은 진궁이 옛날 인연으로 살육전을 막을 수 있지 않을까 해서 달려갔다.

선비 진궁으로서는 당연히 취할 행동이었다. 물론 조조는 거절했다. 이때 조조가 악인이어서 진궁의 부탁을 거절했다고 할 수 있을까? 소설 「삼국연의」는 본래 조조를 악한 인물로 설정하고 악행을 최대한 극대화시키려 했는데 이번에도 착한 인물 진궁을 대비시켜 조조를 더욱 악랄한 인물로 보이도록 했을 뿐이다.

陳宮曰(진궁왈) /

今聞明公以大兵臨徐州(금문명공이대병임서주) /

報尊父仇(보존부구) / 所到欲盡殺百姓(소도욕진살백성) /

某因此特來進言(모인차특래진언) /

陶謙乃仁人君子(도겸내인인군자) /

非好利忘義之輩(비호리망의지배) / 尊父遇害(존부우해) /

乃張闓之惡(내장개지악) / 非謙罪也(비겸죄야) /

且州縣之民(차주현지민) / 與明公何仇(여명공하구) /

殺之不祥(살지불상) / 望三思而行(망삼사이행)

어렸을 때 총명했다고
커서도 총명한 건 아니다

小時聰明 소시총명 大時未必聰明 대시미필총명

　열 살 때 공융이 하남윤 이응(李膺)을 찾아 갔는데 문지기가 집 안으로 들여보내질 않았다. 이때 말하기를 "우리 집은 이 대감 댁과 대대로 통한 사이요"라고 둘러대서 들어가 만날 수 있었다.

　이응이 물었다.

　"너의 조상과 내 조상이 대대로 어떻게 친했다는 것이냐?"

　공융이 대답했다.

　"옛날 공자께서 노자(성이 李氏)에게 예에 대해 물으셨으니 저희와 대감댁이 대대로 통한 바가 아니겠습니까!"

　이응은 매우 기특히 여겼는데 마침 태중대부 진위가 들어 왔다. 이응은 공융을 가리키며 "참으로 기특한 아이다"고 들은 바를 말했다.

그러자 진위가 "어렸을 때 총명했다고 커서도 총명한 건 아닙니다"
하니 공융이 즉시 응수했다.

"그 말씀은 대부께서 어렸을 때 필시 총명했었나 보네요."

진위 등은 모두 가가 대소 했다.

이응은 후한 말엽에 대표적인 청백리이자 학문이 높았던 선비로 손
꼽히는 인물이었다. 천성이 고결하고 불의를 용서하지 않았으며 권세
를 이용한 어떤 압력에도 의연히 맞섰다. 그의 사람됨을 아는 지방의
현령들은 '이응이 태수로 부임한다'는 소식만 들어도 자신의 그동안
비위 사실이 드러날까 두려워 사직했다는 기록까지 있다.

한편으로 선비나 관료들은 이응 밑에서 일하거나 사귀는 걸 영광으
로 여겨 교유관계를 가지려 했다. 그래서 아응은 아무나 만나는 걸 꺼
려했는데 어린 공융이 재치 있게 기회를 만들었다.

그 당시 이응과 교유하게 되는 것을 등용문(登龍門 : 황하 상류에 있는 용문
이란 곳은 물살이 강해 잉어들이 힘을 쏟아 뛰어오르려 하는데 물살을 거슬러 오르면 용이 되
어 승천한다는 이야기에서 유래되었다)이라 했을 정도였다.

공융의 어릴 때 이야기를 여기에서 하는 이유는 어지러운 세상이었
으나 이상주의적 처신으로 인심을 얻었던 그가 곤경에 빠진 서주의 도
겸을 구원한 일을 강조하려 했기 때문. 이 무렵에 평원현령으로 있던
유비에게 구원하도록 주선한 사람이 바로 공융이었다. 이 전갈을 받았
을 때, 유비는 "아, 천하의 공융이 나를 알아주다니……" 하고 크게 감
격하여 앞뒤를 보지 않고 곧 서주로 달려갔다.

공융은 평소에 "내 소원은 집안에 언제나 손님이 가득하고(座上客常

滿) 술독에는 술이 비지 않아(樽中酒不空) 즐겁게 대접하는 것"이라 했다
는 이야기도 잘 알려져 있다. 북해태수로 6년간, 전란 속에서 교육에
도 남다른 정성을 쏟고, 선정을 베풀려고 노력했으나 시대를 잘못 만
난 불운한 선비였다.

年十歲時(연십세시) / 往謁河南尹李膺(왕알하남윤이응) /

閽人難之(혼인난지) / 融曰(융왈) /

我係李相通家(아계이상통가) /

及入見(급입견) / 膺問曰(응문왈) /

汝祖與吾祖何親(여조여오조하친) / 融曰(융왈) /

昔孔子曾問禮於老子(석공자증문예어노자) /

融與君豈非累世通家(융여군개비누세통가) /

膺大奇之(응대기지) / 少頃(소둔) /

太中大夫陳煒至(태중대부진위지) / 膺指融曰(응지융왈) /

此奇童也(차기동야) / 煒曰(위왈) / 小時聰明(소시총명) /

大時未必聰明(대시미필총명) / 融卽應聲曰(융즉응성왈) /

如君所言(여군소언) / 幼時必聰明者(유시필총명자) /

煒等皆笑(위등개소)

용맹하나 꾀가 없으니
염려할 것 없다

有勇無謀 유용무모 不足廬也 부족려야

조조가 회군하자 조인이 맞이하며 "여포의 기세가 대단하고 진궁이 도와 연주 복양 일대는 이미 빼앗겼습니다. 견성, 동아, 범현 세 곳은 순욱과 정욱이 계책을 세워 죽을 각오로 성을 지키고 있습니다"라고 보고 하자 조조가 고개를 끄덕이며 말했다.

"내가 알기로 여포는 용맹하나 꾀가 없으니 염려할 것 없다. 군영을 정돈하고 영채부터 세운 후에 다시 의논하자."

조조군의 무자비한 서주 살륙전에 놀란 사람들이 반(反)조조 성향을 보일 때, 진궁 등이 장막을 찾아가 충동질했다. 때마침 여포가 이곳에 나타났다. 원소 진영에 의탁했다가 오만방자하게 행동하자 화가 난 원소가 잡아 죽이려 해서 도망친 것이었다.

'좋다. 이런 비상한 일에는 여포 같은 인물이 제격이다'

원래 조조와는 절친한 사이였던 장막이지만 이번에는 충격을 받아 앞장서서 반조조군을 형성했고, 여포를 대장으로 삼아 연주 일대를 쳐서 점령하는 사건이 발생하게 되는 것이다. 서주에서 살륙전을 벌이고 있던 조조는 이 소식을 듣자 크게 놀랐다. "연주 땅을 잃는다면 우리는 돌아갈 곳이 없구나. 속히 서둘러야겠다" 하고 회군령을 내려, 돌아오는 도중 조인을 만났다.

이리하여 복양성을 둘러싼 조조와 여포의 일대 격돌이 일어나게 된다. 양군은 일진일퇴를 거듭하는데 이때 조조 진영에서 혜성처럼 나타난 용사가 전위였다.

曹操回軍(조조회군) / 曹仁接著(조인접착) /
言呂布勢大(언여포세대) / 更有陳宮爲輔(갱유진궁위보) /
兗州 · 濮陽已失(연주 · 복양기실) /
其鄄城 · 東阿 · 范縣三處(기견성 · 동아 · 범현삼처) /
賴荀彧 · 程昱二人設計相運(뇌순욱 · 정욱이인설계상운) /
死守城郭(사수성곽) / 操曰(조왈) /
吾料呂布有勇無謀(오료여포유용무모) / 不足慮也(부족려야) /
教且安營下寨(교차안영하채) / 再作商議(재작상의)

손님이 아무리 강해도
주인을 누를 수 없다

強賓不壓主 강빈불압주

여포는 반조조 대열에 앞장서서 일시 연주 일대를 점령했으나, 조조의 반격에 패하여 갈 곳이 없었다. 이미 군웅들 사이에서 배신을 밥 먹듯 하는 여포는 기피 대상이 된 지 오래였다. 아무리 무용이 뛰어난 인물이 절실히 필요하다 할지라도 언제 배반하여 주인의 목에 칼을 들이댈지 모르는 자를 반길 리 없잖은가.

때마침 유비가 서주를 차지하고 있음을 안 모사 진궁이 "유비라면 우리 덕분에 쉽게 서주를 차지했으니 반겨줄 것"이라며 권했고, 여포는 갈 곳이 없는 처지니 하는 수 없이 유비를 찾아갔다.

그런데 유비는 여포를 반갑게 맞이하는 것에 그치지 않고 의외로 주위의 반대에도 불구하고 서주를 여포에게 통째로 넘겨주겠다고 적극 제안했다.

그때 관운장과 장비는 잡아 죽일 듯이 여포를 노려보고 있었고…….

분위기가 싸늘해지자 진궁이 재빨리 "손님이 아무리 강해도 주인을 누를 수는 없다는 옛말이 있잖소. 주인께서도 손님에게 공연한 의심을 사지 마십시오"라고 해서 어려운 상황을 수습했다. 결국 여포 일행은 서주의 중심인 하비성을 떠나 북쪽에 있는 소패성(小沛城)에 머물고 모든 필요 물품은 유비가 대주는 것으로 정리되었다.

장비는 이것이 못마땅하여 수시로 여포에게 시비를 걸었고, 관우는 이를 말리느라 애를 먹었다. 나중 여포는 또다시 배신 하는데 장비는 이런 여포를 죽이려고 온갖 꾀를 냈다.

◆ 여포의 배신이 거듭되고 장비와 관우는
상의하여 그를 죽이려고 했다.

늑대 굴을 빠져 나왔더니
호랑이를 만나게 됐구나

方離狼窩 방리낭와 又逢虎口 우봉호구

천자의 수레가 화흠현 가까이 이르렀을 때였다. 배후에서 천지를 진동하는 함성이 일어나면서 크게 외치기를 "어가는 꼼짝 말아라!" 하는 소리가 들렸다.

황제는 놀라 울면서 대신들에게 말했다.

"늑대 굴을 겨우 빠져 나왔더니 이젠 호랑이를 만나게 됐구나. 어찌하면 좋겠느냐?"

모두가 안색이 변해서 허둥대는데 역적의 군사가 접근해 왔다.

황제의 낙양행은 처음부터 순조롭지 못했다. 원래 동탁에게 강제로 끌려 온 데다, 왕윤이 처참하게 죽고, 이각과 곽사의 온갖 만행을 겪으면서 장안성이 끔찍이 싫었던 터라 서둘러 출발한 탓이었다.

황제를 따르는 조정대신과 궁녀들, 수백 명의 금위군을 거느렸으나 급히 출발했고, 날씨마저 가을로 접어들었으니 입을 것과 먹을 것 등등 생필품이 풍족할 리 없었다. 거기다가 처음 장제의 중재를 받아들일 때와 달리 황제 일행이 장안을 떠나자 곽사의 마음이 바뀌었다. '어떻게 하든 황제를 내 수중에 넣어야 한다. 황제가 없으면 자칫 역적으로 몰릴지 모른다'고 여겨 추격전에 나선 것.

곽사의 군사들이 황제 일행의 후미에 접근한 곳이 화음현. 놀란 황제 일행의 어쩔 줄 몰라 허둥댈 때 마침 근처에 있던 양봉이란 장수가 곽사군을 막아줬다.

이렇듯 추격병을 막아주는 예상치 못했던 일이 벌어진 덕에 겨우 도망치고, 때로는 배편이 마땅치 않은데도 무리하게 황하를 건너는 과정에서 수많은 군사와 궁녀를 잃는 등 황제의 행차는 고난의 연속이었다. 마침내 헐벗고 굶주리며 황제 일행이 낙양에 도착했을 때는 거지꼴이나 다름이 없었다. 더구나 황제의 시야에 들어온 낙양 거리의 모습은 참혹했다. 궁궐은 물론 일반 저택들까지 불타 없어졌고 잡초만 무성했다.

車駕正到華陰縣(거가정도화음현) / 背後喊聲震天(배후함성진천)
大叫(대규) / 車駕且休動(거가차휴동) /
帝泣告大臣曰(제읍고대신왈) / 方離狼窩(방리낭와) /
又逢虎口(우봉호구) / 如之奈何(여지내하) /
眾皆失色(중개실색) / 賊軍漸近(적군점근)

민심을 대변하는 것이
바로 만년대계

以從衆望 이종중망 不世之略 불세지략

조조는 산동에 있으면서 천자가 낙양으로 돌아왔다는 소식을 듣자 모사들을 불러 상의했다.

순욱이 나와 말했다.

"옛날 춘추시대 진문공은 주양왕을 받들었기에 제후들이 그에게 복종했고, 한고조는 의제의 장례를 치러주었기에 천하의 민심이 돌아왔습니다. 오늘날 천자가 피난했으니 장군께서는 이번 기회에 의병을 일으키고 천자를 받들어 민심을 대변하는 것이 바로 만년대계입니다. 서두르지 않으면 기회를 다른 이에게 빼앗길 것입니다."

'천자를 받들어 모신다'는 것은 당시 후한 조정이 권위를 잃었고, 사실상 빈껍데기나 다름없었지만 황제라는 지위가 아직도 백성들 사이에서는 국가의 상징이었으므로 야심을 가진 군벌들에게 대단히 중요한 정치적 명분이었다.

그러나 군벌들 사이에서 '천자를 맞이하여 받들어야 민심을 얻을 수 있고, 제후들을 호령하여 패업을 이룰 수 있다'는 주장이 있는가 하면, '한나라가 곧 망할 텐데 부질없는 짓이다. 만약 황제를 가까이 두면 지시를 받아야 하고 일마다 보고해야 하는 번거로움이 있을 뿐이다'는 부정적인 견해도 있었다.

조조 진영에서 이 문제에 대해 가장 먼저 의견을 내놓은 사람은 모개(毛价)였다. 그는 조조가 연주에 있을 당시 가담했는데 "당연히 천자를 받들어 모든 신하들에게 호령하고, 농경에 힘쓰며, 군수물자를 축적하십시오. 이같이 한다면 천하를 제패하는 대사를 완성할 수 있습니다"고 진언했다. 정사의 기록에 의하면 '조조가 이 건의를 존경스럽게 받아들였다.

당시 황제는 국가원수이기도 했지만 하늘의 뜻을 지상에 펼치는 적자(嫡子)로 천자(天子)이며, 천하 백성의 아버지 즉 군부(君父)라는 관념이 지배적이었다.

순욱은 간단명료하게 핵심을 찔렀다. '천자를 받들어 민심을 대변하는 것이(奉天子以從衆望) 바로 만년대계(不世之略)다'라는 지적이었다. 앞서 모개가 말한 "천자를 받들어 모든 신하들에게 호령"한다는 말과 같은 맥락이었다. 이런 논의가 조조 진영에서만 있었던 건 아니었다.

원소 진영의 책사 저수가 진언한 내용을 보면 "황제를 장안에서 맞아들이고 종묘와 사직을 낙양에서 다시 일으켜 세운 다음 천하를 호령

하여 아직도 복종하지 않는 자들을 토벌해야 한다"라고 하니 원소는
그 자리에서 "바로 내가 생각하고 있던 바요"라고 적극 동조했다. 〈헌
제전〉에 따르면, 천자를 모시자는 저수의 주장에 대해 '번거롭고 성가
실 뿐'이라고 곽도가 반대했다는 기록이 있으나 정사 「삼국지」에서는
곽도가 적극 찬성했다고 되어 있으므로 원소 진영에서 황제를 모시는
데 대해 견해가 대립했는지 여부는 불확실하지만 아무튼 간에 실행으
로 옮기지 않은 것일 뿐 논의는 상당히 이루어졌던 것은 사실.

먼저 움직인 쪽은 조조였다. 그는 천자를 받들어 허도(許都)로 천도하
고, 황제를 모신다는 정치적 자산 이외에도 자신에게 반대하는 자들에
대해 불인불의(不仁不義)의 딱지를 붙이고 황제의 이름으로 무찔러 없앨
수 있는 대의명분을 확보했다.

曹操在山東(조조재산동) / 聞知車駕已還洛陽 문지거가기환낙양 /

聚謀士商議 취모사상의 / 荀彧進曰(순욱진왈)

昔晉文公納周襄王(석진문공납주양왕) /

而諸侯服從(이제후복종) /

漢高祖為義帝發喪(한고조위의제발상) /

而天下歸心(이천하귀심) / 今天子蒙塵(금천자몽진) /

將軍誠因此時首倡義兵(장군성곤차시수차의병) /

奉天子以從眾望(봉천자이종중망) / 不世之略也(불세지약야) /

若不早圖(약불조도) / 人將先我而為之矣(인장선아이위지의) /

曹操大喜(조조대희)

얻었다고 기뻐할 것이 뭣이며
잃었다고 근심할 것이 뭐냐

得何足喜 득하족희 失何足憂 실하족우

장비는 십여 기병을 데리고 우이현으로 달려가 유비를 만났다. 그리고 조표가 여포와 내통하여 밤에 서주성을 습격해 온 바를 고했다.

모두가 아연실색하는데, 유비가 탄식하며 말했다.

"얻었다고 기뻐할 것이 뭣이며, 잃었다고 근심할 것이 또 뭐냐."

하비성의 유비와 소패성에 머무는 여포 사이에 금이 가기 시작했다. 순욱이 이호경식지계(二虎競食之計: 양쪽이 서로 잡아먹으려고 싸우게 만들어 어느 한쪽이나 양쪽 모두에게 해를 입히는 꾀)를 써서 갈등하도록 만든 까닭도 있었지만 원래부터 두 진영 사이에 이(利)가 있을 뿐 의(義)는 없는 상태였으므로 당연한 일이었다.

사건은 의외의 일에서 비롯되었다.

유비가 관운장과 함께 원술을 치려고 남양으로 떠날 때, 장비한테서 "술을 절대로 마시지 않고, 군사도 때리지 않고, 사람들의 충고를 잘 들어서 일을 처리하겠다"는 약속을 받고 서주성을 맡긴 것이었다.

그런데 며칠이 지나자, 장비의 술버릇이 도져 모든 관리를 초청하고 일일이 손수 술잔을 안기며 권했다. 때마침 자리에 참석한 조표는 술을 못 마신다고 거절했고, 장비가 눈을 부라리며 술을 먹이고는 재차 또 먹이려고 했다. 조표는 정말로 술을 못한다고 사정하면서 피하려 하자 장비는 매를 들어 무섭게 쳤다. 이에 조표가 앙심을 품고 여포에게 서신을 보내 오늘밤 안으로 장비가 술 깨기 전에 습격해온다면 안에서 호응하겠다고 했다.

결국 장비는 술에 취해서 여포의 습격에 제대로 대응 못하고 겨우 도망칠 수 있었다. 뒤따라온 부하 10여명과 함께 유비를 찾아가 고하니 이때 유비의 탄식이 '얻었다고 기뻐할 것이 뭣이며 잃었다고 근심할 것이 뭐냐'였다.

유비는 서주를 얻는데 별로 힘들이지 않았다. 어찌 보면 공짜로 얻은 것과 다름이 없었다. 또한 여포가 의탁하러 왔을 때 본인 스스로 서주를 넘겨주겠다고 제안하기까지 했었다.

서주성을 여포에게 빼앗겼다는 장비의 보고에 화를 내거나 낙담하지 않은 데는 이런 이유도 상당 부분 작용했을 것이다. 더하여 유비에게는 자신의 근거지를 만들고 그곳에서 천하를 도모하겠다는 계획이 아직 없었던 탓도 있다.

여기서 음주에 얽힌 얘기를 한번쯤 생각해 볼 필요가 있다. 역사상 가장 강했다고 알려진 몽고군은 전투 후에 말 젖을 발효시킨 '쿠미스'라는 술로 긴장을 달랬고, 바이킹의 선두에 섰던 전사들은 각성제 성분이 다량 포함된 순록의 오줌을 마셔 평소보다 민첩하고 강했다고 한다. 2차 세계대전 당시 일본군은 히로뽕을 술에 타 마셨고, 독일군은 고강도 각성제인 퍼비틴을 복용했다. 미군도 아프간 전투 시 공군조종사에게 덱세드린이라는 각성제를 처방했고, 걸프전에서는 조종사의 65%가 이를 복용하여 두려움을 잃게 했다.

술을 좋아하는 장비. 두주불사의 장비는 이후에도 여러 차례 술과 인연이 깊었다.

훗날 한중공략전에 나섰을 때는 제갈량이 일부러 술을 보내 전투에 활용하게 했고, 마침내는 관우 복수전을 한다고 좋아라 하며 대취했다가 부하에게 살해당하는 비운을 맞았다.

張飛引數十騎(장비인수십기) /

直到盱眙見玄德(직도우이견현덕) /

具說曹豹與呂布裏應外合(구설조표여여포리응외합) /

夜襲徐州(야습서주) / 眾皆失色(중개실색) /

玄德歎曰(현덕탄왈) / 得何足喜(득하족희) /

失何足憂(실하족우)

대비가 없는 곳을 공격하고
예상치 못한 곳을 찌른다

攻其無備 공기무비 出其不意 출기불의

손정이 말했다.

"왕랑이 성을 굳게 지키니 깨뜨리기가 어렵다. 회계 땅 재화와 곡식 대부분이 사독에 있고, 여기서 십여 리밖에 안 되니 먼저 그곳을 점령하는 것이 좋다. 소위 '대비가 없는 곳을 공격하고 예상치 못한 곳을 찌른다'는 것이 아니겠느냐."

손책이 크게 기뻐하며 말했다.

"숙부님의 묘책이 도적을 무찌를 수 있을 것입니다."

손책이 강동 지역을 평정할 당시의 상황으로, 이 무렵 그는 주위 사람과 자주 농담도 하고 활달한 성격답게 측근 인사의 의견을 받아들이는 등 지도자로서의 면모가 돋보였다.

여기서 '대비가 없는 곳을 공격하고……'는「손자병법」시계(始計)편에 나오는 기습전술이다. 이때 유의해야 할 점은 병력 수효, 전쟁 물자, 상대의 동정 등을 자기 손바닥 보듯 잘 알고, 시간적인 예측, 지리적인 판단, 진로의 방향 등을 세심하게 감안해야 한다.

공기불비(攻其不備)라는 표현은 제갈량이 자주 쓰는데 같은 의미다.

그날 손책은 숙부 손정의 묘책을 써서 영채에다 일부러 깃발을 많이 늘어세우고 갑옷을 입힌 허수아비를 배치해 놓은 후 회계성에 대한 포위를 풀고 물러나 사독을 공격할 듯이 꾸몄다. 이에 말려든 왕랑이 성문을 열고 나와 추격해오자 복병으로 진압하고 회계성을 점령하니 강동 일대가 모두 손책에게 평정되었던 것.

이후 손책은 스스로 회계태수가 되어 주변을 일족에게 다스리게 하면서 장소, 장굉 등 이 지역 출신 저명인사들을 모셔다가 참모로 기용하여 동오(東吳)의 지배 체제를 확고히 했다.

孫靜曰(손정왈) / 王朗負固守城(왕랑부고수성) /
難可卒拔(난가졸발) / 會稽錢糧(회계전량) /
大半屯於査瀆(대반둔어사독) / 其地離此數十里(기지리차수십리) /
莫若以兵先據其內(막약이병선거기내) /
所謂攻其無備(소위공기무비) / 出其不意也(출기불의야) /
策大喜曰(책대희왈) / 叔父妙用(숙부묘용) /
足破賊人矣(족파적인의)

안전과 위태로움의 기미를
가볍게 생각해서는 안 된다

安危之機 안위지기 不可不察 불가불찰

　서주성을 여포에게 빼앗긴 후, 유비는 예전 여포가 있던 소패성으로 옮겨가 겨우 연명하게 되었다. 하지만 원술과 여포의 공세는 계속되었고, 끝내는 여포의 배신 탓에 모든 걸 잃고 유비 삼형제는 허도(許都)의 조조에게 의탁해야 하는 처지가 됐다.

　이때 조조 진영에서 '유비는 간단한 인물이 아니니 이번 기회에 없애버려 뒷날의 두통거리를 해결하자'는 주장이 나왔다. 조조는 이 문제에 대해 책사 곽가에게 물었는데 그의 대답은 단호했다.

　"유비는 평소 영웅이라는 소리를 들었으나 지금은 갈 곳이 없어 우리에게 의탁해 왔는데 죽인다면 찾아오는 현인을 해치는 결과가 됩니다. 세상의 지혜로운 사람들이 이 소문을 듣는다면 의심을 품고 주공에게 다가오지 않을 것이니 장차 주공께서는 누구와 함께 천하를 평정하시렵니까. 한 사람의 걱정거리를 제거하여(天除一人之患) 세상의 소망을 잃는 것(以阻四海之望)이니 안전과 위태로움의 기미를 가볍게 생각하시면 안 됩니다."

조조는 이 진언을 받아들여 유비를 허도로 영입하고 즉시 표문을 올려 유비를 예주목으로 추천하면서, 병사 3천 명과 군량 1만 석을 내주는 과감한 조치를 감행했다.

이는 '세상의 소망을 잃지 않겠다'는 조조의 결심을 엿볼 수 있는 대목이며 동시에 조조의 영웅적 면모를 확인할 수 있는 예라고 할 수 있다. 동시에 조조는 자신에게 의탁해오는 상대에 대해서 항상 따뜻하게 대접하고 정중하게 대우했지만, 배신하고 등돌린 자에게는 무섭게 복수하는 일면도 보였다.

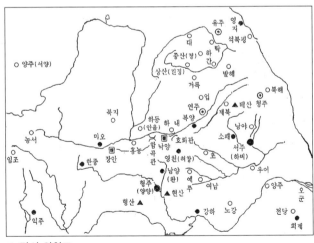

◆ 당시 위치도

존귀한 지위에 있으면
법을 적용할 수 없다

法不加於尊 법불가어존

조조가 말했다.

"내가 법을 정하고 내가 이를 범했으니 군사들이 어찌 명령에 복종하겠는가."

그리고는 즉시 허리에서 칼을 뽑더니 자기 목을 찌르려 했다. 모두가 달려들어 말렸다.

곽가가 말했다.

"옛 춘추에 존귀한 지위에 있으면 법을 적용할 수 없다고 했습니다. 승상께서는 대군을 통솔하고 있는데 어찌 스스로를 해치려 하십니까?"

조조는 한참동안 궁리하더니 단호하게 말했다.

"이미 춘추에 존귀한 지위에 있으면 법을 적용할 수 없다니 내가 죽음을 면했구나" 하고는 칼을 들어 자기 머리카락을 베어 땅바닥에 던지면서 "머리털로 목을 대신하노라" 하고 소리쳤다.

건안 3년(198년) 4월, 조조는 허도를 순욱에게 맡기고, 남양 땅에서 세력을 떨치는 장수를 토벌하기 위해 출정했다.

들에는 보리가 한창 익어가고 있었다. 백성들은 조조군의 출동 소식을 듣자 놀라 도망쳤다. 그때까지 군벌들은 출정할 식량 확보를 위해 현지에서 약탈하는 일을 능사로 하고 있었기 때문이었다.

조조는 상황을 파악하자 재빨리 가까운 마을의 노인들과 관청에 사람을 보내 널리 알리도록 했다.

"이번에 천자의 명을 받들어 군사를 일으킨 것은 역적을 치고 세상을 편안케 함이니 백성들은 조금도 놀라지 말라. 만일 보리밭을 훼손하는 자가 있다면 지위고하를 막론하고 참수형에 처할 것이다."

백성들은 이 소식을 전해 듣자 환호했다. 조조의 병사들은 행군 도중 보리밭을 지날 때 모두 말에서 내려 보리밭이 상하지 않도록 조심스럽게 걸었다. 그런데 사고가 발생했다. 산비둘기 한 마리가 갑자기 날아오르는 걸 보고 조조가 탄 말이 놀라서 껑충거리다가 보리밭의 꽤 넓은 면적을 짓밟아버리고 만 것이었다. 조조는 집법관을 불러 이 경우에 해당하는 죄목을 묻고 자신의 목을 베려했던 것.

결과는 조조가 자신의 머리카락을 자른 것으로 끝났는데 이를 두고 얕은 속임수에 불과했다고 비난하는 사람도 있고, 교묘한 꾀였다고 평하기도 하지만 당시 머리카락을 자르는 형벌인 '곤형'이 치욕적인 형벌이었던 만큼 단순한 속임수나 면피용 꾀로 보기는 어렵다는 사실이다.

훗날 정사 「삼국지」를 펴낸 진수가 〈제갈량전〉 말미에 '전쟁에는 서툴지 않았는가'라고 기록한 부분에 대해 그의 부친이 제갈량의 북벌 초반전이었던 가정에서 장합군에게 패함으로써 마속이 처벌되었는데 이에 연루되어 '곤형'을 당한데 대한 감정으로 제갈량을 깎아내리려 그렇게 적었다는 지적을 받기도 했다.

당시 '곤형'은 몹시 치욕적인 벌이었다.

曹操曰(조조왈) / 吾自制法(오자제법) / 吾自犯之(오자범지) /

何以服眾(하이복중) /

即掣所佩之劍欲自刎(즉체소패지검욕자문) /

眾急救住(중급구주) / 郭嘉曰(곽가왈) /

古者春秋之義(고자춘추지의) /

法不加於尊(법불가어존) / 丞相總統大軍(승상총통대군) /

豈可自戕(개가자장) / 操沉吟良久(조침음량구) / 乃曰(내왈) /

既春秋有法不加於尊之義(기춘추유법불가어존지의) /

吾姑免死(오고면사) / 乃以劍割自己之髮(내이검할자기지할) /

擲於地曰(척어지왈) / 割髮權代首(할발권대수)

아버님의 정기와 어머님의 피,
절대 버릴 수 없다

父精母血 부정모혈   不可棄也 불가기야

하후돈이 크게 외마디 비명을 지르며 급히 손으로 화살을 뽑으니 눈
알이 꽂힌 채 뽑혀져 나왔다.

그가 소리쳤다.

"이는 아버님의 정기와 어머님의 피이니 절대 버릴 수 없다!"

그러고는 눈알을 입 안에 넣어 삼키고, 창을 들자 곧바로 말을 달려
활을 쏜 조성에게 달려 갔다.

조조가 하후돈을 보내 여포를 칠 때였다. 한창 싸우는 도중 여포 휘하
의 조성이란 장수가 화살을 먹여 쏘았는데 하후돈의 왼쪽 눈에 박혔다.

하후돈은 조조의 일족(사촌간이라는 설이 유력하다)으로 어릴 때부

터 성품이 과격하여 14세 때 자신의 스승을 모욕한 이를 살해했다고 전해질 정도로 거친 사나이였다. 반동탁군을 일으킬 때부터 조조 휘하에 가담하여 용맹을 떨치기도 했다.

성장한 후 그는 크게 달라져 솔선수범하는 모습이 두드러졌다. 진류·제음에 있을 때인데 심한 가뭄과 재해가 일어나자 솔선하여 흙 지게를 지고 흙을 운반하여 하천 둑을 쌓거나 사병들과 함께 농사 일을 하여 군사와 백성들 사이에 인기가 높았다.

학구열 역시 대단해서 군무에 바쁜 와중에도 스승을 모셔 직접 강의를 들었고, 생활하는 태도가 청렴했으며 평민을 대하는 태도조차 신중하였는데 남는 재화가 있으면 주위 사람에게 모두 나누어주는 바람에 집안에 재산이라곤 거의 없었다고 한다.

조조가 유일하게 함께 수레를 타고 또 침상까지 무상으로 출입하게 허용한 인물로 꼽히는데, 왼쪽 눈이 없어 '애꾸눈 하후장군'이라는 이름으로 불리기도 했다.

夏侯惇大叫一聲(하후돈대규일성) / 急用手拔箭(급용수발전) /
不想連眼珠拔出(불상연안주발출) / 乃大呼曰(내대호왈) /
父精母血(부정모혈) / 不可棄也(불가기야) /
遂納於口內啖之(수납어구내담지) /
仍復挺槍縱馬(잉부정창종마) / 直取曹性(직취조성)

대장부는 상대의 처자를
죽이지 않는다

大丈夫不廢人之妻子 대장부불폐인지처자

미축이 공손하게 맞이하며 여포에게 고했다.

"제가 들은 바 대장부는 상대의 처자를 죽이지 않는다고 했습니다. 오늘날 장군과 천하를 다투는 사람은 조조입니다. 유비는 원문에서 창을 쏘아 맞춰 구해주신 은혜를 항상 생각하고 있습니다. 감히 장군을 배신할 뜻이 있겠습니까, 부득이 조조에게 끌려간 것이니 장군께서는 불쌍히 여기소서."

유비가 조조의 휘하에 들어가 여포를 공격할 때였다. 쫓긴 유비가 소패성으로 달아나는데 여포의 추격이 거세어 성을 지키던 유비의 부하들이 성문을 미처 닫을 겨를이 없었다.

유비는 다급해지자 성안의 가족을 돌볼 여지가 없이 그대로 말을 달려 서쪽 성문으로 빠져나갔고, 여포는 손쉽게 소패성을 점령했다. 이때 미축은 유비가 조조 편에 붙은 걸 여포가 분노하여 가족들을 해칠까 겁이 나서 재빨리 나와 이런 도리를 말하며 사정했던 것.

여포는 "나와 유비는 사귄 지 오래니 어찌 그 처자를 죽이겠는가"하면서 미축에게 유비 가족을 데리고 하비성으로 가서 지내라고 배려해줬다.

미축은 선조 대대로 서주 땅의 명문 집안으로 소작인이 1만 명이 넘는 대지주로 유명했고, 천성적으로 성품이 온화한 선비였다. 유비가 서주에 자리 잡을 때 여동생을 시집보내고(미부인), 노복 2천 명과 금은 화폐 등 상당한 거액을 대줘서 유비 세력을 키워준 공로도 있었다.

훗날 이야기지만 동생 미방이 관운장을 배신하여 손권 진영으로 투항하자 스스로 죄를 청했으나 유비가 용서해 주었다. 그러나 수치심과 솟구치는 분노를 이기지 못해 곧 병들어 죽고 말았다.

糜竺出迎(미축출영) / 告布曰(고포왈) /
吾聞大丈夫不廢人之妻子(오문대장부불폐인지처자) /
今與將軍爭天下者(금여장군쟁천하자) / 曹公耳(조공이) /
玄德常念轅門射戟之恩(현덕상념원문사극지은) /
不敢背將軍也(불감배장군야) /
今不得已而投曹公(금부득기이투조공) / 惟將軍憐之(유장군련지)

네가 바르지 못한 자이기에
나는 너를 버린 것이다

汝心術不正 여심술부정 吾故棄汝 오고기여

서황이 진궁을 데려오자 조조가 물었다.

"공대는 그동안 별고 없었는가?"

진궁이 대꾸했다.

"나는 네가 심뽀가 부정하기에 버린 것이다."

조조가 되물었다.

"내가 부정하다면서 그대는 어찌 여포를 섬겨 따랐는가?"

진궁이 대답했다.

"여포는 꾀가 없으나 너처럼 거짓되고 간사 음험하지 않다."

소설 「삼국연의」를 읽으면서 가슴 뭉클한 장면이 여럿 있는데 그 중

진궁이 죽기 직전에 조조와 나눈 모습이 그 중 손꼽힌다.

여포의 책사였다가 체포된 진궁이 형장으로 끌려왔을 때, 조조는 옛 은혜를 생각해서였는지 그를 살려주고 싶어했다. 역사적 사실과 상관없이 소설에 나오듯 동탁 살해를 꾀하다가 실패해서 도망치는 조조를 구해준 은혜에 대한 보답하는 의미도 있었을 테고, 효심이 깊은 진궁이었기에 살려달라고 한다면 풀어주려 했던 것.

하지만 진궁은 이런 조조의 심정을 모르는 체 강경하게 대했다.

"오늘은 내가 오직 죽을 뿐이다. 어서 죽여라."

조조가 오히려 사정하듯 말했다.

"그대가 여기서 죽는다면 늙으신 어머님과 처자는 어찌 하라는 건가?"

진궁은 안타까운 심정이었겠으나 태연한 목소리로 "내 듣자니 효로써 세상을 다스리는 자는 남의 어버이를 해치지 않으며, 어진 정사를 세상에 베푸는 자는 남의 후사(後嗣)를 끊지 않는다 했다. 내 노모와 처자의 죽고 사는 일은 그대의 마음 하나에 달렸거니와 나는 생포되었으니 오직 죽기만 청할 뿐이다"하고 말하더니 그대로 걸어서 형장으로 걸어갔다. 좌우의 장수들이 조조의 뜻을 눈치채고 말렸으나 진궁은 끝내 뿌리쳤다.

조조가 수하에게 분부했다.

"그의 노모와 처자를 허도로 모시어 편히 살 수 있도록 조치하라. 소홀히 하는 자가 있으면 참하리라."

그러고 나서 조조는 진궁의 시신을 좋은 관에 넣어 허도로 돌아가 성대히 장사 지내 주라고 명했다.

여기서 왜 진궁은 자신을 살려주고자 하는 조조를 뿌리치고 죽음을 택했을까 하는 의문을 가질 수 있다.

　진궁은 처음에 현령이라는 지방 고위직을 내던지고 조조를 따랐다가 여백사일가 살해사건에서 실망하여 그의 곁을 떠났다. 이후 조조의 서주 살육을 막으려고 여포를 따랐으나 끝내 생포되는 처지가 되어 조조 앞에 끌려나왔다. 이런 자신의 선택이 후회되고 부끄러웠을 것이다. 상황이 여의치 않아 여포를 섬기긴 했으나 원래 여포같이 배신을 능사로 하는 자를 받들고자 한 건 아니었을 터.

　그러니까 진궁의 처신은 난세를 살아간 의인(義人)들의 비극을 상징적으로 보여준다고 할 수도 있겠다. 효(孝)와 인(仁)을 강조하면서 살았고, 자신의 선택에 대해 변명하거나 회피하지 않고 죽어간 진궁의 최후는 아직도 여운이 남아 있다.

徐晃解陳宮至(서황해진궁지) / 操曰(조왈) /
公臺別來無恙(공대별래무양) / 宮曰(궁왈) /
汝心術不正(여심술부정) / 吾故棄汝(오고기여) / 操曰(조왈) /
吾心不正(오심부정) / 公又奈何獨事呂布(공우내하독사여포) /
宮曰(궁왈) / 布雖無謀(포수무모) /
不似你詭詐奸險(불사이궤사간험)

죽게 되면 죽는 거지
뭘 그리 두려워하느냐

死則死耳 사즉사이 何懼之有 하구지유

조조가 누각 아래로 끌어내 처형하라고 명령하자 여포가 유비를 돌아보며 욕을 해댔다.

"귀가 큰 놈아! 내가 원문에서 창을 세우고 화살로 맞춰 도와준 걸 벌써 잊었느냐?"

그때 한 사람이 크게 외쳤다.

"여포 필부야, 죽게 되면 죽는 거지 뭘 그리 두려워하느냐."

모두가 바라보니 도부수에게 끌려갔던 장요였다. 조조는 명을 내려 여포를 처형하고 효수했다.

조조가 잠시 진궁의 죽음을 보내고자 자리에서 떠난 사이에 여포는 묶여 있다가 유비에게 자신을 위해 변호해달라고 부탁했다. 유비가 고개를 끄덕이자 여포는 살 길이 트일까 기대했다.

조조가 자리로 돌아오자 여포가 매달렸다.

"이제 나는 귀공의 수하가 될 테니 귀공이 천하를 손에 넣는데 어려운 일이 없을 것이오."

살려주면 부하가 되어 충성을 다하겠다는 의사표시였다.

조조는 여포를 한번 노려보더니 옆에 있는 유비에게 "저 말을 믿을 수 있겠소?" 하고 물었다.

유비가 대답했다.

"귀공께서 지난 날 정건양(丁建陽: 여포의 의부였던 정원)과 동탁으로 얽힌 흉한 일들을 겪어 보지 않았습니까. 그런 일이 다시는 되풀이 되어서는 안 되겠지요."

조조는 고개를 끄덕이고 끌어내 처형하라고 소리쳤고, 여포는 유비가 자신을 죽이라고 부추겼다 생각하고 욕을 해댔던 것이다.

여포가 누구인가? 난세에는 약육강식의 싸움이 연속되고 힘이 센 장수가 두각을 나타내기 마련이다. 이들 가운데 힘으로 따지면 단연 으뜸이 여포였다.

처음에 병주자사 정원의 부장이었다. 소설에서는 정원의 의자(義子)로 되어 있다. 그가 동탁의 유혹에 넘어가 의부를 살해하고, 나중에는 양부(養父)로 삼은 동탁 마저 미인계 때문에 죽였다.

삼국지 무대에서 변절을 밥 먹듯 하는 자, 주인을 등 뒤에서 찌르는 자, 어제까지의 친구를 팔아먹는 자들이 무수히 나오지만 여포처럼 형편없는 배신자는 그 짝을 찾을 수 없다.

그런 여포가 막상 형장으로 끌려오자 목숨에 연연하여 추태를 부리자 수하에 있었던 장요라는 장수가 매섭게 꾸짖었던 것.

여포가 처형당한 백문루는 이리하여 의인 진궁과 배신자 여포의 대비되는 죽음, 장요는 관운장 등의 호소에 힘입어 목숨을 구하고 조조의 휘하가 되어 훗날 명장으로 그 이름을 떨친 일, 조조와 유비의 합작으로 또 하나의 삼국시대의 물길을 바꾼 변곡점의 의미를 지닌 역사적 공간으로 유명해졌는데 이런 배경이 있었다.

曹操令牽下樓縊之 (조조령견하루의지) /

布回顧玄德曰 (포회고현덕왈) / 大耳兒 (대이아) /

不記轅門射戟時耶 (하기원문사극시야) /

忽一人大叫曰 (홀일인대규왈) / 呂布匹夫 (여포필부) /

死則死耳 (사즉사이) / 何懼之有 (하구지유) / 眾視之 (중시지) /

乃刀斧手擁張遼至 (내도부수옹장요지) /

操令將呂布縊死 (조령장여포의사) / 然後梟首 (연후효수)

쥐를 잡고 싶어도
그릇을 깰까 걱정이다

投鼠忌器 투서기기

관운장이 유비에게 물었다.

"역적 조조가 기군망상하기에 제가 죽여 나라를 위하여 해를 제거하려 했는데 형님께서는 왜 말리셨습니까?"

유비가 대답했다.

"쥐를 잡고 싶어도 그릇을 깰까 걱정이라는 말이 있다. 조조는 황제와 말머리 하나 정도 떨어져 있었다. 그리고 부하들이 주위에 있는데 동생이 일시적 분노에 경솔히 행동했다가 실수하면 천자께서 다치게 되고 우리만 죄인이 되지 않겠느냐."

여포를 정벌한 후, 조조는 차주(車冑) 장군을 군정관으로 세워 서주를 다스리게 하고 유비와 함께 허도로 돌아왔다.

그때 정욱이 패업을 도모하라는 권고와 함께 허전(許田)에서 사냥대회를 개최하여 조정 신하들의 태도를 살펴보기로 했다.

사냥하는 날이 되었다. 조조와 황제는 나란히 말을 타고 나아가는데 마침 큰사슴 한 마리가 나타났다. 황제는 연달아 화살 세 대를 쐈으나 맞지 않았다. 조조는 황제에게서 활과 화살을 달라고 하여 사슴을 쏘았다. 화살은 그대로 날아가 사슴을 쓰러뜨렸다. 주위의 장수들과 신하들이 달려가 쓰러진 사슴을 보니 천자의 금빛 화살이므로 모두들 황제를 향해 만세를 불렀다.

그런데 조조가 기다렸다는 듯이 말을 몰아 앞으로 나오더니 황제 앞에서 신하들의 만세 소리를 자신이 받는 것이었다. 사람들이 놀라 어쩔 줄 몰라 하는데 관운장이 눈을 부릅뜨며 칼자루를 잡은 손에 힘을 주면서 당장 달려 나갈 기세였다. 유비가 이를 보고서 다급히 눈짓을 하여 말렸다. 그날 집으로 돌아온 관운장이 유비에게 말린 이유를 물었고 유비가 대답한 내용이다.

이때 관운장은 "오늘 조조를 죽이지 않았으니 다음날에는 반드시 나라의 불행이 있을 것입니다"라고 다짐하듯 억울해 했는데 유비는 "내색하지 말고 경솔히 입 밖에 소리내지 말라"며 은인자중하기만을 강조하고 당부했다.

이날 사슴에 꽂힌 화살 하나로 권력자 조조의 본심이 무엇인지 드러난 셈이 되었고, 황제는 조조를 거세하여 자신이 직접 통치자가 되고 싶다는 뜻을 드러내게 된다. 황제는 사냥에서 돌아와 복황후의 친정아비 복완에게 이 일을 상의했고, 복완이 동승을 추천하여 황제의 밀조를 받도록 함으로써 조조를 거세하려는 음모가 허도의 조정대신들 사이에서 비밀리에 진행되게 되었다.

◆ 허전에서 사냥 대회. 왼쪽부터 유비, 조조, 헌제, 왼쪽 위는 관우와 장비

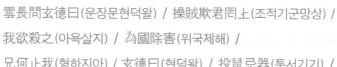

雲長問玄德曰(운장문현덕왈) / 操賊欺君罔上(조적기군망상) /

我欲殺之(아욕살지) / 爲國除害(위국제해) /

兄何止我(형하지아) / 玄德曰(현덕왈) / 投鼠忌器(투서기기) /

操與帝相離只一馬頭(조여제상리지일마두) /

其心腹之人(기심복지인) / 週迴擁侍(주회옹시) /

吾弟若逞一時之怒(오제약정일시지노) / 輕有擧動(경유거동) /

倘事不成(상사지성) / 有傷天子(유상천자) /

罪反坐我等矣(죄반좌아등의)

살기를 탐해 죽음을 두려워하는
무리와 대사를 논할 수 없다

貪生怕死之徒 탐생파사지도 不足以論大事 부족이론대사

마등이 소리쳤다.

"살기를 탐해 죽음을 두려워하는 무리와 대사를 논할 수 없다."

말을 끝내고 일어서서 나가려는데 동승은 마등이 충의지사란 걸 알고 말렸다.

"공께서는 분노를 참으시오. 보여드릴 물건이 하나 있소" 하고는 마등을 데리고 서원으로 들어가 밀지를 보여줬다.

황제가 내린 밀지는 조조를 거세하라는 내용으로 동승에게 주어졌고, 동승은 친황제파 동지들에게 전달했다. 이 무렵 서량의 마등이 허도에 왔다가 귀환할 날이 임박했기 때문에 작별인사차 동승을 찾아왔는데 마등은 "도대체 천자와 인척간이라는 자들이 주색이나 즐기며 황실을 위해 노력하는 모습이 보이지가 않는다"며 매섭게 질책했다.

동승은 혹시 조조측에서 염탐하려고 이런 말을 하는가 하는 염려도 있어 "조승상이 여전히 조정을 위해 열심히 일하고 있는데 우리가 황실을 위해 더 할일이 뭐 있겠소" 하고 시치미를 뗐다.

마등은 분노에 가득찬 얼굴을 하며 큰 소리로 꾸짖었다.

"당신조차 역적 조조를 믿는 것이오?"

동승은 놀라 "이목이 있으니 귀공은 조심해서 말하시오" 하며 두리번거리니 마등이 분에 못이겨 질타를 했던 것.

이후 마등은 조서를 읽고 나서 동승이 내민 연판장에 서명했고, 조조를 암살하는 대열에 가담했다.

馬騰曰(마등왈) / 貪生怕死之徒(탐생파사지도) /
不足以論大事(부족이논대사) / 說罷(설파) /
又欲起身(우욕기신) / 承知騰忠義(승지마충의) / 乃曰(내왈) /
公且息怒(공차식노) /某請公看一物(모청공간일물) /
遂邀騰入書院(수변등입서원) / 取詔示之(취조시지)

자신의 큰 뜻을
숨기는 계책

韜晦之計 도회지계

동승이 오경까지 의논하고 돌아갔는데 유비는 이후 조조의 모략과 해꼬지를 피하기 위하여 후원에다 채소를 심고 친히 물을 주며 가꾸었다. 자신의 큰 뜻을 숨기는 계책이었다.

관운장과 장비 두 사람이 물었다.

"형님은 천하대사에 뜻을 두지 않고 소인이 하는 일이나 하시니 어찌된 일입니까?"

유비가 대꾸했다.

"두 동생이 알 바 아니네."

마등이 조조를 거세하는 음모에 가담한 후에 유비를 적극 추천했고,

동승이 찾아가 설득하니 유비도 대의를 생각하여 연판장에 서명하고 가담하게 되었다.

그의 입장에서 대의명분상 가담하지 않을 수 없었다고 할 수 있겠으나 무엇보다 조조의 근거지인 허도에서 조조를 암살하는 음모를 꾸민다는 건 위험하기 짝이 없는 일이 아닌가.

유비로서는 장래를 위해 최대한 몸조심을 해야 했다. 그렇다고 이 문제를 관운장이나 장비와 상의할 수가 없었다. 배신당할 위험은 없다고 하겠으나 그들이 무장인 만큼 치밀하지 못해 성급하게 나설 위험도 있으려니와 또한 장비의 경우는 욱하는 조급한 성미 아닌가.

그래서 유비는 주변의 관심을 끌지 않도록 하인배들이나 하는 채소를 가꾸면서 두 동생에게조차 비밀로 했던 것이다.

共議到五更(공의도오경) / 相別去了(상별거료) /
玄德也防曹操謀害(현덕야방조조모해) /
就下處後園種菜(취하처후원종채) / 親自澆灌(친자효관) /
以爲韜晦之計(이위도회지계) / 關張二人曰(관장이인왈) /
兄不留心天下大事(형불류심천하대사) /
而學小人之事(이학소인지사) /
何也(하야) 玄德曰(현덕왈) / 此非二弟所知也(차비이제소지야)

매실을 생각하며
갈증을 해소하다

望梅解渴 망매해갈

조조가 헌제를 옹립하고 허도(許都)로 도읍을 정한 후에는 남쪽으로
원정을 자주 해야만 했다.

당시의 정세는 북쪽에서 원소와 공손찬이 격렬하게 싸우느라 허도
에 대해서 관심을 둘 처지가 아니었고, 남쪽은 유표와 장수, 원술과 손
책 등 여러 군웅들이 끊임없이 허도를 노리며 조조로 하여금 신경쓰
게 했기 때문이었다.

때는 초여름, 완성에서 세력을 키우는 장수군을 쳐부수려 남행할 때
였다. 날씨는 무더웠고 강물이 말라 행군하는 병사들 모두가 식수 부
족으로 고생이 심했다. 급기야는 갈증이 심해 병사들이 행군 도중 쓰
러질 지경이 되었다.

이때 조조가 꾀를 냈다.

말채찍을 들어 앞쪽에 있는 야산을 가리키며 병사들을 향해 "저 산을 넘으면 매실 숲이 있으니 잠시만 참아라!"고 외쳤던 것이다. 병사들은 이 소리에 신 매실을 머릿속에 떠올렸고 입안에 침이 돌아(口皆生唾) 갈증을 면할 수 있었다(由是不渴).

이 망매해갈의 고사를 두고 평가가 크게 엇갈리는데 한쪽에서는 조조의 속임수가 이처럼 능수능란했다고 비난하는 반면, 옹호하는 쪽에서는 위급한 시기에 일군의 지휘관으로서 발군의 임기응변을 보여줬다고 칭찬한다.

어느 쪽의 손을 들어주기보다 조조라는 인물은 필요하다면 얼마든지 보통 사람이 생각하기 어려운 꾀를 낼 수 있으며, 동시에 지도자로서 갖춰야 할 임기응변이 탁월한 재주꾼이었다고 하겠다.

◆ 조조의 글씨 「곤설」, 물보라가 치는 걸 보고 썼다.

가슴 속에는 큰 뜻을 품고 뛰어난 지략과 배짱이 있어야

胸懷大志 흉회대지 腹有良謀 복유양모

유비가 말했다.

"이상 말씀드린 외에 저는 누가 영웅인지 모르겠습니다."

조조가 설명했다.

"영웅이란 가슴 속에 큰 뜻을 품고, 뛰어난 계책과 배짱이 있어 우주를 포용하는 기백과 천지를 삼키며 토하는 의지가 있어야 하오."

유비가 물었다.

"누가 능히 그럴 수 있습니까?"

조조는 손으로 유비를 가리킨 후 자신을 가리키면서 말했다.

"오늘날 천하의 영웅은 유사군과 나 조조뿐이오."

유비는 이 말을 듣고 너무 놀라 손에 들었던 젓가락을 자신도 모르게 바닥에 떨어뜨렸다.

어지러운 세상에 영웅이란 무엇이며 누가 과연 영웅 대접을 받을 수 있는가? 많은 사람들이 진정 영웅이라고 받들 수 있는 조건을 제대로 갖춘 자가 있겠는가?

영웅도 여러 유형이 있다. 간교한 영웅은 간웅(奸雄), 기백은 있으되 꾀가 모자라면 효웅(梟雄), 호탕하고 거칠 것 없으면 호웅(豪雄) 등등. 간교하지만 기백이 없으면 간적(奸賊)이라 하고, 포악무도 하면서 용맹하고 기백 있는 장수를 효장(梟將)이라 하듯이 '효(梟)'는 좀 복잡하다.

강동의 책사 노숙은 '유비야말로 천하의 효웅'이라 했었다. 파촉의 황권 역시 '유비에게는 효명(梟名)이 있다'고 했다. 때로 동탁을 효웅의 반열에 올려놓는 경우도 있다.

청나라 말기의 이종오(李宗吾)는 「기서 후흑학(奇書 厚黑學)」에서 "영웅호걸이 되려면 비전도 아무 것도 없는 것. 다만 필요한 것은 철판같이 두꺼운 얼굴과 뻔뻔스러움에 철저히 검은 심뽀다. 이것을 적당히 활용만 한다면 영웅호걸이 되는 것은 마치 손바닥을 뒤집는 것처럼 쉬운 일이다"고 했다.

이종오는 그러한 영웅의 관점에서 조조와 유비에 대해 다음과 같이 평하고 있다.

"조조의 최대 특징은 두말할 필요 없이 그 형용할 수 없는 검은 심뽀와 뻔뻔스러움이다. 그는 여백사를 죽이고 공융·양수·동승·복완 등을 죽이고도 그 죄를 조금도 의식하지 않았을 뿐더러 오히려 교만하게도 '내가 남을 저버려도 남으로 하여금 나를 저버리지는 않게 하겠다'고 안하무인으로 떠들었다."

"유비는 의리와 지조라곤 없는 기회주의자로 변신이 끊임없었다. 여포에게 의지하는가 하면 조조에게 붙었고, 원소의 품에 안기는가 하면 유표 쪽에 기울고 결국엔 숙적 손권과 결탁하는 등 때에 따라 변하고 동쪽에서 빠져 서쪽으로 달리고 옷깃에 매달리며 발등에 엎드려 눈물을 질질 흘리면서 이익이 있으면 부끄러움을 아예 몰랐다. 뿐만 아니라 눈물을 쥐어짜는 특기를 발휘하여 상대의 마음을 녹여 영토를 늘렸다."

이렇듯 검은 심뽀의 조조, 부끄러워할 줄 모르는 기회주의자 유비, 이 두 사람이 한바탕 서로 속고 속이는 심리전을 전개한 영웅 이야기가 소설 「삼국연의」에 잘 나타나고 있다는 것이다.

玄德曰(현덕왈) / 舍此之外(사차지외) / 備實不知(비실부지) /
操曰(조왈) / 夫英雄者(미영웅자) / 胸懷大志(흉회대지) /
腹有良謀(복유양모) / 有包藏宇宙之機(유포장우주지기) /
呑吐天地之志者也(탄토천지지지자야) / 玄德曰(현덕왈) /
誰能當之(수능당지) / 操以手指玄德(조이수지현덕) /
後自指曰(후자지왈) / 今天下英雄(금천하영웅) /
惟使君與操耳(유사군여조이) / 玄德聞言(현덕문왈) /
吃了一驚(흘료일경) / 手中所執匙箸(수중소집시저) /
不覺落於地下(불각낙어지하)

조롱 속의 새요, 그물에 걸린 물고기

籠中鳥 농중조　網中漁 망중어

관운장과 장비가 말을 달리면서 유비에게 물었다.

"형님께서 이번 출정 길에는 어찌 예전과 달리 급히 서두르십니까?"

유비가 대꾸하기를 "나는 그동안 조롱 속의 새요, 그물에 걸린 물고기 신세였다. 이제는 물고기가 대해로 들어가고(魚入大海), 새가 푸른 하늘로 날아오르는(鳥上靑霄)듯 하구나. 이제야 그 무서운 굴레를 벗어났다"하고는 관운장과 장비에게 '서둘러 행군하라'고 지시했다.

허도에 머무는 동안 유비의 조마조마한 심정은 필설로 다하기 어려울 정도로 심했다. 우선은 조조에게 속내를 들키지 않기 위해서 무위도식을 즐기는 듯이 보여야 했고, 동승의 조조 암살 모의에 가담했으니 자칫 음모가 드러날까 봐 전전긍긍하지 않을 수 없었다.

마침내 기회가 왔다. 자칭 황제를 칭하며 회남 땅에서 사치와 방종을 일삼던 원술이 인심을 잃고 부하들마저 속속 등을 돌리자 버티지 못하고 하북의 원소에게 의탁하기 위해 북상한다는 소식이 전해진 것.

'내가 허도의 조조 손아귀에서 벗어나려면 이 기회야말로 이용할 최적의 상황이다'고 마음을 굳힌 유비는 서둘러 조조에게 "역적 원술이 하북으로 가려면 반드시 서주를 통과해야 합니다. 서주는 제가 잘 알고 있지 않습니까? 보내주시면 황제를 참칭한 원술 역적 놈을 반드시 잡아오겠습니다"하고 간절히 부탁했다.

조조는 별 생각 없이 "좋구려. 군사를 드릴 테니 속히 떠나도록 하오"라고 받아들였다. 유비는 안도의 숨을 내쉬며 부중으로 돌아오자 밤낮없이 무기를 수습한 후 병사를 사열하고 서둘러 허도를 떠났다. 성문을 벗어나자 더욱 박차를 가해 "달려라. 한시가 급하다"며 좌우에 거듭 재촉했다. 그때 관운장과 장비가 의아하게 여겨 물었고, 유비는 그제야 내심을 밝혔던 것이다.

關張在馬上問曰(관장재마상문왈) / 兄今番出征(형금번출정) /
何故如此慌速(하고여차황속) / 玄德曰(현덕왈) /
吾乃籠中鳥(오내농중조) / 網中魚(망중어) /
此一行如魚入大海(차일행여어입대해) / 鳥上靑霄(조상청소) /
不受籠網之羈絆也(불수농망지기반야) /
因命關張催朱靈路昭軍馬速行(인명관장최주령로소군마속행)

핏물만이 있을 뿐
꿀물이 어디 있단 말인가

止有血水 지유혈수 安有蜜水 안유밀수

날씨는 무더운데다 군량미는 바닥나서 보리 30석밖에 남지 않았다. 군사들에게 나눠주고 보니 가속조차 먹을 게 없어 굶어 죽을 지경이었다. 원술은 보리밥이 목으로 넘어가질 않아 주방 일하는 병사에게 "목이 마르니 꿀물이나 한 그릇 다오" 하고 분부했다. 그러자 주방 일하는 자가 퉁명스레 대꾸했다.

"핏물만이 있을 뿐 꿀물이 어디 있단 말입니까!"

원술은 침상 위에 앉아 있다가 이 말을 듣고 비명을 지르며 땅바닥으로 굴러 떨어지더니 피를 한 말(斗) 가량 토하고 죽었다.

원술이 북쪽의 원소에게 갈 때였다. 반드시 통과해야 할 곳에 유비군이 진치고 있었는데, 유비로서는 원술이 가증스러웠고 원한이 맺혀 있었으므로 철저히 경계했다.

　원술은 가뜩이나 부하들이 도망치면서 군량 등을 빼돌렸으므로 이곳까지 오는데도 몹시 힘들었다. 더구나 유비군이 길목을 지키고 있으니 방도가 없었다.

　원술이 후퇴하여 한숨 돌린 곳이 강정(江亭) 땅이었다. 좌우를 돌아보니 늙고 병든 병사들뿐인데 날씨는 무덥고 목이 몹시 탔다.

　"꿀물이나 한 그릇 다오"라고 주방 일하는 자에게 부탁할 때만해도 어느 정도 자신감이 있었으나 핏물뿐이라고 퉁명스럽게 대꾸하는 말투가 마치 '꿈에서 깨어나시지. 아직도 당신은 황제인줄 아나본데 한심한 소리 그만 지껄여!' 하는 듯한 느낌이 들었던 모양이다.

　무모하게 천하를 얕잡아보고 제멋대로 행동한 자의 최후였다.

時當盛暑(시당성서) / 糧食盡絕(양식진절) /
只剩麥三十斛(지승맥삼십곡) / 分派軍士(분파군사) /
家人無食(가인무식) / 多有餓死者(다유아사자) /
術嫌飯粗(술혐반조) / 不能下咽(불능하인) /
乃命庖人取蜜水止渴(내명포인취밀수지갈) / 庖人曰(포인왈) /
止有血水(지유혈수) / 安有蜜水(안유밀수) /
術坐於床上(술좌어상상) / 大叫一聲(대규일성) /
倒於地下(도어지하) / 吐血斗餘而死(토혈두여이사)

많은 무리로 적은 무리를 무찌르고, 강한 힘으로 약한 것을 무찌른다

以衆克寡 이중극과 以強攻弱 이강공약

마침 허유와 순심이 들어왔다. 원소가 말했다.

"두 사람 모두 식견이 높으니 어떤 주장인지 묻겠소"

두 사람이 예를 갖추자 원소가 물었다.

"정상서의 서신이 왔는데 내게 군사를 일으켜 유비를 돕고 조조를 치라 하니 군사를 일으키는 것이 좋겠소, 아니면 일으키지 않는 게 좋겠소?"

두 사람이 일제히 대답했다.

"주공께서 많은 무리로 소수의 무리를 무찌르고 강한 힘으로 약한 것을 무찌르시니 한실의 역적을 쳐서 왕실을 돕는 일이면 군사를 일으키는 것이 당연합니다."

원소가 흔쾌히 받아들였다.

"두 사람의 의견이 바로 내 마음과 똑같소."

원술의 북행을 저지한 유비는 뜻한 바가 있는지라 더 이상 추격하지 않고, 하비성으로 가서 조조가 임명한 군정관 차주를 죽이고 성을 점령했다. 하지만 조조가 가만있을 리 없다는 생각에 걱정이 태산 같았다. 진등이란 인물이 계책을 내놓았다.

"조조가 두려워하는 군벌은 하북의 원소입니다. 휘하에 군사가 1백만이요, 장수와 모사들이 이루 헤아릴 수 없이 많지요. 어찌하여 원소와 손을 잡고 조조의 위협에서 벗어나지 않으려 하십니까?"

유비는 처음부터 원소와 교분이 없는데다 그 동생 원술의 북행을 가로막아서 죽게 만들었으니 어찌 손을 내밀 수 있겠느냐며 난색을 표했다. 그러자 진등이 계속 말했다.

"염려 마십시오. 이곳에 원소와 3대째 교분을 맺고 있는 분이 계시니 그 분에게 부탁하면 원소와 손을 잡을 수 있을 것입니다. 바로 정현 선생 말입니다."

정현(鄭玄)이라면 집안의 가노나 시비들마저 시경(詩經) 구절을 줄줄이 암송할 줄 안다고 소문난 만큼 저명한 학자이자 고위 벼슬을 지낸 유명인사인데, 유비에게는 고향 탁군에 있을 때 잠시 스승으로 모신 인연이 얽혀 있었다.

유비는 크게 기뻐하여 진등을 앞세우고 정현을 찾아가서 사정을 말하니, 그는 서슴없이 응낙하고 원소에게 보내는 서찰을 한통 써서 내주었다. 유비는 손건에게 서찰을 주어 원소에게 보냈다.

원소는 서찰을 읽고 나서 "유비란 놈은 내 동생 원술을 죽게 했으니 내 어찌 돕겠느냐마는 정현 선생이 부탁한 사연을 존중해야 할 테니 도움을 주지 않을 수도 없구나" 하고 혀를 끌끌 차는데 측근 모사 전풍이 의견을 내놓았다.

"해마다 군사를 일으키면 백성이 견뎌내기가 어렵습니다. 그리고 창고에 쌓이는 곡식이 없으면 군사를 일으키기가 쉽지 않습니다. 따라서 3년 정도 기다리며 우리 내부의 힘을 비축한 후에 움직여도 결코 늦지 않습니다."

모사 심배가 곁에 있다가 반대했다.

"그렇지 않소. 우리는 이미 공손찬을 쳐 부셨으니 맘 편히 군사를 일으켜 조조를 무찌르는 일은 그리 어려운 게 아니지요. 쓸데없이 세월을 끌지 말고 즉시 조조를 치는 것이 좋겠소."

이번에는 저수가 나섰다.

"싸움은 힘으로만 이기는 것이 아니지요. 조조는 법을 세워 충실히 내정을 살피고 있으며, 군사들 훈련이 잘 되어 있으니 쉽게 여길 수 없소. 나는 지금 군사를 일으키는데 반대요."

이렇듯 모사들끼리 설왕설래하는데 곽도가 나섰다.

"조조를 치는데 주저할 게 뭐요. 여러 말 할 것 없이 정현 선생의 서찰대로 유비와 손잡고 남북 양쪽에서 공격하면 만백성이 원하는 바에 응하는 것이 아니겠소."

네 사람의 모사들 의견이 각각 달라 원소는 결단을 내리지 못하고 고민하는데 마침 허유와 순심 두 사람이 들어오니, 원소가 그들의 의견을 물었던 것.

원래 원소 진영에서는 조조에 대한 감정이 황제를 허도로 모셔간 이후에 극도로 나빠져 있었다.

원소와 조조가 젊은 시절부터 친하게 지냈으나 조조가 황제를 허도로 데려가서 '자신에게 대항하는 지방군벌들을 조정의 적'처럼 만든 일에 대해 강렬한 질투와 적대감을 갖고, 토벌해야 할 최우선 대상으로 여기고 있었던 것이다. 다만 그동안에 북방의 공손찬과 싸우느라 조조에 대해 손을 쓰지 못한 것뿐이었다.

忽許攸(홀허유) / 荀諶自外而人(순심자외이인) / 紹曰(소왈) /
二人多有見識(이인다유견식) / 且看如何主張(차간여하주장) /
二人施禮畢(이인시예필) / 紹曰(소왈) /
鄭尙書有書來(정상서유서래) /
令我起兵助劉備(령아기병조유비) 攻曹操(공조조) /
起兵是乎(기병시호) / 不起兵是乎(부기병시호) /
二人齊聲應曰(이인제성응왈) / 明公以眾克寡(명공이중극과) /
以強攻弱(이강공약) / 討漢賊以扶王室(토한적이부왕실) /
起兵是也(기병시야) / 紹曰(소왈) 二人所見(이인소견) /
正合我心(정합아심)

천지간 비록 넓으나 사람다운
인물은 하나도 없구나

天地雖闊 천지수활 何無一人 하무일인

공융이 말했다.

"내 친구 중에 예형이란 사람이 있는데 자는 정평이라 합니다. 재주가 나보다 열배는 뛰어난 인재요, 황제를 좌우에서 보필할만합니다. 사신 노릇이나 할 인물은 아니나 내 당연히 천자께 천거하리다."

그러고 나서 상표문을 바치니 황제가 읽고 나서 조조에게 보냈다. 조조는 사람을 보내 예형을 불러와 예를 갖췄으나 앉으라고는 하지 않았다. 예형이 하늘을 우러러 보며 탄식했다.

"천지간이 비록 넓으나 사람다운 인물은 하나도 없구나."

조조가 물었다.

"내 수하에 있는 수십 명이 당대의 영웅들인데 어찌 인물이 없다고 하는가?"

조조와 싸우기로 정한 원소가 토벌 격문을 발표했고, 양쪽은 각지의 군웅들에게 사신을 보내 자기 편으로 끌어 들이는 외교전을 활발히 펼쳤는데, 양쪽이 일차로 교섭했던 장수 진영은 가후의 권고대로 조조 진영과 손을 잡았다.

처음에 장수는 "조조와는 지난 날 그의 아들과 호위대장 전위를 죽여 원수를 샀으니 진정 그가 받아들일까?"하고 염려하는데, 가후는 "조조와 손잡는 데는 3가지 명분이 있다"고 했다.

첫째는 천자의 칙명을 받들어 호령하니 따르는 것이 마땅하며, 둘째는 원소 쪽은 군사가 많으므로 우리가 가담해도 대수롭지 않게 여길 테지만, 조조는 약하기에 우리를 크게 환영할 것이니 그쪽을 택하는 것이 마땅하며, 셋째는 조조의 뜻이 크기에 사사로운 원한을 마음에 담아두지 않고 천하를 겨냥하니 따르는 것이 좋겠다"고 권했다.

조조는 이들이 투항하자 장수와 가후 모두를 우대하면서, 형주의 유표와도 손을 잡을 수 있는 방도를 구했다.

가후가 말하기를 "유표는 명사를 사귀기 좋아하니 유명한 선비를 사신으로 보내 교섭하면 효과가 있을 것"이라고 의견을 내놓았었다. 이렇게 해서 공자의 후손인 공융이 추천되었는데 공융은 적임자가 있다면서 자신은 뒤로 빠지고 예형을 추천했던 것이다.

예형은 조조를 만났을 때 '하늘과 땅……'운운하고 나서 조조 휘하의 인재들을 가차 없이 깔아뭉갰다.

즉, 대표적인 책사 순욱에 대해서는 '상가에 조문사절이나 문병 따

위에 보낼 만하고(可使弔喪問病)', 순유는 '묘지기(看墳守墓)' 그리고 정욱
은 '문지기로 대문이나 여닫는(開門閉戶) 정도의 인물'이라고 떠들었다.
더하여 허저는 '소나 말을 키우는 일을 시킬 수 있고(牧牛放馬)', 서황은
'돼지나 개를 잡는 일을 시키면(屠猪殺狗) 적당하다'는 등 비웃으며 이외
에는 모두가 '사람의 허울을 갖춘 옷걸이와 밥주머니에 술과 고기를
먹으니 술통과 고기자루'라고 지껄였다. 조조는 분통이 치밀었으나 생
각하는 바가 있는지라 죽이지 않고 유표에게 보냈다.

유표는 예형의 날카로운 풍자가 싫었으므로 강하의 황조에게 보냈는
데 여기서 일이 꼬였다. 황조가 술자리에서 "나는 어떤 사람으로 보이
냐?"고 예형에게 물었을 때 "마치 사당에 안치된 귀신 같아서 제사음
식은 잘 받아먹으나 영험하지 못한 놈"이라고 독설을 퍼부은 것이다.
화가 치민 황조가 칼을 뽑아 예형을 그 자리에서 베어 죽였다.

孔融曰(공융왈) 吾友禰衡(오우예형) 字正平(자정평) /
其才十倍於我(기재십배어아) 此人宜在帝左右(차인의재제좌우) /
不但可備行人而已(부단가비행인이기) /
我當薦之天子(아당천지천자) 於是遂上表奏帝(어시수상표주제) /
帝覽表(제람표) 以付曹操(이부조조) /
操遂使人召衡至(조수사인소형지) / 禮畢(예필) 操不命坐(조불명좌) /
禰衡仰天歎曰(예형앙천탄왈) / 天地雖闊(천지수활) /
何無一人也(하무일인야) 操曰(조왈) /
吾手下有數十人(오수하유수십인) / 皆當世英雄(개당세영웅) /
何謂無人(하위무인)

쥐새끼 같은 놈들이
어찌 이럴 수 있나

鼠輩安敢如此 서배안감여차

조조가 말하기를 "왕자복 등은 벌써 내게 잡혀 모두 자백했는데 너는 언제까지 숨기려 하느냐"며 좌우 무사들에게 동승을 끌어내고 나서 집안을 샅샅이 뒤져 황제가 내린 옥대와 조서, 연판장 등을 찾아냈다.

조조가 이를 보더니 웃으며 말했다.

"쥐새끼 같은 놈들이 어찌 이럴 수 있나!" 그러고는 "동승의 가솔들 모두와 비복들까지 감금해서 한 놈도 도망치지 못하게 하라."

황제의 밀조를 받아서 동승이 시작한 조조 제거의 음모는 허망하게 들키고 말았다.

그 과정은 이랬다. 동승 집안의 비복으로 있는 진경동과 동승의 시

첩인 운영이 사통하다가 들켰는데 동승은 곧장 40대로 다스렸다. 앙심을 품은 진경동이 도망쳐 조조에게 "왕자복, 오자란 등 여럿이 몰래 모여서 승상님을 제거하자는 논의를 여러 차례 했습지요. 얼마 전에는 의원 길평이 손가락을 깨물어 피를 흘리며 맹세하는 모습도 보았습니다." 하고 밀고했던 것.

조조는 사태를 짐작하고 진경동을 부중에 남겨둔 후에 '머리에 풍증이 도졌다'며 길평을 부르게 했다. 길평이 약탕을 끓여오자 조조는 그 속에 독약을 넣었으리라 여겨 심문한 결과 일단 사실을 확인하고 옥에 가두었다가 동승의 부중으로 끌고 가 대질시켰다.

길평은 이때 결박을 풀어주면 사실을 실토하겠다고 하고서는 댓돌에 머리를 부딪쳐 장렬히 죽었고, 동승의 집안에서 증거물이 나오자 관련자는 물론 집안 남녀노소를 모두 잡아다가 처형하니 죽음을 당한 자가 7백여 명에 달했다고 한다.

조조는 그래도 화가 풀리지 않았는지 동승의 여동생인 동귀비를 끌어내 비단 천으로 목졸라 죽이라고 명령했다.

'잔인무도한 조조'를 이야기 할 때면 여백사 일가 살해사건과 함께 반드시 등장하는 것이 이때의 동승 일가와 동귀비를 죽인 사건인데 조조를 변호하는 견해도 많다.

즉 권력투쟁이란 본디 잔인하게 결말이 나기 마련이고, 그 당시 조조라는 실력자의 보호를 받았기에 황제 지위나마 온전히 유지할 수 있었던 헌제가 아무런 대안도 없이 조조를 제거하려 했고 이에 추종한 무리들이 의로운 세력이라고 볼 하등의 이유가 없는데 정치적 반란세력을 좀 무자비하게 처형했다고 해서 조조를 잔인무도하다고 비판하는 것은 그리 합당한 것이 아니라고 보는 시각이다.

◆ 길평을 고문하는 조조. 오른쪽은 동승

曹操曰(조조왈) / 王子服等吾已擒下(왕자복등오이금하) /
皆招證明白(개초증명백) / 汝尚抵賴乎(여상저뢰호) /
即喚左右拏下(즉환좌우나하) /
命從人直入董承臥房內(명종인직입동승와방내) /
搜出衣帶詔幷義狀(수출의대조병의장) / 操看了(조간료) /
笑曰(소왈) / 鼠輩安敢如此(서배안감여차) / 遂命(수명) /
將董承全家良賤(장동승전가양천) / 盡皆監禁(진개감금) /
休教走脫一個(휴교주탈일개)

헛된 죽음은 의미가 없다

徒死無益 도사무익

원술의 북행을 저지하겠다는 핑계로 허도에서 벗어난 유비는 목적한 서주성을 차지하자 몹시 기뻐했다. 예전에 서주의 주인이 되었을 때는 도겸이 죽으면서 억지로 넘겨준 것이었기에 주인 의식이 없었던 점에 비한다면 전혀 달라진 모습이었다.

'이곳을 근거지로 삼아 군웅의 대열에 들어가겠다'는 유비의 결심은 확고했다. 그래서 관운장에게는 서주의 중심인 하비성을 맡아 호족들을 자기 편으로 끌어 들이고 군량 확보를 담당케 한 후에, 자신은 장비와 함께 북쪽 소패성에 군사를 집결시켜 놓고 원소와의 동맹을 추진했다.

당시의 천하 형세를 보면, 허도 북쪽의 원소와 남쪽의 유비가 동맹을 맺는다면 가운데에 해당하는 조조 진영은 포위된 것이나 마찬가지였다. 따라서 원소와 손잡는 일은 유비에게 안전이 보장되는 가장 확실한 방책이었다.

원소는 처음에 "유비는 내 동생 원술을 죽인 것이나 다름없다"며 거절하려 했으나 정현 선생의 서찰에 '동맹을 맺는 것이 좋으리라'는 권유에 따라 이를 받아들이고 조조 토벌의 격문을 발표하는 등 싸울 의사를 보였으나 군사를 움직일 뜻은 별로 없었다.

조조가 이런 상황을 재빨리 눈치채고 친히 남쪽의 유비를 정벌하러 나섰다. 소설「삼국연의」에 보면 장비가 쳐들어오는 조조군을 기습공격하자는 꾀를 내었는데 유비가 이를 받아들였다가 패한 것으로 되어 있으나, 정사의 기록은 "조조에게 겁을 먹고 도망쳤다"고 간단하게 기록되어 있는 걸 보면 싸움이 있었다기보다는 조조군이 쳐들어오자 유비가 겁을 먹고 뺑소니치듯 도주했다고 볼 수 있다.

유비는 북쪽의 원소에게로 도망쳤고, 장비는 분전하다가 어디론가 달아나 행적이 불분명했다. 이런 판국에 조조군은 소패성을 함락하고 관운장이 있는 하비성으로 쳐들어갔다.

조조가 성을 포위하고 나서 좌우에 말했다.

"나는 그동안 관운장의 무예 솜씨와 그 인간됨됨이가 정말 좋았다. 이번 기회에 거두어 그를 휘하에 두고 싶다. 그러니 항복하도록 이끌어보면 어떻겠느냐?"

장요가 나섰다.

여포의 부장으로 있다가 백문루에서 처형당하기 직전 관운장이 간청하여 목숨을 구한 은혜에 보답하려는 마음이었다.

"소장이 설득해보겠습니다."

장요는 관운장을 찾아가 "지금 여기서 헛되이 죽는 것은 의미도 없고 죄를 짓는 것이오"라고 항복을 권했다.

관운장은 노하여 "장수가 적과 싸우다가 죽으면 그만이지 무슨 죄란 말이냐?"며 단호했으나 장요가 차분히 설득했다.

우선 도원결의할 때 함께 살고 같이 죽기로 했는데, 유비와 장비가 행방불명인 이상 먼저 죽는 건 맹세를 저버리는 죄이고, 둘째는 지금 하비성에 유비의 부인과 가속이 있는데 이들을 죽게 하는 것 역시 죄가 아니냐, 그리고 한실 부흥의 대업을 포기하는 것은 충의라 할 수 없으니 죄를 짓는 것이라며 하나하나 세세하게 지적하니 결국 관운장은 마음을 바꿔 항복 조건을 제시하게 된다.

이른바 〈관운장의 3가지 조건(關羽約三事)〉이다.

① 항복은 조조에게 하는 것이 아니라 한나라 조정에 하는 것이다.

② 허도에 가면 두 분 형수님에게 필요한 일체의 생필품을 책임지고 대줘야 한다.

③ 훗날 유비 형님이 계신 곳을 알게 되면 허락을 받지 않고 즉각 떠나는 걸 허용한다.

조조가 이 세 가지 조건을 받아들였으므로 관운장은 하비성에서 조조에게 항복하여 형수를 모시고 허도로 따라가게 되는데, 이후 조조는 온갖 정성을 다해 관운장의 환심을 사려고 매일 잔치를 열고 금은보화를 비롯해 각종 선물을 끊임없이 주었다.

흙으로 빚은 닭이나
기와로 만든 개

土鷄瓦犬 토계와견

조조가 관운장을 데리고 토산 위로 올라가 함께 바라보는데 모든 장수들이 둥글게 둘러섰다.

조조가 산 아래 안량이 펼쳐놓은 진세와 선명한 기치, 숲처럼 늘어선 창칼과 엄정한 위용을 가리키며 관운장에게 말했다.

"하북의 군사들이 저렇듯 웅장하오."

관운장이 대답했다.

"제가 보기에 마치 흙으로 빚은 닭과 기와로 만든 개들 같기만 합니다."

관운장의 3가지 항복조건을 받아들여 허도로 돌아간 조조는 어떻게 하든 관운장의 환심을 사려고 사흘건너 잔치요, 말을 타면 금덩이 말에서 내리면 은덩이를 주듯 정말 열심이었다. 멋진 전포에 시중들 미녀 10명, 천하의 명마 적토마까지 아낌없이 선물하기도 했다. 그야말로 지극정성을 다한 것이다.

그 무렵 하북의 원소에게로 도망친 유비는 "조조를 칠 기회입니다"고 열심히 원소를 꼬드겼다.

원소는 지난번 동맹을 맺었을 때 군사를 일으키지 않았던 미안함에 군사를 일으키겠다고 응낙했으나, 원소진영의 대표적인 모사 전풍이 "지금은 때가 아니다"며 격렬히 반대하고 나섰다.

이런 우여곡절 끝에 전풍은 옥에 갇혔고, 원소는 안량에게 군사를 주어 백마현으로 진격시켰다. 조조군이 막으려 출동했고, 접전이 벌어졌다. 초전은 원소군의 승리였다. 무용이 출중한 안량에게 맞서 싸운 조조군의 장수들이 연달아 쓰러졌기 때문이었다.

조조 진영은 막다른 궁지에 몰렸다. 안량을 물리치려면 관운장을 전선에 투입해야 하는데 공(功)을 세우게 하면 관운장이 허도를 떠날 것 같았기에 주저주저하는 사이, 안량의 기세는 높아지고 조조군의 사기는 바닥으로 가라앉았다.

정욱이 마침내 꾀를 내어 말했다.

"하는 수 없습니다. 관우를 출전시켜야 합니다. 만일 유비가 살아있다면 원소에게 가 있을 가능성이 큽니다. 따라서 관우가 안량을 죽이면 원소가 유비를 그냥 두겠습니까. 오히려 관우가 갈 곳이 없어지면 우리에게 머물겠지요."

조조는 이렇게 해서 관운장을 불렀고, 공(功)을 세워야 체면이 서게 되는 관운장이 이에 응해 백마현으로 달려갔다. 그리고 산위에 올라 원소군의 선봉장 안량이 펼친 진용을 내려다보며 평소의 그 답지 않게 깔보듯이 말했던 것이다.

◆ 백마에서 안량을 베는 관우. 왼쪽은 조조

曹操引關公上土山觀看(조조인관공상토산관간) /

操與關公坐(조여관공좌) / 諸將環立(제장환립) /

曹操指山下顔良排的陣勢(조조지산하안량배적진세) /

旗幟鮮明(기치선명) / 鎗刀森布(창도삼포) /

嚴整有威(엄정유위) / 乃謂關公曰(내위관공왈) /

河北人馬(하북인마) / 如此雄壯(여차웅장)/

關公曰(관공왈) / 以吾觀之(이오관지) /

如土鷄瓦犬耳(여토계와견이)

호주머니에서
물건 꺼내듯 한다

探囊取物 탐낭취물

관운장이 백마현 야산 위에서 안량이 펼친 진용을 비웃고는 적토마에 올라 청룡언월도를 움켜 쥐더니 곧바로 달려 내려갔다.

이때의 모습이 소설 「삼국연의」에서는 대단하게 그려진다.

'관우가 봉황의 눈을 부릅뜨고 눈썹을 곧추세우며 앞을 응시하는데 피냄새를 맡은 적토마가 흐흥! 울더니 마치 쏜살처럼 내달려 적진으로 돌격했다. 하북의 군사들은 그 기세에 놀라 양 갈래로 흩어졌다. 양떼 속으로 달리는 한 마리의 사자라고나 할까.'

관운장은 이 기세로 적장 안량을 겨냥했다.

이때 대장기 아래서 말에 오르고 있던 안량은 달려드는 관운장을 향해 다소 의아한 표정으로 무엇인가 말하려는 듯했다. 그러나 눈 깜짝할 사이에 적토마가 안량 앞에 이르렀고 그가 움직이기 전에 관운장이 휘두른 청룡언월도가 안량을 후려치니 그대로 말 아래로 굴러 떨어졌다.

관운장은 즉시 적토마에서 뛰어내려 안량의 목을 베더니 지체 없이 적토마에 매달고는 몸을 날려 올라탄 후 청룡언월도를 휘두르며 적진 속을 달려 나오자 하북의 병사들은 덤벼들기는커녕 저마다 살 길을 찾아 도망치기 바빴다.

조조군이 이런 기회를 그냥 두고 볼 리 만무했다. 일제히 앞으로 내달아 공격하니 하북의 병사 죽은 자 부지기수였고, 그들에게서 빼앗은 말과 무기가 엄청났다.

관운장은 그 사이에 천천히 말을 몰아 산위로 올라와 조조에게 안량의 목을 바쳤다.

모든 장수들이 일제히 갈채를 보내며 칭송했다. 조조는 너무나 감격하여 "장군은 진정 신인(神人)이시오"하고 감탄했다.

관운장이 고개를 저으며 대답했다.

"칭찬하실 일이 뭐 있겠습니까? 제 아우 장익덕은 백만의 적군 속에서 적장의 목을 마치 '제 호주머니 속에서 물건 꺼내듯이' 하는데요."

조조는 이 말에 깜짝 놀라 좌우의 장수들에게 "오늘 이후 혹시 장익덕을 만나더라도(今後如遇張翼德) 함부로 맞서지 말라(不可輕敵)"고 분부하면서 새삼 관운장의 무용을 높이 보고 더욱 존중하는 마음을 가졌다.

윗 사람은 욕심을 부리고,
아랫것들은 공을 다투다

上盈其志 상영기지 下務其功 하무기공

원소는 크게 기뻐하며 말했다.

"네가 아니면 안량의 원수를 갚을 수가 없다. 내 군사 10만을 내줄테니 황하를 건너가 조조를 무찔러라."

저수가 말렸다.

"안 됩니다. 우선 연진 땅에 주둔하고, 군사를 나누어 관도로 보내는 것이 상책입니다. 경솔히 황하를 건넜다가 설혹 변고라도 있으면 모두가 돌아올 수 없게 됩니다."

원소가 화를 냈다.

"너희들은 군심을 어지럽히고 세월만 보내자는 것이냐? 대사를 방해하려는 게냐. 듣지도 못했느냐! 군사는 무엇보다도 신속하게 행동해야 한다는 말을⋯⋯."

저수는 밖으로 나오며 탄식했다.

"윗사람은 욕심을 부리고 아랫것들은 공을 다투니 유유히 흐르는 황하를 내 다시 건널 수 있을까"

그러고는 병이 났다는 이유로 이후에 일체의 회의에 나가지 않았다.

"안량의 원수를 갚아야 한다."

원소 진영은 처음에 백마현의 전투상황에 대해 자세히 모르고 있었다. 관운장의 등장에 대해 전혀 아는 바가 없었던 것. 안량과 쌍벽을 이루던 장수 문추는 우쭐대며 "안량은 나와 형제 같은 사이인데 조조에게 죽었으니 가만히 있을 수 없다"고 큰소리쳤다.

원소는 이 말에 고무되었는지 곧 군사를 내주며 복수하라고 부추겼다. 이때 모사 저수가 상황을 정확히 모르면서 나서는 위험성을 지적했다.

그러자 유비가 "이번에 제가 문추장군과 함께 나가서 귀공의 은혜에도 보답하고 관우 아우의 소식도 알아보겠다"고 말하니 원소가 크게 기뻐하면서 문추에게 "유비와 함께 선봉부대를 이끌고 출동하라"고 명했다.

문추가 비웃듯이 대답했다.

"유비공은 싸움에서 지기만 했을 뿐더러 우리 군사에도 도움이 되지 않습니다. 주공께서 내보내실 작정이라면 제가 군사 3만을 따로 주어 뒤따르게 하겠습니다."

이렇게 되어 유비는 3만 명의 군사를 거느리고 문추의 뒤를 따라가게 되었다고 소설 「삼국연의」는 말하고 있는데 정사의 기록과는 사뭇 다르다.

우선 소설에서는 문추가 장요와 서황 등을 물리치며 달려가다가 관운장을 만났는데 단 3합을 겨루고 나서 힘이 달려 말머리를 돌려 도망쳤다. 하지만 적토마의 속도를 당해낼 수 없었다. 뒤따라간 관운장이 휘두른 청룡언월도에 목이 날아갔다.

그러나 정사의 기록에서는 문추가 기병 5~6천을 거느리고 조조와 싸웠는데 유인작전에 걸려 죽었다. 이후 원소군은 북쪽으로 퇴각하여 무양이란 곳에 영채를 세웠고, 조조는 하후돈에게 관도를 수비하게 한 후 승전가를 부르며 허도로 귀환했다.

袁紹大喜曰(원소대희왈) /
非汝不能報顔良之讎(비여불능보안량지수) /
吾與十萬軍兵(오여십만군병) / 便渡黃河(편도황하) /
追殺曹賊(추살조적) / 沮授曰(저수왈) / 不可(불가) /
今宜留屯延津(금의류둔연진) / 分兵官渡(분병관도) /
乃爲上策(내위상책) 若輕擧渡河(약경거도하) /
設或有變(설혹유변) / 衆皆不能還矣(중개불능환의) /
紹怒曰(소노왈) / 皆是汝等遲緩軍心(개시여등지완군심) /
遷延日月(천연일월) / 有妨大事(유방대사) / 豈不聞(개불문) /
兵貴神速乎(병귀신속호) / 沮授出歎曰(저수출탄왈) /
上盈其志(상영기지) / 下務其功(하무기공) / 悠悠黃河(유유황하) /
吾其濟乎(오기제호) / 遂託疾不出議事(수탁질불출의사)

의리는 마음을 저버리지 않으며, 충성은 죽음을 두려워하지 않는다

義不負心 의불부심 忠不顧死 충불고사

진진이 "조조가 허락하지 않으면 어떡하지요?" 하니 관운장이 "내 차라리 죽을지언정 어찌 이곳에 오래 머물겠소."라고 했다.

진진이 "그렇다면 관공께서 속히 답장을 써서 유사군의 마음부터 풀어드리세요" 하고 말하니 이에 관운장이 답장을 썼다.

'듣건대 의리는 마음을 저버리지 않으며, 충성은 죽음을 두려워하지 않는다지요. 관우는 어려서부터 독서하여 예와 의 정도는 압니다.'

원소군과의 서막전에서 안량을 베어 승리한 조조군이 허도로 귀환할 때 관운장도 함께 돌아왔다.

이때 조조는 관운장의 속마음을 알아보기 위해 장요를 보내 몇 가지 물어보도록 시켰다. 장요가 물었다.

"관공께서는 우리 조장군의 후의에 어떤 보답을 생각하시오?"

관운장은 주저 없이 "정말 고마워합니다. 하지만 유비 형님을 잊어 본 적이 없어요"하고 받아들일 수 없음을 밝혔다. 장요가 다시 묻기를 "세상을 살면서 더 중요하고 덜 중요한 걸 분간하지 못한다면(處世不分輕重). 사내대장부가 아니다(非丈夫也)는 말이 있지 않습니까. 우리 조장군이 대접하는 정도가 유비공만 못합니까?"하고 물었다.

관운장이 처연한 음성으로 대답했다.

"나는 그런 비교에 관심이 없습니다. 공(功)을 세워 조장군께 보답하면 허도의 생활을 청산하고 유비 형님을 찾아 떠나야지요. 이제 여기서는 좀이 쑤셔 견딜 수가 없어요. 병이 생길 것만 같습니다."

장요가 전하는 관운장의 뜻을 알게 된 조조는 고개를 끄덕이며 여남 지역에서 준동하는 옛 황건 잔당들을 토벌하는데 관운장이 나설 기회를 주라고 지시했다.

관운장이 이 토벌전을 마치고 돌아왔을 때 진진이란 인물이 유비의 서찰을 가지고 몰래 찾아왔다. 내용에는 유비의 오해와 질책이 담겨 있었다.

— 나는 그대와 도원에서 의형제를 맺을 때 함께 살고 죽기로 맹세했더니 이제 서로 갈라져 그대는 은혜를 저버리고 의리를 끊었는가. 그대가 공명을 바라고 부귀영화를 원한다면 기꺼이 내 목을 바치겠으니 소원을 풀기 바란다. 글로써 다 밝힐 수가 없어 죽기를 기다리며 답장을 고대하노라.

관운장은 서찰을 읽고 나서 "내 어찌 부귀를 바라고 옛 맹세를 잊으리오. 형님이 계시는 곳을 몰라 찾지 못했을 뿐이다"면서 통곡했다.

　사실 형제건 가족이건 나 몰라라 하고 도망쳐 혼자 살 길을 찾아 허튼 수작을 연발한 쪽은 유비였다. 물론 이 서찰의 전부가 유비의 진심은 아니었겠으나 어찌 보면 지나치게 일방적이고 관운장 같은 충의의 인물에게는 몹시 냉혹한 내용이었다. 관운장은 자신의 진심을 밝힌 답장을 써서 진진에게 내준 후 두 형수에게 사실을 고하고 떠날 채비를 하게 된다.

陳震曰(진진왈) / 倘曹操不允(상조조불윤) /
爲之奈何(위지나하) / 公曰(공왈) / 吾寧死(오영사) /
豈肯久留於此(개긍구류어차) / 震曰(진왈) /
公速作回書(공속작회서) / 免致劉使君懸望(면치유사군현망) /
關公寫書答(관공사서답) / 竊聞義不負心(절문의불부심) /
忠不顧死(충불고사) / 羽自幼讀書(우자유독서) /
粗知禮義(조지예의)

재물로도 그 마음을 움직일 수 없고, 벼슬로도 그 뜻을 바꿀 수 없다

財賄不以動其心 재회불이동기심　爵祿不以移其志 작록불이이기지

조조는 "지난 날에 내가 세 조건을 허락했으니 어찌 믿음을 잃을 수 있겠느냐. 각자 주인을 위해서 하는 일이니 추격하지 마라" 하고는 장요를 돌아보며 말했다.

"관운장이 그동안에 받은 금은보화를 모두 봉해두고 관인마저 두고 떠났다니, 재물로도 그 마음을 움직일 수 없고 벼슬로도 그 뜻을 바꿀 수 없구나. 나는 그를 깊히 존경하노라. 그리 멀리가지 못했을 터이니 내 인정상 이대로 있을 수 없다. 그대는 뒤따라가서 내가 전송하려 하니 잠시 기다리라 전하라. 그에게 노자와 전포를 선물하고 훗날에 이를 기념으로 삼을까 하노라."

장요는 명령을 받자 단기로 앞서 달려갔고, 조조는 수십 기를 거느

리고 뒤따라갔다.

관운장이 서찰을 써서 "유비 형님에게 잘 전해달라"며 진진에게 내준 후, 곧 승상부로 조조를 찾아갔다. 그러나 조조는 관운장이 찾아올 것을 미리 알았기에 〈면회사절〉의 패를 내걸고 만나주지 않았다. 이후 몇 번이나 관운장은 하직 인사를 하려 했으나 만나주지 않자 장요를 찾아갔으나 그 역시 병중이라는 핑계를 대며 만나주지 않았다.

관운장은 조조에게 보내는 하직 편지를 써서 승상부로 보내는 한편 그동안 조조에게서 받은 모든 금은보화를 일일이 정리하고 봉하여 곳간에 넣은 뒤, 유비의 두 부인을 수레에 모시고 홀로 적토마에 올라 경호하면서 허도의 북문을 나섰다.

한편 조조에게 보낸 관운장의 하직 인사 편지가 전해졌고, 관운장의 집을 지키던 자는 하사품 일체를 곳간에 넣어두고 떠났다는 보고와 동시에 북문의 수문장으로부터 관운장이 통과했다는 보고가 승상부에 잇달아 올라왔다.

이때 정욱이 말했다.

"승상께서 그를 극진한 예로 대우했는데 인사도 없이 떠났습니다. 무례한 서신 한 장 달랑 남겨놓고 승상의 위엄을 훼손했으니 그 죄가 결코 작지 않습니다. 그가 원소 진영으로 간다면 이는 범에게 날개를 달아주는 것이나 다름없으니 서둘러 뒤쫓아 가서 그를 죽여 후환을 사전에 없애는 것이 좋겠습니다."

조조가 고개를 저으며 대꾸했다.

"내 이제 와서 신의를 잃을 수는 없다. 관운장은 옛 주인을 잊지 않

으며 가고 오는 일을 명백히 했으니 진정으로 남아대장부로다. 그대들
도 마땅히 그를 본 받아라."

이는 관운장이 하비성에서 항복할 때 내건 세 가지 약조 가운데 마
지막 조건인 '훗날 유비의 행적을 알게 되면 언제든지 떠날 것을 약속
해 달라'는 걸 조조가 인정했던 점을 다시 확인시킨 것으로서, 조조의
신의를 새삼 평가하는 일이 되었다.

曹操曰(조조왈) / 吾昔已許之(오석이허지) /

豈可失信(개가실언) / 彼各爲其主(피각위기주) /

勿追也(물추야) / 因謂張遼曰(인위장요왈) /

雲長封金挂印(운장봉금괘인) /

財賄不足以動其心(재회부족이동기심) /

爵祿不足以移其志(작록부족이이기지) /

此等人吾深敬之(차등인오심경지) / 想他去此不遠(상타거차불원)/

我一發結識他做個人情(아일발결식타주개인정) /

汝可先去請住他(여가선거청주야) / 待我與他送行(대아여타송행) /

更以路費征袍贈之(경이노비정포증지) /

使爲後日記念(사위후일기념) / 張遼領命(장요영명) /

單騎先往(단기선왕) /

曹操引數十騎隨後而來(조조인수십기수후이래)

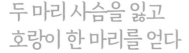

두 마리 사슴을 잃고
호랑이 한 마리를 얻다

失二鹿 실이록 得一虎 득일호

원소가 계속 말하기를 "근래 들으니 관운장이 조조를 떠나 하북으로 오고 있다던데 내가 그를 죽여 안량과 문추의 원수를 갚겠노라"라고 했다.

유비가 놀라서 물었다.

"명공께서는 지난번 그를 등용하여 쓰시겠다기에 내가 오라고 한 일인데 이제와서는 죽이겠다니요? 안량과 문추를 두 마리 사슴에 비유한다면 관운장은 한 마리 호랑이입니다. 사슴 두 마리를 잃고 호랑이 한 마리를 얻는데 어찌 한이 남겠습니까?"

원소가 웃으며 대꾸했다.

"내 실은 그를 생각해서 해본 말이요. 공은 다시 사람을 보내 속히 이리로 오라 전하시오."

관운장이 '허도를 떠나 하북으로 향했다'는 소식이 원소 진영에 전해
지자 이를 두고 의견이 분분했다. 안량의 원수를 갚아야 한다는 주장
과 관운장을 받아들이면 큰 힘이 되니 정중하게 모시자는 주장이었다.

이때 원소는 유비의 본심을 떠보느라 "관운장을 죽여 원수를 갚겠
다"고 운을 뗐고, 유비는 '유표를 설득하여 조조의 배후를 치도록 하겠
다'며 원소 진영에서 도망칠 준비를 하던 참이라 '죽이기보다는 관운
장을 받아들여 전력을 키우는 것이 좋겠다'는 의미로 '실이록 득일호'
의 현실적인 이해득실을 지적한 것.

그러고 나서 유비는 서둘러 측근을 보내 관운장에게 하북으로 오지
말고 여남 땅으로 가도록 했고, 이후에 원소 진영에서 도망쳐 관운장
을 만나고 장비가 있는 고성으로 향해 갔다.

袁紹又曰(원소우왈) /
近聞關雲長已離了曹操(근문관운장이리료조조) /
欲來河北(욕래하북) / 吾當殺之(오당살지) /
以雪顔良文醜之恨(이설안량문추지한) / 玄德曰(현덕왈) /
明公前欲用之(명공전욕용지) / 吾故召之(오고소지) /
今何又欲殺之耶(영하우욕살지야) / 且顔良(차안량) /
文醜比之二鹿耳(문추비지이록이) / 雲長乃一虎也(운장내일호야) /
失二鹿而得一虎(실이록이득일호) / 何恨之有(하한지유) /
紹笑曰(소소왈) 吾固愛之(오고애지) / 故戲言耳(고희언이) /
公可再使人召之(공하재사인소지) / 令其速來(영기속래)

경솔한 데다 준비가 없고,
성미가 급하며 꾀가 모자란다

輕而無備 경이무비 性急少謀 성급소모

손책이 물었다.

"그래 곽가가 무슨 말을 지껄이더냐?"

사자는 감히 아뢰지 못하는데 손책이 화를 내며 강경하게 물었다. 사자는 사실대로 고하지 않을 수 없었다.

"곽가는 조조에게 말하기를 '주공에 대해서는 전혀 두려워할 바 없습니다. 경솔한 데다 준비가 없고, 성미가 급하며 꾀가 모자랍니다. 필부의 용기뿐이라 훗날 필히 소인배의 손에 죽을 것입니다'라고 막말을 했습니다."

손책은 이 말을 듣고 크게 노하여 "필부 놈이 감히 나를 얕보다니 내 맹세코 허도부터 치겠노라"하고 아직 상처가 치유되지 않는데 출병할 일을 논의하려고 했다.

조조와 원소가 북방에서 일진일퇴하는 동안, 남방의 손책은 중원에 대한 야심을 품고 허도를 노리고 있었는데 오군(吳郡) 태수로 있던 허공이 조조와 연결되어 있음을 알게 되자 잡아 죽였다. 그러자 허공의 식객 세 사람이 사냥에 나선 손책을 공격하여 중상을 입혔다.

손책은 병상에 누워 치료를 받아야 했다. 그런데 허공의 식객들이 공격할 때 화살촉에 독약을 발랐으므로 절대적으로 안정해야했으나 급한 성미를 참지 못하고 치료하는 의사들을 들볶았다.

그런 어느 날 허도에 가 있는 장굉이 사자를 보내 벌어진 일을 보고 했는데 "조조는 주공을 가볍게 여기지 않습니다만 곽가만은 주공에 대해 대수롭지 않게 여깁니다"고 고 했던 것. 손책은 흥분하여 허도를 치겠다며 앙앙불락했다.

孫策曰(손책왈) 郭嘉曾有何說(곽가증유하설) /
使者不敢言(사자불감언) / 策怒(책노) / 固問之(고문지) /
使者只得從實告曰(사자지득종실고왈) /
郭嘉曾對曹操言主公不足懼也(곽가증대조조언주공부족구야) /
輕而無備(경이무비) / 性急少謀(성급소모) /
乃匹夫之勇耳(내필부지용아) /
他日必死於小人之手(타일필사어소인지수) / 策聞言(책문언) /
大怒曰(대노왈) / 匹夫安敢料吾(필부안감료오) /
吾誓取許昌(오서취허창) / 遂不待瘡愈(수불대창유) /
便欲商議出兵(편욕상의출병)

안에서의 어려움은 장소에게 묻고,
밖에서의 어려운 일은 주유에게 묻는다

內事不決可問張昭 내사불결가문장소
外事不決可問周瑜 외사불결가문주유

모친이 울며 말했다.

"네 동생은 아직 나이가 어려 대사를 맡길 수 없는데 이제 어찌하면 좋단 말이냐?"

손책이 대답했다.

"동생의 재능은 소자보다 열 배나 뛰어납니다. 족히 대임을 감당할 수 있습니다. 안에서의 어려움은 장소에게 묻고, 밖에서의 어려운 일은 주유에게 물으라 하십시오. 주유가 없어 얼굴을 보고 부탁하지 못하는 게 안타깝습니다."

손책은 상처가 나날이 심해져 자신이 회복될 수 없음을 알았다.

"아! 아! 내 수명이 여기까지구나"라고 탄식하고는 장소 등 중신들과 동생 손권을 침상 곁으로 불러 "천하가 소란하지만 장강의 이점을 잘 활용하면 뜻을 펼 수 있을 것이다. 그대들은 내 동생 손권을 잘 보필하라"고 이르고는 인수(印綬)를 손권에게 전했다. 손권은 흐느껴 울기만 했다.

손책이 다시 말했다.

"군사를 일으켜 적과 싸워 천하를 다투어 대세를 잡는 일에서는 네가 나만 못할 것이다. 어진 인재를 발탁하고 임무를 맡겨 그들을 통솔하여 우리 강동을 부강하게 만드는 일은 분명 이 형이 너만 못하다. 그러니 너는 부모께서 창업하신 어려움을 잊지 말고 잘 해다오"

손권은 눈물을 흘리며 인수를 받는데 손책이 모친에게 고했다.

"소자, 이제 목숨이 다하여 어머님을 더 이상 봉양할 수 없게 됐습니다. 어머님은 아우에게 태만함이 없도록 교훈하소서."

그리고 나서 모친에게 '국내의 일은 장소에게 묻고, 국외의 일은 주유에게 물어 정하면 될 것'이라는 말을 남겼다.

母哭曰(모곡왈) / 恐汝弟年幼(공여제연유) /
不能任大事(불능임대사) / 當復如何(당부여하) / 策曰(책왈) /
弟才勝兒十倍(제재승아십배) / 足當大任(족당대임) /
倘內事不決(상내사불결) / 可問張昭(가문장소) /
外事不決(외사불결) / 可問周瑜(가문주유) /
恨周瑜不在此(한주유부재차) / 不得面囑之也(부득면촉지야)

인재를 얻는 자는 번창하고,
인재를 잃는 자는 망한다

得人者昌 득인자창 失人者亡 실인자망

손권이 말했다.

"이제 부형의 기업을 이었으니 장차 어떤 계책으로 지켜야 합니까?"

주유가 대답했다.

"자고로 인재를 얻는 자는 번창하고, 인재를 잃는 자는 망한다 했습니다. 당장 할 일은 식견이 높고 고명한 인재를 구해 보필 받으면 연후에 강동이 안정될 것입니다."

강동의 3대 주인이 된 손권, 그의 인물 됨됨이에 대해서는 흥미 있는 기록이 여럿있다. 그중에서 '턱이 길고, 입이 크며, 눈동자가 번쩍이는 빛을 냈다'는 것과 '푸른 눈에 자줏빛 수염'이라고 해서 남방계 출신이라는 내용도 있는데 유완의 인물평을 눈여겨 볼 만하다.

유완은 손책이 살아있을 때, 강동의 손씨 일족을 두루 만나보고 "내그들을 눈여겨 살펴보니 재주와 기상이 모두 출중하나 오랫동안 복록을 누릴 팔자를 타고난 것 같지는 않았다. 다만 중모(손권)만은 얼굴 생김이 기이(奇異)하고 골격이 비상(非常)하여 대단히 귀한 신분이 될 것이며 장수할 상이었다. 손씨 형제 가운데서 그가 으뜸이다"고 칭찬했던 것.

강동이 발전하려면 인재 등용을 최우선으로 해야 할 일이라고 손권에게 진언한 주유의 등장도 간과할 수 없다. 그는 원래 손책과 절친한 사이로 강동의 두 미인 교씨(喬氏) 자매의 큰 딸(大喬)은 손책의 부인이 되었고 작은 딸(小喬)은 주유의 부인이 되었으니 동서지간이기도 했다. 다방면에서 뛰어난 주유는 풍채도 수려했고, 포용력이 있었다. 어려서부터 음악에 정통했는데 연주가 틀리면 그쪽을 돌아보아 '주랑(周郞)이 돌아보면 연주가 틀린 것'이라는 유행어가 생길 정도였다. 지혜와 담력, 의리를 겸비한 강동 명문가의 후손으로 손책·손권 2대에 걸쳐 비할 바 없는 공적을 세웠다.

孫權曰(손권왈) / 今承父兄之業(금승부형지업) /
將何策以守之(장하책이수지) / 瑜曰(유왈) /
自古得人者昌(자고득인자창) / 失人者亡(실인자망) /
爲今之計(위금지계) /
須求高明遠見之人爲輔(수구고명원견지인위보) /
然後江東可定也(연후강동가정야)

군주가 신하를 택하고
신하 또한 군주를 고른다

君擇臣 군택신 臣亦擇君 신역택군

주유가 설명했다.

"옛날 마원이 광무제에게 '오늘의 세상은 군주가 신하를 택하는 것이 아니라 신하 또한 군주를 고르게 됐습니다'라고 했지요. 이제 우리 손권 장군은 어진 인물을 예우하며 특출한 일은 받아들이고 비범한 일은 기억합니다. 다른 생각마시고 나와 우리 동오로 가십시다."

노숙은 이 말을 받아들여 주유와 함께 가서 손권을 만났다.

손권을 도와 강동의 기반을 굳건하게 만든 인재들 가운데 대표적인 인물이 주유와 노숙이다. 노숙이 손권 진영에 가담하게 된 데는 주유의 역할이 컸다.

원래 노숙은 주유가 손권에게 천거할 때의 표현 그대로 '전략에 통달하고 기회를 내다보는 지혜가 출중하며 효성이 지극한데다 집안의 재물을 써서 가난한 사람을 돕는 호기가 넘치는 인물이었다.

주유와는 예전에 친분이 있었는데 군량이 부족하다는 말에 노숙은 집에 있는 쌀 3천 석을 쌓아놓은 창고를 가리키며 필요한 만큼 가져가라고 한 적이 있었다. 한마디로 통 큰 협의지사였던 것.

손권은 추천을 받자 주유에게 "직접 가서 노숙을 초빙해왔으면 좋겠다"고 했고, 주유는 즉시 곡아 땅으로 달려가 "우리 주공 손권께서 그대를 몹시 흠모하여 반드시 뵙고자 하오"라고 간곡히 청하니 노숙이 받아들여 손권 진영에 가담하여 천하이분론 등을 진언했고, 유비 진영과 화합하여 조조에 대항하는 동오의 대외 기본 정책을 실현하는 데 크게 이바지했다.

周瑜曰(주유왈) 昔馬援對光武云(석마원대광무운) /
當今之世(당금지세) / 非但君擇臣(비단군택신) /
臣亦擇君(신역택군) / 今吾孫將軍親賢禮士(금오손장군친현례사) /
納奇錄異(납기록이) / 世所罕有(세소한유) /
足下不須他計(족하불수타계) /
只同我往投東吳爲是(지동아왕투동오위시) / 肅從其言(숙종기언) /
遂同周瑜來見孫權(수동주유래견손권)

바른 말은 귀에 거슬린다

忠言逆耳 충언역이

허유는 밖으로 나와 하늘을 우러러 탄식했다.

"바른 말은 귀에 거슬린다더니, 어리석은 자와는 더불어 일을 도모할 수 없는 법(豎子不足與謀), 내 자식과 조카들이 심배에게 해를 입을 텐데 내 무슨 낯으로 기주 사람들을 대하리오"

하고는 칼을 빼서 자신의 목을 베려는데 좌우에서 칼을 빼앗으며 말하는 것이었다.

"공은 어찌 목숨을 경솔히 합니까? 원소가 직언을 받아들이지 않으니 훗날 필히 조조에게 패하여 잡힐 겁니다. 공은 예전에 조조와 각별하게 지낸 바 있는데 어찌 어둠을 버리고 밝음에 투신하지 않습니까?"

허유는 이 말을 듣자 마치 잠에서 깨어난 듯 원소를 버리고 조조에게 투항하기로 결심했다.

　노숙이 손권 진영에 가담했을 무렵, 하북의 원소는 70여만 병사를 일으켜 조조를 치려 관도 땅으로 진격을 시작했다. 옥에 갇혀 있던 전풍이 간곡한 글을 올려 원소를 깨우치려 했다.

　'지금은 조용히 기반을 지키면서 때가 오길 기다려야지. 서둘러 군사를 진격시키는 건 결코 이로운 일이 아닙니다.'

　원소는 이 글을 찢어버리면서 화를 내며 전풍을 죽이려 하는데 주위에서 말리니 일단은 보류하고, 계속 남쪽으로 진격하여 양무 땅에 영채를 세웠다.

　저수가 재차 신중해야 한다고 고했다.

　"우리 군사의 수효는 많으나 조조군에 비해 용맹하지 못하며, 조조군에게는 군량과 마초가 부족합니다. 따라서 그들은 서둘러 싸우려 할 테고 우리는 군량이 넉넉하니 천천히 싸우는 것이 이롭습니다. 우리가 시간을 끌면서 조조군이 무너질 때까지 기다리는 것이 좋겠습니다."

　원소는 이 말을 귀담아 듣기는커녕 화부터 냈다.

　"저수를 군중에 감금해라. 전풍과 똑같이 우리 군사의 사기부터 꺾으려 하다니……."

　한편, 조조는 속전속결이 유리하므로 떠들썩하게 진격하여 서둘러 싸움을 걸었다. 하지만 일차전에서 중과부적으로 대패하여 관도 땅까지 후퇴했고, 원소군은 그 여세를 몰아 진지를 구축했다.

　이후 원소군은 토산을 쌓고 망루를 세워 조조군 영채를 내려다보며 공격하기도 했고, 조조군은 발석거(發石車: 큰 돌멩이를 날려 보내는 일종의 투석기로 유엽이 제작했다)를 만들어 토산의 망루를 마구 부수니 수많은 원소군이 죽고 다쳤다. 두 달여 동안 양쪽의 공방전이 이렇게 계속되면서 조조군은 피로감이 쌓이고 군량미 부족으로 고전을 면치 못했다.

이때 원소의 모사 허유는 조조군의 군량부족을 눈치 채고 "군사를 두 갈래로 나누어 한쪽은 관도의 조조를 치고, 다른 쪽은 허도를 급습하자"는 의견을 내놓았는데 원소는 허유가 젊은 시절 조조와 친하게 지냈다는 걸 들먹이며 "헛소리하지 말라, 군사를 둘로 나누다니 그 따위 소리를 또 지껄이면 목을 베겠다"면서 허유를 쫓아냈던 것.

허유가 그날 중으로 조조에게 귀순하여 "원소군의 군량이 오소 땅에 쌓여 있으며 지키는 장수가 시원찮으니 야습해서 불태우면 단번에 이길 수 있다"고 알려주니 조조는 기회를 놓치지 않고 친히 경기병대를 원소군처럼 위장시켜 오소를 공격하여 군량을 모조리 불태웠고, 원소군은 지리멸렬 무너지고 말았다.

許攸出仰天歎曰(허유출앙천탄왈) / 忠言逆耳(충언역이) /
豎子不足與謀(수자부족여모) /
吾子姪已遭審配之害(오자질이조심배지해) /
吾何顏復見冀州之人乎(오하안복견기주지인호) /
逐欲拔劍自刎(수욕발검자문) / 左右奪劍勸曰(좌우탈검권왈) /
公何輕生至此(공하경생지차) / 袁紹不納直言(원소불납직언) /
後必爲曹操所擒(후필위조조소금) /公既與曹公有舊(공기여조공유구) /
何不棄暗投明(하불기암투명) /只這兩句言語(지저양구언어) /
點醒許攸(점성허유) / 於是許攸逕投曹操(어시허유경투조조)

겉으로는 관대하지만
내심은 편협하다

外寬內忌 외관내기

옥리가 "원장군이 크게 패하여 돌아온다 하니 반드시 어른을 중히 모실 테지요"라고 말했다.

전풍이 웃으며 대답했다.

"이제 내가 죽소."

옥리가 의아하게 여겨 물었다.

"사람들은 모두 어른을 위해 기뻐하는데 어찌 죽는다고 말씀하십니까?"

전풍이 설명했다.

"원장군은 겉으로는 관대하지만 내심은 편협하여 충성스런 마음을 모르니, 이번에 승리하여 기쁘다면 나를 사면할지 모르나 싸움에 패했으니 수치스러워 할 것이므로 나는 살기를 바랄 수 없다."

옥리는 그 말을 믿지 않는데 홀연 사자가 칼을 가지고 도착해서 원소의 명령을 전하기를 전풍의 목을 베겠다고 했다.

오소의 군량기지가 불타버리자 원소군 상하가 크게 동요하여 장합과 고남 등 장수들까지 조조 진영으로 귀순했고, 모사들 사이에서는 서로 책임을 미루는 내분이 발생했다.

결국 원소는 더 이상 버틸 수 없음을 깨닫고 모든 문서와 의장기구 등을 버린 채 기병 8백여 명만 대동하고 황급히 도망쳐 황하를 건너 북쪽으로 달아났다.

조조의 대승이었다. 이때 원소가 남기고 간 서류뭉치 속에서 허도에 있는 조정대신들이 원소와 몰래 내통한 서신이 다량 발견되었다. 장수들이 흥분해서 "이런 죽일 놈들! 우리가 목숨 걸고 싸우는데 뒷구멍으로 적과 내통하다니…… 모조리 잡아 죽여야 한다"고 떠들어댔다.

조조가 타일렀다.

"원소가 한창 강했을 때는 나도 생명의 위협을 느꼈으며, 장차 어찌 될 것인지 몰라 여러 번 망설였다. 그러니 다른 사람이야 오죽했겠느냐. 불문에 부치겠다."

그러고는 그 서신들을 모조리 불태워 버렸다. 조조 진영의 책사와 장수들 모두가 조조의 깊은 뜻을 알고 승복하니 전후방이 단합하는 모양새가 되었다.

한편, 대패하여 도망치는 원소가 병사들 사이에서 수군거리는 소리를 듣게 되었는데 "우리 주공께서 전풍의 말만 들었어도 이렇듯 처참한 패배는 당하지 않았을 것"이라며 원망했다. 원소는 처음에 자신을 탓했으나 봉기가 전풍을 음해하는 소리에 화가 치밀어 사자에게 칼을 내주며 "먼저 달려가서 옥에 있는 전풍부터 죽이라"고 명령했다.

기주의 옥에서는 옥리가 전풍을 위로하고 있었으나 전풍은 원소의 성품이 협량하다는 걸 알고 자신의 죽음을 예상했던 것.

주군을 잘못 만난 일세의 책사 전풍은 결국 바른 말을 진언하다가 옥에 갇히고, 아첨 떠는 자들을 좋아하는 원소의 기질 탓에 재주를 펴지 못한 채 처형되고 말았다.

獄吏曰(옥리왈) / 袁將軍大敗而回(원장군대패이회) /
君必見重矣(군필견중의) / 豐笑曰(풍소왈) /
吾今死矣(오금사의) / 獄吏問曰(옥리문왈) /
人皆爲君喜(인개위군희) / 君何言死也(군하언사야) /
豐曰(풍왈) / 袁將軍外寬而內忌(원장군외관이내기) /
不念忠誠(불염충성) / 若勝而喜(약승이희) / 猶能赦我(유능사아) /
今戰敗則羞(금전패즉수) / 吾不望生矣(오불망생의) /
獄吏未信(옥리미신) / 忽使者齎劍至(홀사자재검지) /
傳袁紹命(전원소명) / 欲取田豐之首(욕취전풍지수)

활시위에 얹힌 화살은
쏘는 대로 나갈 수밖에 없다

箭在弦上 전재현상 不得不發 부득불발

조조가 꾸짖었다.

"너는 지난 날 본초를 위해 격문을 지었을 때 내 죄면 모를까 어찌 조부와 부친까지 헐뜯었느냐?"

진림이 대답했다.

"활시위에 얹힌 화살은 쏘는 대로 나갈 수밖에 없습니다."

좌우에서 그를 죽이도록 권했다. 그러나 조조는 그의 재주를 아껴 용서해주고 종사로 삼았다.

기주성을 점령한 후 조조는 민심을 배려하면서 옛 원소의 신하들에 대해서도 웬만하면 용서하거나 휘하에 거두었는데 대표적인 인물이 진림이었다.

　진림(陳琳)은 건안시대 걸출한 문인 7명(建安七子) 중 한 사람으로 처음에는 하진 밑에서 주부(문서담당관)로 일하다가 동탁의 폭정 때 도망쳐 원소 휘하에 들어가 서기(書記) 벼슬을 했는데 원소의 명을 받아 〈조조 토벌의 격문〉을 지은 바 있었다.

　그 격문을 보면 "조조의 할아비 중상시(中常侍) 조등은 환관으로 온갖 요사스런 짓을 다하되, 악랄한 수법으로 부정 축재를 일삼고 풍속을 타락시켜 백성들을 못살게 굴었다. 조조의 아비 조숭으로 말할 것 같으면 환관 조등의 양자로 들어가 뒷구멍으로 뇌물을 써서 벼슬을 얻었고, 황금과 보옥을 세도하는 집으로 보내어 삼정승(三政丞)의 지위를 도둑질하고 천하를 도탄에 빠지게 한 자였다. 그 아들 조조는 어떤 자인가? 조등의 손자로서 본디 아름다운 덕이 없는데다가 교활하기 짝이 없는 인간으로 난을 일으키기 좋아하며 세상이 화근에 빠지기를 기뻐하는 자이다(好亂樂禍)"라고 했다.

　그러고 나서 조조에 대한 온갖 욕설과 비난을 퍼부었다.

曹操謂之曰(조조위지왈) / 汝前為本初作檄(여전위본초작격) /
但罪狀孤(단죄상고) / 可也(가야) /
何乃辱及祖父耶(하내욕급조부야) /
琳答曰(림답왈) / 箭在弦上(전재현상) / 不得不發耳(부득불발이) /
左右勸操殺之(좌우권조살지) / 操憐其才(조련기재) /
乃赦之(내사지) / 命為從事(명위종사)

주인이 귀하게 되면 신하는 영예롭고,
주인이 근심에 빠지면 치욕을 당한다

主貴臣榮 주귀신영 主憂臣辱 주우신욕

원소가 죽고, 기주성이 함락된 이후, 원소의 아들들은 후계구도를 두고 골육상쟁하다가, 마침내 큰 아들 원담이 측근 신평을 조조에게 보내 항복할 뜻과 함께 조건을 제시하기에 이르렀다.

조조는 슬며시 "본래 원담은 신용이 없는 인간으로 조건을 아무리 만들어도 믿을 수 없다. 하지만 그대가 우리에게 귀순한다면 믿어 줄 수 있다"고 신평을 회유했다.

신평이 완곡히 대답했다.

"승상께서는 그런 말씀 마십시오. 제가 듣건대 '주인이 귀하게 되면 신하는 영예롭고, 주인이 근심에 빠지면 신하는 치욕을 당한다'라고 하지 않습니까. 저는 오랫동안 원 씨를 섬겼습니다. 이제 와서 주인을 배신하고 변절하는 일은 할 수 없습니다."

조조는 신평의 결심이 굳세다는 걸 알자 더 이상 권하지 않고 돌려보내면서 항복 조건에 대해 원담에게 잘 설명하라고 부탁했다.

신평이 돌아가 그간의 자초지종을 그대로 전하자 원담은 대뜸 "네 동생 신비가 조조를 섬긴다더니 너도 마음이 변한 게로구나" 하면서 심하게 몰아세웠다. 너무나 기가 막힌 신평은 말 한마디 못하고 가슴이 막혀 신음하다 그 자리에서 쓰러졌는데 얼마 후 사람들이 부축하여 일으켰을 때는 이미 죽어 있었다.

원소를 비롯하여 원 씨 일족들은 어찌된 영문인지 충성스런 측근들의 진심을 믿지 못하고 내치거나 처형하는 등 한심한 짓을 거듭했다. 남들은 충성스럽고 직언하는 인재를 측근에 두려고 온갖 노력을 다했던 시대에 말이다.

◆ 관도에서 원소와 싸우는 조조

비둘기가 까치집을
빼앗으려는 의도
鳩奪鵲巢之意 구탈작소지의

공손공이 말했다.

"원소는 살아있을 때 우리 요동을 집어 삼킬 심산이었다. 이제 원희
와 원상이 싸움에 패하고 의지해 오는 것은 바로 '비둘기가 까치집을
빼앗으려는 의도'와 같다. 만일 받아들인다면 훗날 반드시 그리할 것
이다. 그들을 성 안으로 받아들여 잡아 죽이고, 그 목을 조조에게 바치
면 분명 우리를 중하게 대할 것이다."

조조는 하북 4개 주를 평정한 후 달아나는 원씨 형제들이 요동으로
향하는 문제와 오환족 토벌에 대해 중신들과 상의했다. 의견은 분분했
다. 이쯤에서 진격을 멈추고 허도로 귀환하자는 주장이 강했으나, 곽

가는 "이번 기회에 오랑캐를 쳐서 위엄을 보이고 변방의 혼란을 해결해야 한다"고 주장했다. 결국 조조는 이 의견을 받아들여 전군을 이끌고 북쪽으로 진격했다.

이때의 북방 오환 토벌전은 온갖 어려움을 겪으며 끝내는 풍토병에 걸린 곽가를 잃는 불행까지 겹쳤으나 변방을 평정하는 위업을 남겼다.

한편, 조조에게 쫓긴 원소의 아들 원희와 원상 형제는 요동태수 공손강에게 의탁하러 갔다. 조조는 요동까지 쳐들어가자는 주위의 의견 대신에 곽가가 남긴 유서대로 '얼마 후면 요동에서 그들의 목을 베어 보내올 것'이라며 기다리자고 했다. 모든 이들이 의아해 했다.

과연 공손강의 숙부인 공손공이 주장하여 원희와 원상을 죽이고 그 수급이 조조에게 보내져 왔다. 그제야 조조는 간직했던 곽가의 유서를 공개했다. 그 내용은 다음과 같았다.

— 원희와 원상이 요동으로 달아났으나 승상께서는 쫓지 마십시오. 그동안 공손강은 원소에게 요동을 빼앗길까 전전긍긍했는데 그들 형제가 갔으니 분명 경계할 것입니다. 그러한 판에 승상께서 쳐들어가면 공손강은 그들과 합세하여 막으려 할 것입니다. 이는 승상께 맞서려는 것이 아니라 상황이 어쩔 수 없어 그런 겁니다. 따라서 요동의 공손강이 어찌 나올지 기다리면 반드시 그들 형제의 목을 베어 보내줄 것입니다.

유서를 읽는 휘하의 사람들이 그제야 곽가의 선견지명을 칭송했고, 조조는 그들을 거느리고 다시 곽가의 영구 앞에 제사를 지냈다. 곽가는 죽을 당시 나이가 서른여덟으로 종사한 지 11년 동안 수많은 계책을 내놓아 조조 진영이 득세하는데 공로를 세운 바 있었다.

조조는 당시 이렇게 탄식했다.

"그대들은 나와 연배가 비슷하지만 곽가만은 젊었기 때문에 훗날을 부탁할 생각이었는데 한창 나이에 운명을 달리하다니……. 내 가슴이 무너지고 갈가리 찢어지는 듯하구나!"

이 구탈작소는 「시경(詩經) 소남(召南)」〈작소〉에 나오는데 스스로 둥지를 만들 줄 모르는 비둘기가 흔히 까치 둥지에서 산다고 하는 말에서 유래되었다. 다른 사람의 집이나 근거지를 강제로 빼앗아 차지하는 것을 비유할 때 널리 쓰였다.

公孫恭曰(공손공왈) / 袁紹在日(원소재일) /

常有呑遼東之心(상유탄요동지심) /

今袁熙袁尚兵敗將亡(금원희원상병패장망) /

無處依棲(무처의서) /

來此相投(내차상투) / 是鳩奪鵲巢之意也(시구탈작소지의야) /

若容納之(약용납지) / 後必相圖(후필상도) /

不如賺入城中殺之(불여혐입성중살지) / 獻頭與曹公(헌두여조공)/

曹公必重待我(조공필중대아)

큰 아들을 폐하고 어린 아들을 세우면 반란이 일어난다

廢長立幼 폐장입유 取亂之道 취란지도

유비가 말했다.

"자고로 큰 아들을 폐하고 어린 아들을 세우면 난이 일어납니다. 채씨 일가의 권세가 염려되시면 서서히 줄여야지 어린 아들을 사랑해서 세우시면 안 됩니다."

유표는 말이 없었다.

원래 채부인은 평소부터 유비를 의심했기에 남편이 유비와 이야기할 때면 몰래 엿들었다. 이때도 병풍 뒤에 숨어 엿듣다가 유비의 말을 듣고 깊은 한을 품었다. 유비는 자신이 말실수한 걸 깨닫고 슬며시 일어나 측간으로 갔는데 자기 허벅지에 살이 찐 걸 보니 눈물이 났다.

잠시 후 좌석에 돌아오니 유표가 유비 얼굴의 눈물자국을 보고 괴이

하게 여겨 연유를 물었다.

유비가 장탄식하며 대답했다.

"저는 항시 말 안장에서 지냈기에 허벅지에 살이 없었습니다. 요즘은 말을 타지 않으니 살이 쪘습니다. 세월은 흘러 늙어 가는데 공업을 이룬 게 없으니 슬펐습니다."

조조가 북방 4개주를 점령하여 민심을 얻고 있을 때, 형주의 유표에게 의탁한 유비는 오랜만에 한가로운 때를 보내고 있었다.

어느 날 유표와 함께 술을 마시는데 상당히 취한 상태에서 유표가 눈물을 흘리며 이런 말을 했다.

"전처 진(陳)씨의 소생인 큰 애 유기는 성품이 착하긴 하지만 나약해서 후사를 넘겨줄 수 없고, 후처 채(蔡)씨 소생인 둘째 유종은 총명하지만 큰 애를 폐하고 후계자로 세우는 게 자칫 잘못될까 두렵소. 그렇다고 유기에게 후사를 맡겼다가는 병권을 쥐고 있는 채씨 일족이 반드시 변란을 일으킬 테니 어찌해야 좋을지 몰라 착잡하구려."

이렇게 해서 유비는 폐장입유(廢長立幼 : 맏아들을 폐하고 어린 아들을 후계로 세우는 것)를 지적했고, 나중에 비육지탄(髀肉之嘆 : 하릴없이 세월을 보내 허벅지에 살이 찐 것을 탄식한다)을 토로했다.

유표는 그때 옛날 허도에서 유비가 조조와 함께 토론했던 '천하의 영웅론'을 들먹이면서 "조조의 권세로도 그대를 쉽게 보지 못했는데 어찌 공적을 세우지 못할까 염려하시오?" 하면서 격려하니 우쭐해진 유비는 "제게 제대로 된 기반만 있다면 세상의 녹록한 무리쯤이야 뭘 걱정 하겠습니까"라고 속마음을 털어 놓았는데 자칫 형주를 차지하려는 야심이 있는 것으로 오해받게 되어 위험에 빠진다.

玄德曰(현덕왈) / 自古廢長立幼(자고폐장입유) /

取亂之道(취란지도) / 若憂蔡氏權重(약우채씨권중) /

可徐徐削之(가서서삭지) /

不可溺愛而立少子也(불가익애이립소자야) / 表默然(표묵연) /

原來蔡夫人素疑玄德(원래채부인소의현덕) /

凡遇玄德與表敘論(범우현덕여표서론) / 必來竊聽(필래절청) /

是時正在屏風後(이시정재병풍후) / 聞玄德此言(문현덕차언) /

心甚恨之(심심한지) / 玄德自知語失(현덕자지어실) /

遂起身如廁(수기신여측) /

因見己身髀肉復生(인견기신비육복생) /

亦不覺潸然流涕(역불각산연류체) / 少頃復入席(소경부입석) /

表見玄德有淚容(표견현덕유루용) / 怪問之(괴문지) /

玄德長歎曰(현덕장탄왈) / 備往常身不離鞍(비왕상신불리안) /

髀肉皆散(비육개산) / 今久不騎(금구불기) /

髀裡肉生(비리육생) / 日月蹉跎(일월차타) /

老將至矣(노장지의) / 而功業不建(이공업불건) /

是以悲耳(시이비이)

열 집 정도의 작은 마을에도 반드시
충성하며 신의 있는 인물이 있다

十室之邑 십실지읍 必有忠信 필유충신

유비가 말했다.

"저는 늘 깊은 산에 숨어 사는 어진 인재를 구하고자 애썼으나 지금
껏 만나질 못했습니다."

수경선생이 대꾸했다.

"공자님의 말씀도 듣지 못했소? 열 집 정도의 조그만 마을에도 반드
시 충성하며 신의 있는 인물이 있다는 걸. 어찌 없다 하시오."

유비가 청했다.

"저는 천성이 둔하고 아는 바가 없으니 원컨대 가르침을 주소서."

유비가 폐장입유를 들먹이면서 유종이 후계자가 되는 걸 반대했고,

이를 엿들은 채부인은 친정오라버니 채모를 불러 대책을 논의했는데 결국 유비를 제거하기로 했다.

채모는 기회를 노렸다. 마침 양양에서 풍년 축하 연회가 열리게 되었는데, 유표가 "나는 요즈음 몸이 편치 않으니 아들에게 맡기겠다"고 하자 채모가 "유비를 청해다가 행사를 집행하게 하면 어떻겠습니까?" 하고 제안하여 허락을 받았다.

초청을 받아 참석하게 된 유비는 채모의 음모에 걸려 죽기 직전까지 몰렸으나 타고 다니던 명마 적로가 물살이 센 단계라는 강을 헤엄쳐 건너 구사일생 할 수 있었다. 유비는 단계를 건너 정신없이 달아나다가 당시 형주일대의 명사로 이름 높은 수경선생을 만나게 되는데, 그가 유비의 아픈 부분을 지적했다.

"그대가 좌우에 뛰어난 인재를 두지 못했기에 이렇듯 초라한 일을 겪는 것이오."

유비는 슬그머니 수경선생에게 반박했다.

"제가 비록 변변치 못하나 문사(文士)로는 손건, 미축, 간옹 등이 있으며 무사(武士)로는 관우, 장비, 조자룡 등이 있어 그들이 진정으로 도와주는데 어찌 좌우에 인재가 없다 하십니까?"

수경선생이 웃으면서 설명했다.

"관운장, 장비, 조자룡은 천 명이나 만 명이라도 대적할 수 있는 용맹한 장수지만 그런 훌륭한 장수를 제대로 부릴 줄 아는 인물이 없으니 그렇단 말이오. 그리고 손건, 미축, 간옹 정도의 인물은 그저 서생일 뿐 세상을 경영하고 백성들을 돌볼 만한 인재는 못 되지요."

이렇게 해서 유비는 인재가 어디 있으며 누구냐고 묻게 되었는데 수경선생은 "복룡(伏龍)과 봉추(鳳雛) 두 사람 중에서 한 사람만 얻어도 천하를 손에 쥘 수 있을 것"이라며 유비가 스스로 인재 구하는데 열심히 노력하라는 충고를 했다.

복룡은 제갈량이고 봉추는 방통을 말하는데 당시 그들은 장강 인근의 젊은이들 가운데 두드러지게 장래가 촉망되는 인재들로 수경선생과 교유하고 있었다.

玄德曰(현덕왈) /
備亦嘗側身以求山谷之遺賢(비역상측신이구산곡지유현) /
奈未遇其人何(나미우기인하) / 水鏡曰(수경왈) /
豈不聞孔子云(개불문공자운) / 十室之邑(십실지읍) /
必有忠信(필유충신) / 何謂無人(하위무인) 玄德曰(현덕왈) /
備愚昧不識(비우매불식) / 願賜指敎(원사지교)

착한 사람을 좋아하나 등용해 쓰지 않고, 악한 자를 미워하나 제거하지 못 한다

善善而不能用 선선이불능용 惡惡而不能去 오악이불능거

유비가 수경선생의 거처에서 하룻밤 신세를 질 때였다. 그날 밤 수경선생을 찾아온 손님이 형주를 다스리는 유표의 인물 됨됨이를 평하였고, 유비는 그 소리를 들었다. 그 손님이 이런 말을 했다.

"오래전부터 유표가 '착한 사람을 좋아하고 악한 자를 미워한다(善善惡惡)'고 들었지요. 그래서 이번에 찾아가 만나보았더니 공연한 헛소문에 불과합디다. 그는 착한 사람을 좋아하나 등용해 쓰지 않고, 악한 자를 미워하나 제거하지 못하니 그런 태도로 뭘 할 수 있겠습니까."

수경선생이 대꾸한 말은 이랬다.

"그대가 왕좌지재로 뛰어남을 모두가 아는 일인데 뭣 하러 그를 찾아 갔었소. 유표는 그저 허명(虛名)뿐이라오."

이날 수경선생을 찾아 온 손님은 서서, 나중에 유비의 군사(軍師)가 되어 조조군의 간담을 서늘하게 했고, 제갈량을 천거한 서원직 그 사람이었다.

유표는 젊은 시절 팔준(八俊: 장래가 유망한 여덟 명의 인재) 가운데 하나로 명성이 높았으나 형주에 부임한 후에는 어찌된 일인지 현상유지에 급급했고, 세상이 혼란해지면서 수많은 인물들이 형주 지역으로 피난했는데도 그들 가운데 인재를 적극적으로 발탁하려고 하지 않았다. 서서의 말은 그런 유표의 한계를 지적한 것이었다. 나이가 들자 유표는 의욕을 잃고 그저 현상 유지에 급급했던 탓이다.

당시 유비는 그 손님이 했던 말의 뜻을 제대로 알아듣지 못했고, 유표에게 기대니 허송세월을 보낸 격이나 다행히 이후에 서원직을 만나고 제갈량을 천거 받게 된다.

◆ 유표에게 몸을 의탁하러 가는유비 일행

그가 기린이라면 나는 둔한 말,
그가 봉황이라면 나는 갈까마귀

駑馬並麒麟 노마병기린 寒鴉配鸞鳳 한아배난봉

유비가 말했다.

"번거로운 일이겠으나 원직은 나를 위해 그를 데려와 만날 수 있게
해줄 수 있겠소?"

서서가 대답했다.

"그 사람은 불러서 오게 하면 안 됩니다. 사군께서 친히 찾아가 만나
십시오. 만일 그를 얻게 된다면 주문왕이 강태공을 얻은 것이나 한고
조가 장량을 얻은 것과 같습니다."

유비가 물었다.

"선생에 비해 그 사람의 재주는 어느 정도요?"

서서가 단호히 말했다.

"저와 비교하라구요. 그가 기린이라면 저는 노둔한 나귀이고, 그가 봉황이라면 저는 갈까마귀 정도입니다. 그가 자신을 관중과 악의에 빗대어 말한 적이 있는데 제가 보기에 관중이나 악의도 그에게 미치지 못할 것입니다. 그는 경천위지의 재주가 있으니 바로 천하제일이라 할 수 있습니다."

서서가 노모의 가짜 편지에 속아 허도를 향해 떠나면서 그동안 유비와 쌓은 정분을 생각해 눈물을 쏟아냈다. 그리고는 "마음이 산란해서 미처 말씀드릴 것을 하나 깜빡 잊었습니다. 이곳에 경천동지의 인재가 한 명 있으니 양양성에서 20리 떨어진 융중 땅에 삽니다" 하고 제갈량을 천거했다.

그러자 유비는 수고스럽지만 직접 가서 데려올 수 없겠느냐고 하자, 서서는 친히 찾아가라 하고는 유비와 헤어지자 신로 「삼국연의」에서 말하듯이 허도로 직행한 것이 아니라 먼저 융중으로 달려가 제갈량에게 부탁했다는 것이 설득력있는 연구자들의 결론이다.

"나는 유비공을 끝까지 모시려 했으나 연로하신 어머님께서 부르시니 어쩌겠는가. 내 유비공에게 그대를 천거했으니 머잖아 그 분이 찾아올 걸세. 그대가 받아들여 지닌 재주를 펴서 돕는다면 더 큰 다행은 없겠네."

서서가 간곡히 말했고, 제갈량은 이 말에 대해 "공연한 짓을 했다"고 대꾸했지만, 사실 속마음은 유비가 직접 자신을 찾아온다면 한번 만나 이야기를 나눌 뜻이 있었다.

이리하여 유비가 관운장, 장비를 데리고 융중의 제갈량 처소를 세 번이나 방문하여 마침내 군사로 영입하게 되는 이른바 삼고초려의 막이 오르는 것이다.

玄德曰(현덕왈) / 敢煩元直為備請來相見(감번원직위비청래상견) /

庶曰(서왈) / 此人不可屈致(차인불가굴치) /

使君可親往求之(사군가친왕구지) / 若得此人(약득차인) /

無異周得呂望(무이주득여망) / 漢得張良也(한득장량야) /

玄德曰(현덕왈) / 此人比先生才德何如(차인비선생재덕하여) /

庶曰(서왈) / 以某比之(이모비지) /

譬猶駑馬並麒麟(비유노마병기린) / 寒鴉配鸞鳳耳(한아배난봉이) /

此人每嘗自比管仲樂毅(차인매상자비관중악비) /

以吾觀之(이오관지) / 管樂殆不及此人(관악태불급차인) /

此人有經天緯地之才(차인유경천위지지재) /

蓋天下一人也(개천하일인야)

비록 주인은 만났으나,
때를 얻지 못했다

雖得其主 수득기주 不得其時 부득기시

사마휘가 말했다.

"비유컨대 그는 주나라 800년을 일으킨 강태공과 한나라 400년을 세운 장자방이지요."

사람들은 이 말에 깜짝 놀랐는데 사마휘는 계단을 내려와 떠나려고 했다. 유비가 말렸으나 사마휘는 문을 나서며 하늘을 우러러 크게 웃으면서 "와룡이 비록 주인은 만났으나 때를 얻지 못했도다. 애석한지고" 하면서 표연히 가버렸다.

유비가 길일을 택해 예물을 준비하여 융중의 제갈량을 방문하려는데 수경선생이 불쑥 찾아왔다.

"서서가 여기 있다기에 얼굴 좀 보러 왔소."

유비는 그간 서서가 모친의 편지를 받은 일 등등을 설명하는데 말이 끝나기도 전에 수경선생의 얼굴빛이 변하면서 "허허, 조조의 계책에 빠졌구려. 내 듣기로 서서의 모친은 현명하신 분이라, 편지를 써서 아들을 허도로 부를 리가 없소. 이는 필히 가짜 편지일 것이오. 서서가 허도로 가지 않았다면 그 모친은 살 수 있어도 갔으면 그 모친은 살 수가 없소"라고 말하면서 몹시 안타까워 했다.

유비는 사정을 눈치채고 혀를 차면서 "헌데 그가 떠나면서 제갈량을 천거했는데 그 사람의 재주는 어떻습니까?"하고 물으니 수경선생이 부득기시(不得其時: 때를 얻지 못했다)라고 단정적으로 대답했다.

아무리 경천동지할 재주가 있어도 세상 일에는 때가 있으니 이를 사람의 힘으로는 어쩔 수 없다는 것이었다.

徽曰(휘왈) / 可比興周八百年之姜子牙(가비흥주팔백년지강자아) /

旺漢四百年之張子房也(왕한사백년지장자방야) /

眾皆愕然(중개악연) / 徽下階相辭欲行(휘하계상사욕행) /

玄德留之不住(현덕유지불주) /

徽出門仰天大笑曰(휘출문앙천대소왈) /

臥龍雖得其主(와룡수득기주) / 不得其時(부득기시) /

惜哉(석재) / 言罷(언파) / 飄然而去(표연이거) /

들어오라 하면서
문을 닫는다

欲其入而閉之門 욕기입이폐지문

　유비 삼형제가 제갈량을 만나러 융중 땅에 갔다가 헛걸음 치고 돌아올 때였다. 첫 행차에서 최주평과 한참 대화를 나눈 유비의 행동에 대해서 장비가 투덜거렸다.

　"만나러 간 인물은 코빼기도 못 보고 그까짓 썩은 선비에게 쓸데없이 말은 왜 그렇게 길게 했습니까?"

　유비가 정색을 하고 대꾸했다.

　"은둔해 있는 선비와 나눌 만한 대화였다."

　장비는 이 말에 별다른 반응을 보이지 않았으나, 그후 재차 융중행을 준비하자 이번에는 대놓고 투덜댔다.

　"그까짓 촌부를 만나러 형님께서 직접 가실 필요가 있습니까. 사람을 보내 이리로 데려오면 되잖아요."

유비가 질책했다.

"너는 옛 성현의 말씀을 듣지 못했느냐. 맹자(孟子)께서 현인을 찾아뵙되 도리를 다하지 않는 것은(見賢而不以其道) 들어오라 하면서 문을 닫는 것(欲其入而閉之門)과 같다"고 하셨다. 선생은 당대의 큰 현인이시거늘 어찌 부른단 말이냐(當世大賢豈可召乎)."

장비는 이 말에 아무런 대꾸도 못했다.

유비 삼형제가 재차 제갈량을 만나러 융중 땅으로 행차했을 때가 건안 12년 12월 중순, 날씨는 매서웠고 바람이 심하게 불면서 흰 눈까지 펑펑 쏟아지는 겨울이었다.

◆ 융중대/제갈량이 주경야독하며 꿈을 키우던 곳

몸을 낮추어 세 번이나
신의 초가로 찾아오다
三顧臣於草廬之中 삼고신어초려지중

흔히 삼고초려(三顧草廬), 삼고지은(三顧之恩)이라 하는데 '큰 뜻을 펴기 위해서는 허리를 굽히고 정성으로 인재를 구하라'는 의미로 널리 쓰인다. 이 구절은 훗날 승상 제갈량이 북벌에 나서기 직전 유선에게 올린 출사표(出師表)에 나온다.

— 신은 본래 가난한 선비로 남양 땅에서 몸소 밭을 갈며 이 어지러운 세상에서 목숨을 구하고자 하였을 뿐 제후를 섬긴다거나 하는 생각은 없었습니다(臣本布衣 躬耕南陽苟全性命於亂世 不求聞達於諸侯). 그런데 선제께서는 신을 미천하다 않으시고 몸을 낮추시어 세 번이나 신의 초가로 찾아오시어 세상 일에 대해 물으셨습니다(先帝不以臣卑鄙 猥自枉屈 三顧

臣於草廬之中 咨臣以當世之事).

이는 유비가 세 번이나 찾아가 진심으로 설득하니 마침내 제갈량으로 하여금 "장군께서 저를 버리지 않으시니 저의 온힘을 바치고자 합니다(將軍旣不相棄 願效犬馬之勞)"며 유비 휘하에 가담하게 된 자초지종을 설명하고 있다.

삼고지은(三顧之恩)은 제갈량이 집을 떠나면서 동생 제갈균에게 "나는 유황숙께서 세 번이나 찾아오는 은혜를 입어 출사하지 않을 수 없다(吾受劉皇叔三顧之恩 不容不出). 너는 이곳 농사일을 하면서 논밭을 묵이지 않도록 해라. 성공하는 날에 다시 돌아와 은거하겠다"고 한 말에서 유래됐다.

출사할 때 제갈량은 그리 오래지 않아 고향으로 돌아오리라 생각하며 나섰으나 영영 고향 땅을 밟아보지 못하고 오장원(五丈原)에서 생을 마쳤다. 제갈량이 유비의 뜻을 받아들여 남양의 융중을 떠날 때가 후한 헌제 건안12년(207)으로 그의 나이 27세였으니 유비와는 19년 차였다.

제갈량이 유비의 제안을 받아들인 것을 두고 사람들은 "대장부가 세상을 경영할 만한 기이한 재주를 품었으면서(大丈夫抱經世奇) 어이하여 숲속 샘물가에서 헛되이 늙을 수 있겠습니까(豈可空老於林泉之下)? 원컨대 선생은 천하의 백성들을 걱정하시어(願先生以天下蒼生爲念) 이 어리석은 유비에게 가르침을 주십시오."라며 매달리는 유비에게 감복한 것이라는 주장이 있는가 하면, 제갈량이 자신의 재주를 발휘할 수 있는 가장 적합한 군웅으로 유비를 선택해서 자신에게 접근하도록 만들었다는 의견도 있다.

관계가 소원한 사람이
친한 사이를 이간하는 게 아니다

疏不間親 소불간친

제갈량은 안색이 달라지며 일어나 누각에서 내려가려는데 사다리는 이미 치워지고 없었다.

유기가 간절히 말했다.

"제가 좋은 방도를 부탁하건만 선생은 누설될까 염려하여 말씀을 않으시니 이제는 하늘로 올라갈 수도 없고 땅으로 내려갈 수도 없습니다. 선생의 말씀을 꼭 들어야겠으니 살길을 가르쳐 주십시오"

제갈량이 대답했다.

"관계가 소원한 사람이 친한 사이를 이간하는 건 아니라 하잖소. 내 어찌 공자를 위해 꾀를 낼 수 있겠소?"

유기가 말했다.

"선생께서 끝내 제게 가르침을 주시지 않으시면 저는 목숨을 지킬 수 없으니 선생 앞에서 죽으렵니다."

유기는 칼을 뽑아 자신의 목을 찌르려 했다.

제갈량이 융중의 초려를 떠나 유비의 거점인 신야성(新野城)에 온 이후, 두 사람은 마치 물과 물고기처럼 가까워서 (君臣水魚之交)관운장과 장비마저 질투할 정도였다.

한편, 형주에서는 유표가 병에 걸려 제대로 운신할 수 없는데다 유표의 큰아들 유기는 채 씨 집안의 압박이 심해 목숨이 위태로웠다.

유기가 제갈량에게 매달렸다.

"계모가 저를 미워하니 정말 난감하여 어찌할 줄 모르겠습니다. 제게 살 길을 가르쳐주소서."

제갈량은 유기가 딱하기도 했으나 섣불리 나설 수 없는 입장이었다. 자신의 장모가 바로 유기의 계모 채부인의 친정동생이었던 것이다.

"나는 손님으로 와 있는 처지요. 남의 집안 일에 뭐라 할 수 있겠소. 더구나 누설되면 큰 피해를 입을 것이오."

제갈량의 말이 끝나기 무섭게 유기는 무릎을 꿇고 거듭 간절히 부탁했으나 돌아오는 대답은 한결같이 "할 수 없다"는 대꾸뿐이었다. 그러자 유기가 체념한 듯 일어서 읍하더니 "그렇다면 제게 고서가 하나 있으니 한번 봐주시는 일은 괜찮겠지요"하고 부탁했다.

"그런 일이라면 좋소이다."

제갈량은 유기의 안내를 받아 누각 위로 올라갔다.

"고서는 어디에 있소?"

누각 위에 오르자 제갈량은 책부터 보자고 했다. 유기는 그 자리에 털썩 주저앉더니 눈물을 뚝뚝 흘리며 "이제 까딱하다가 제가 죽을 것입니다. 선생께서는 제가 죽기를 바라십니까?"하며 눈물로 호소했다.

그러자 제갈량의 안색이 확 바뀌면서 일어나 아래로 내려가려는데 어느새 치웠는지 사다리가 보이질 않았다. 이른바 상옥추제(上屋抽梯:「36계 병법」의 28번째 계책. 위로 올라간 뒤 내려갈 사다리를 치워버리는 수법으로 상루거제나 상수발제라는 표현을 쓰기도 한다)였다.

결국 제갈량은 유기의 자해 협박에 못 이겨 "우선은 이곳에 있지 말고 외지에 나가 목숨을 구한 옛 사람의 고사처럼 현재 강하태수 자리가 비어 있으니 자청하여 내려가라"고 일러주었다.

孔明作色而起(공명작색이기) / 便欲下樓(편욕불루) /
只見樓梯已撤去(지견누제이철거) / 琦告曰(기고왈) /
琦欲求敎良策(기욕구교양책) / 先生恐有泄漏(선생공유설루) /
不肯出言(불긍출언) / 今日上不至天(금일상불지천) /
下不至地(하불지지) / 出君之口(출군지구) / 入琦之耳(입기지이) /
可以賜敎矣(가이사교의) / 孔明曰(공명왈) / 疏不間親(소불간친) /
亮何能爲公子謀(양하능위공자모) / 琦曰(기왈) /
先生終不肯敎琦乎(선생종불긍교기호) /
琦命固不保矣(기명고불보의) /
請卽死於先生之前(청즉사어선생지전) /
乃掣劍欲自刎(내체검욕자문)

휘장 안에서 전략을 세워
천리 밖에서 승부한다

運籌帷幄之中 운주유악지중 決勝千里之外 결승천리지외

제갈량이 "나는 여기 앉아 성을 지키겠소" 하니 장비가 껄껄 웃으며 말했다.

"우리는 모두 목숨을 걸고 나가서 싸우는데 당신은 편히 앉아 쉬겠다니 참 좋겠소이다."

제갈량이 말했다.

"여기 주공의 칼과 인(印)이 있다. 명령을 어기는 자가 있으면 참하리다."

유비가 나서서 "너는 휘장 안에서 전략을 세워 천리 밖에서 승부한다는 말을 들어보지 못했느냐? 두 아우는 명을 어기지 마라."

장비가 냉소를 던지며 밖으로 나가는데 관운장이 "그의 계획대로 일이 이루어 지는지 두고 보자. 일이 어긋나고 나서 따져 물어도 늦지 않을 것이다"고 말했다.

　나이 어린 제갈량을 유비가 지나치게 대접하니 주위에서 마땅치 않게 여겼으므로, 유비가 관운장과 장비를 불렀다.

　"내가 공명을 얻은 건 고기가 물을 만난 것과 같다(猶魚之得水也). 그러니 두 아우는 다른 말 하지 말라."

　관운장과 장비는 그때 말없이 물러섰으나 내키지 않는 마음을 풀지 않았다. 그런 어느 날 하후돈이 10만 대군을 이끌고 쳐들어온다는 보고가 들어왔다. 제갈량은 곧 대책을 세우고 각각 장수들에게 어떻게 행동할 것인지에 대해 지시를 내렸다. 관운장이 물었다.

　"우리는 적군을 맞이해 싸우러 나가는데 군사(軍師)는 어찌 하시려오?"

　제갈량은 "성을 지키고 있겠다"고 대꾸했고 장비는 마치 겁쟁이라는 듯이 비웃었으나 결국 제갈량의 뛰어난 계책을 확인하는 걸로 끝이 났다.

孔明曰(공명왈) / 我只坐守此城(아지좌수차성) /

張飛大笑曰(장비대소왈) / 我們都去廝殺(아문도거시살) /

你却在家裡坐地(니각재가리좌지) / 好自在(호자재) /

孔明曰(공명왈) / 劍印在此(검인재차) / 違令者斬(위령자참) /

玄德曰(현덕왈) / 豈不聞(개불문) / 運籌帷幄之中(운주유악지중) /

決勝千里之外(결승천리지외) / 二弟不可違令(이제불가위령) /

張飛冷笑而去(장비냉소이거) / 雲長曰(운장왈) /

我們且看他的計應也不應(아문차간타적계응야불응) /

那時却來問他未遲(나시각래문타지미진)

염소와 개를 몰아서
호랑이와 싸우려 한다

驅犬羊與 구견양여　虎豹鬪 호표투

주위에서 물었다.

"장군께서는 왜 웃으십니까?"

하후돈이 소리쳤다.

"내 웃는 건 서원직이 승상 면전에서 제갈량을 마치 천인처럼 치켜세 웠는데 지금 용병술로 저런 군사를 앞세워 내게 대적하는 걸 보니 염소 와 개를 몰아서 호랑이와 싸우자는 격 아니냐. 승상 앞에서 내가 유비 와 제갈량을 붙잡아오겠다고 다짐했는데 내 말대로 되어가지 않느냐"

하후돈이 10만 대군을 이끌고 남쪽으로 쳐내려오는 이유는 천하통 일을 위한 전초전이었다.

시원한 서풍이 불어오는 초가을, 조조군은 호호탕탕 남쪽으로 진격하여 박망파의 입구에 해당하는 곳에 이르니, 유비 쪽에서 작전에 따라 선봉을 담당한 조자룡이 볼품없는 군사 약간을 데리고 맞서 싸우려 등장했다. 하후돈이 웃지 않을 수 없었을 것이다.

하지만 조자룡은 '지기만 할뿐 적군을 유인하여 박망파 계곡 안으로 싸우면 달아나고 또 달아나라'는 명령을 받고 있었다.

하후돈이 처음부터 큰소리를 칠 수 있었던 것은 제갈량이 의도적으로 유비군을 허술하게 보이도록 한 꾀에 넘어간 때문이었다. 하후돈은 신바람을 내며 추격하다가 박망파 계곡 안에서 화공(火攻)에 당해 숱한 군사를 잃고 겨우 목숨을 건져 허도로 달아났다.

眾問(중문) / 將軍為何而笑(장군위하이소) / 惇曰(돈왈) /
吾笑徐元直在丞相面前(오소서원직재승상면전) /
誇諸葛亮為天人(과제갈량위천인) / 今觀其用兵(금관기용병) /
乃以此等軍馬為前部(내이차등군마위전부) /
與吾對敵(여오대적) /
正如驅犬羊與虎豹鬥耳(정여구견양여호표투이) /
吾於丞相前誇口(오어승상전과구) /
要活捉劉備諸葛亮(요활착유비제갈량) /
今必應吾言矣(금필응오언의)

둥지가 부서지는 판에
알인들 온전할까

破巢之下 파소지하 安有完卵 안유완란

조조가 대노하여 정위에게 공융을 잡아들이라고 명령했다. 공융에게는 아들 둘이 있었는데 모두 어렸다. 그날 집에서 바둑을 두고 있는데 좌우 사람들이 급보를 전했다.

"부친께서 정위에게 잡혀 가셨는데 참형을 당하실거라 합니다. 두 공자 분은 서둘러 피하셔야 합니다"

두 아들이 대답했다.

"둥지가 부서지는 판에 알인들 온전할까?"

건안 13년(208년), 조조는 천하 통일의 목표아래 남정(南征)하여 형주의 유표와 유비, 그리고 강동의 손권을 쳐부수려 효율적인 전쟁 수행을 위해 행정과 군사를 통합 관장하는 최고위직 승상(丞相)에 취임했고 출정을 공표했는데 공융이 반대 의견을 내놓았다.

"유표와 유비는 한실 종친입니다. 함부로 치면 안 됩니다. 손권은 강남 6군(郡)에 범처럼 웅크리고 있으니 공략하기가 쉽지 않습니다. 지금 승상께서 명분 없는 전쟁을 일으키려 하시는 건 세상의 인심을 잃는 일입니다."

조조는 이 말에 기분이 몹시 상했다. 어사대부 극여가 때맞춰 공융을 탄핵했다.

"공융이 떠들기를 '조승상이 전쟁을 하려는 건 지극히 어질지 못한 자가 지극히 어진 자를 치니(以至不仁代至仁) 어찌 패하지 않겠는가(安得不敗乎)'라고 공공연히 비난했습니다."

조조의 안색이 싸늘하게 변했다.

건안 원년 조조가 헌제를 받들어 허도에 도읍할 때 공융을 장작대장(將作大庄: 조정의 토목 감독관)으로 임명하고, 소부(少府: 궁중의 의복과 보물·식사 등 총감독)로 발탁하여 조정의 공론회의에서 여타 공경대부(公卿大夫)를 이끌게 했다. 중책을 맡긴 것이었다. 그리고 몇 번이나 마음에 들지 않았어도 눈감아 주기도 했다.

기주성을 점령하여 조비가 원소의 며느리 진 씨를 빼앗아 아내로 삼았을 때, 공융이 조조에게 편지를 보냈는데 '주 무왕은 폭군 주왕을 정벌하고 달기(주왕의 애첩)를 주공에게 하사했습니다'는 글귀가 있었다. 이 말은 근거가 있는 것이 아니라 미녀 진 씨를 둘러싼 조조 가문의 행동을 비꼬려는 의도였다. 조조는 심히 불쾌했으나 모른 체 넘겼다.

또 한 번은 조조가 군량부족을 메우기 위해 세상을 어지럽힌다는 이유로 금주령을 내렸을 때였다.

공융이 떠들었다. "술이 나라를 어지럽힌다고 금한다면 여자 때문에 천하를 잃어버린 자가 있는데 어찌 여색을 금하지 않는가."

이후 공융을 바라보는 조조의 눈빛이 점차 험악해졌으나 그래도 공자의 후손으로 이름을 떨치는 명사였으므로 애써 누르고 있었다.

이어 군모좨주(軍謀祭主) 노수가 공융이 헛소리를 지껄여 세상을 어지럽혔다는 죄목으로 참형에 처해야 한다는 고발을 했다. 결국 공융은 체포되었고 그해 8월 재판에 회부되어 형장의 이슬로 사라졌다.

이 사건에 대해서 조조가 소심증적 증세를 보인 것이라고 보는 견해도 있고, 천하통일을 향한 조조의 집념이 표출된 것이라는 평가도 있으나 분명한 사실은 실용적 합리주의자 조조가 변설로 한몫 잡으려는 사람들에 대해 호의적이지 않았다는 점이다.

操大怒(조대노) / 遂命廷尉捕捉孔融(수명정위포착공융) /
融有二子(융유이자) / 年尚少(연상소) / 時方在家(시방재가) /
對坐奕棋(대좌혁기) / 左右急報曰(좌우급보왈) /
尊君被廷尉執去(존군피정위집거) / 將斬矣(장참의) /
二公子何不急避(이공자하불급피) / 二子曰(이자왈) /
破巢之下(파소지하) / 安有完卵乎(안유완류호) /

주인을 배반한 도적놈이
무슨 면목으로 얼굴 들고 다니는가

背主之賊 배주지적 尚有何面目見人 상유하면목견인

유비가 죽기를 각오하고 싸웠으나 더욱 궁지에 몰렸다. 다행히 장비가 군사를 이끌고 달려와 유비를 구해 동쪽을 향해 달려가는데 문빙이 앞을 막았다.

유비가 꾸짖었다.

"주인을 배반한 도적놈이 무슨 면목으로 얼굴을 들고 다니느냐."

문빙은 만면에 부끄러운 모습으로 동북쪽으로 병력을 끌고 가버렸다. 장비는 유비를 호위하면서 달아났다.

조조가 군사를 이끌고 형주 경계에 진입했을 무렵, 유표가 위독하여 형주에서는 대비책을 세울 수 없었다. 사실 형주군의 능력으로는 조조군을 막을 방도가 없었고, 유비 역시 힘이 부족해 전전긍긍할 뿐이었다. 제갈량은 나름 준비해둔 계책이 있었다.

우선은 조조의 예봉을 무디게 하려 했다. 관운장과 장비 등에게 매복하여 조조군에게 타격을 가하게 하는 한편, 신야성을 불태워 조조군이 편히 쉬지 못하도록 했고, 백성들을 모아 후퇴작전에 활용하는 것이었다. 일단 후퇴하지만 백성들을 모아 조조군의 습격을 차단하면서 추후 손권과의 연합에 유리한 환경을 조성하려 했던 것.

하지만 조조군의 거센 공격에는 어찌할 방도가 없었다. 후퇴하면서 그때그때 상황에 대응하는 것이 고작이었다. 유비 진영이 최대의 위기를 맞은 곳은 당양현의 경산이었다. 때는 가을이 끝나가는 무렵이어서 쌀쌀한 바람이 몰아치고 있었다. 유비 일행이 그날 밤을 경산 부근에서 보내고자 영채를 세웠는데 한밤중에 조조군의 경기병대가 이를 덮쳤다.

조자룡이 홀로 '아두 구하기' 혈전을 벌인 건 이때였다.

玄德死戰(현덕사전) / 正在危迫之際(정재위박지제) /
幸得張飛引軍至(행득장비인군지) /
殺開一條血路(살개일조이로) / 救玄德望東而走(구현덕망동이주) /
文聘當先攔住(문빙당선란주) / 玄德罵曰(현덕매왈) /
背主之賊(배주지적) / 尚有何面目見人(상유하면목견인) /
文聘羞慚滿面(문빙수참만면) /
引兵自投東北去了(인병자투동북거료) /
張飛保著玄德(장비보착현덕) / 且戰且走(차전차주)

마음이 쇠와 돌처럼
변치 않는다

心如鐵石 심여철석

　조조군의 기습을 받아 유비 진영이 도망치기 급급했던 경산(당양 장판파 근처의 금병산) 전투에서 빛나는 전과를 올린 장수가 조자룡.

　그는 단기필마로 수많은 조조 기병대를 무찌르며 어린 아두(阿斗: 유비의 맏아들로 훗날 촉한의 2대 황제에 오른 유선)를 갑옷 속에 품고 종횡무진하며 구한 이야기는 천고(千古)의 가화(佳話)로 전해진다. 당시의 모습은 다음과 같았다.

　경산 부근에서 야영하고 있던 유비군은 밤 늦은 시각에 조조의 기병대 습격을 받았다. 이때 조자룡은 유비 가족의 안전을 책임지고 있었는데 기습공격을 받자 좌충우돌 싸웠으나 날이 밝았을 때 좌우를 살펴보니 부하들은 몇 명 남지 않았고, 유비 가족의 모습은 어디에도 보이지 않았다. 조자룡이 탄식했다.

"주공께서 두 부인과 외아들을 내게 지키라 하셨는데 그만 잃게 되었으니 내 무슨 면목으로 주공을 뵈리오. 죽을 각오로 싸워 두 부인과 소주인을 찾으리라."

조자룡은 곧 북쪽의 조조군 진영을 향해 달려갔다. 이 모습을 본 미방이 오해하여 유비에게 달려가 "조자룡이 조조에게 투항해 갔습니다"라고 보고했다. 유비는 고개를 흔드는데 장비가 "혹 부귀를 얻고자 갈 수 있지 않을까요"라고 하니 유비가 소리쳤다.

"자룡의 마음은 쇠와 돌처럼 변치 않는다. 부귀 따위에 결코 흔들리지는 않을 것이다(非富貴所能動搖也)."

한편, 조자룡은 감부인과 간옹 등을 먼저 구출하여 후방으로 보내고 재차 조조군을 무찌르면서 달려가 아두를 안고 있는 미부인을 찾아냈다. 부상을 입고 있었던 미부인은 자신이 짐이 되어서는 안 되겠다는 생각으로 마른 우물에 뛰어들어 목숨을 끊었다.

조자룡은 적군이 미부인의 시신을 훼손하지 못하도록 토담을 무너뜨려서 묻고, 아두를 자신의 갑옷 속에 품은 후에 마치 성난 호랑이처럼 적군을 물리치며 남쪽으로 질주했다. 마침 인근 산 위에서 전황을 살피던 조조의 눈에 이 모습이 보였다. 원래 용맹한 장수라면 휘하에 두고 싶어 안달하는 조조의 성품으로 가만있을 리 없었다.

"참으로 용맹무쌍한 장수로다. 그를 사로잡아라. 활을 쏘지 말라."

이 지시 덕분에 아두는 안전할 수 있었고, 조자룡은 곤경에서 벗어날 수 있었다.

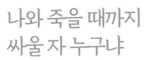

나와 죽을 때까지
싸울 자 누구냐

誰敢來決死戰 수감래결사전

장비가 눈을 부라리며 호통을 쳤다.

"연인(燕人) 장익덕이 여기 있다. 나와 죽을 때까지 싸울 자가 누구냐!"

조조는 장비의 이런 기개를 보고 질려서 물러날 생각이었는데, 장비가 조조의 후군쪽 움직임을 바라보고는 장팔사모를 들어 올리며 호통쳤다.

"싸우는 것도 아니고, 물러가지도 않고 뭐하자는 거냐!"

적벽대전이 있기 직전 조자룡이 활약한 일대는 장판파(長坂坡), 장비가 용맹스런 기세를 유감없이 보여준 곳은 장판교(長坂橋)다. 이 다리의 원래 이름은 패릉교(覇陵橋)라고 했었는데, 당양에 부임하거나 떠나는 관리를 맞이하고 보내는 곳이라 해서 관교(官橋)라고도 했다. 이 다리가 장판파에서 아주 가까웠으므로 소설에서는 장판교라 한 것. 지금도 그곳에 〈장익덕횡모처(張翼德橫矛處)〉라 씌여 있는 비석이 있다.

장비가 몰려오는 조조군을 향해 이 다리 위에서 장팔사모(長八蛇矛: 길이 2.4m 정도의 창인데 앞부분에 뱀처럼 구불구불한 칼날이 있다)를 휘두르며 대갈일성(大喝一聲)하여 전진을 멈추게 했다.

이때 조조는 비단 일산을 치우게 하고 좌우에 있는 부하들에게 말하기를 "전에 관운장이 자신의 의제 장익덕은 백만의 적군 속에서도 마치 주머니에 있는 물건을 꺼내듯 적장의 목을 베는 무시무시한 장수라고 했으니 조금도 방심해서는 안 된다"고 일깨웠다.

노회한 조조마저도 장비의 맹렬한 기세에 두려움을 느꼈다는 것.

소설 「삼국연의」에서는 조조군이 물러가자 장비가 생각을 잘못하여 다리를 끊고 후퇴했다고 하는데 이 점은 정사의 기록과도 일치한다.

張飛睜目又喝曰(장비정목우갈왈) /
燕人張翼德在此(연인장익덕재차) / 誰敢來決死戰(수감래결사전) /
曹操見張飛如此氣槪(조조견장비여차기개) / 頗有退心(파유퇴심) /
飛望見曹操後軍陣脚移動(비망견조조후군진각이동) /
乃挺矛又喝曰(내정모우갈왈) / 戰又不戰(전우부전) /
退又不退(퇴우불퇴)

가마솥에 든 물고기요
함정에 빠진 호랑이

釜中之魚 부중지어　阱中之虎 정중지호

유비가 탄식했다.

"앞에는 큰 강이 있고, 뒤에는 추격병이니 어찌할 거냐?" 그러고는 급히 추격병을 막도록 조자룡에게 지시했다.

한편 조조가 병사들에게 명령을 내렸다.

"지금 유비는 가마솥에 든 물고기요, 함정에 빠진 호랑이다. 만일 지금 잡지 못하면 물고기를 바다에 풀어주는 꼴이며 호랑이를 산으로 보내주는 것과 같다. 모든 장수들은 한층 더 전력을 기울여라."

장비가 다리를 끊고 후퇴했다는 보고를 받은 조조는 "다리를 끊고 갔다는 것은 우리를 두려워했기 때문이다. 군사를 보내 속히 부교(浮橋)

를 가설하여 건널 수 있게 하라"고 지시를 내렸다.

한편, 장비가 조조군을 물리치고 다리를 끊은 후 돌아와 유비에게 전후 상황을 고하자 "너는 용맹했으나 큰 실수를 했다"고 지적했다. 장비가 이유를 묻자 "조조는 꾀가 많다. 네가 다리를 끊어 버렸으니 그는 곧 우리를 추격해올 것이다"고 했다. 의문을 품은 장비가 "내가 소리치자 겁을 먹고 물러났는데 어찌 추격해 오겠소?"하고 퉁명스레 대꾸하니 유비가 자세히 설명했다.

"장판교를 끊지 않았으면 조조는 우리가 매복했을 것으로 의심하여 뒤쫓지 않을 것이나, 다리를 끊어 놓았으니 우리가 군사도 부족하고 겁을 내서 도망친 줄 알고 서둘러 추격해 오지 않겠느냐. 그는 대군을 거느렸으니 비록 장강이나 한수(漢水)라도 곧 부교를 놓아 건널 수 있거늘 그 작은 저수(沮水)에 신경이나 쓰겠느냐."

유비의 예측대로 조조군이 추격해왔다. 유비 일행이 한진(漢津)이라는 나루터 가까이 다가갔을 때 조조군의 추격부대가 내지르는 함성이 바로 뒤에서 들렸다. 앞에는 넘실거리는 큰 강물, 뒤쪽에서는 조조군이 달려드니 유비는 장탄식했고, 조조는 기회다 싶었다.

玄德曰(현덕왈) / 前有大江(전유대강) / 後有追兵(후유추병) /
如之奈何(여지내하) / 急命趙雲準備抵敵(급명조운준비저적) /
曹操下令軍中曰(조조하령군중왈) /
今劉備釜中之魚(금유비부중지어) / 阱中之虎(정중지호) /
若不就此時擒捉(약불취차시금착) / 如放魚入海(여방어입해) /
縱虎歸山矣(종호귀산의) / 衆將可努力向前(중장가노력향전)

모두 항복해도 괜찮으나
장군만은 항복해선 안 된다

衆人皆可降 중인개가항　惟將軍不可降 유장군불가항

손권은 말 없이 생각에 잠겼다.

장소가 계속 설명했다.

"주공께서는 여러모로 의심할 필요가 전혀 없습니다. 조조에게 항복한다면 동오 백성들은 편안해지고 강남 6군도 무사히 보전할 수 있을 것입니다."

손권은 고개를 숙이고 말없이 있다가 옷을 갈아입으러 일어섰다.

노숙이 뒤따랐다. 손권은 노숙의 뜻을 알고 그의 손을 잡으며 물었다.

"경의 생각은 어떻소?"

노숙이 대답했다.

"여러 사람 이야기를 듣다가는 장군께서 심히 오판하게 됩니다. 모두가 조조에게 항복해도 괜찮으나 장군만은 결코 조조에게 항복해선 안 됩니다."

조조는 양양성과 강릉성 등 형주의 주요부를 점령하자, 형주의 관리들에게 벼슬과 상(賞)을 내리고 백성들을 안무한 후에 손권에게 항복 권유문을 보냈다.

— 내가 황제의 명을 받들어 죄인들을 토벌하는데 깃발을 남쪽으로 돌리니 유종은 항복하였다. 형양 백성들은 바람을 따르듯 귀순하였다.
이제 백만 대군과 장수 천 명을 거느리고 장군과 강하에서 회렵하고, 함께 유비를 쳐서 땅을 같이 나눠 영구히 우호를 맹약하고자 하니 돌아가는 모습을 바라만 보지 말고 속히 답을 달라.

만나서 수렵이나 즐기자고 했으나 실상은 어서 항복하여 목숨을 보전하는 것이 좋으리라는 협박성 경고문이었다.
손권은 문관과 무장들을 모아 의논하는데 문관들 대부분은 화평을 받아들이자는 쪽이었다. 말이 화평이지 실제는 투항하는 것이었으므로 손권의 고민은 클 수밖에 없었다. 그때 노숙이 "모두들 항복해도 장군만은 항복해선 안 된다"고 단호히 지적했다. 그 이유를 손권이 묻자 노숙이 대답했다.
"저 같은 사람은 항복하면 고향으로 가서 관리노릇이라도 하면 주군(州郡)을 잃지 않겠지만 장군이 항복하면 갈 곳이 어디 있겠습니까? 불과 후(侯)로나 봉해질 텐데 수레 한 대에 말 한 필 정도, 따르는 자 겨우

몇 명. 어찌 천하를 내려다볼 수 있겠습니까. 그들이 항복을 권하는 의
도는 자기들 일신만 위하려는 것입니다. 들으시면 결코 안 됩니다. 장
군께선 빨리 대계를 정하셔야 합니다.”

노숙의 말은 손권의 심중에 와 닿는 충언이었고, 결국 동오의 모든
힘을 기울여 조조와 승부해보겠다는 결심을 이끌어내어 유비와 연합
하여 적벽의 결전으로 이어지게 되는 것이다.

노숙은 협의지사 출신으로 유비에 대해서는 매우 관대하게 대했으
나 조조에게는 강경파였다. 아마 힘을 앞세운 강자에게 굴하지 않는
성품탓이었을 것이다.

孫權沈吟不語(손권심음불어) 張昭又曰(장소우왈) /

主公不必多疑(주공불필다의) /

如降操則東吾民安(여항조즉동오민안) /

江南六郡可保矣(장남육군가보의) / 孫權低頭不語(손권저두불어) /

須臾(수유) 權起更衣(권기갱의) / 魯肅隨於權後(노숙수어권후) /

權知肅意(권지숙의) / 乃執肅手而言曰(내집숙수이언왈) /

卿欲如何(경욕여하) / 肅曰(숙왈) 恰纔眾人所言(흡재중인소언) /

深誤將軍(심오장군) / 眾人皆可降曹操(중인개가항조조) /

惟將軍不可降曹操(유장군불가항조조)

상대를 격분시켜
목적을 이루는 계책

激將之計 격장지계

제갈량이 노숙의 안내로 손권을 만나 됨됨이를 보니 '수염은 자색, 눈빛은 녹색'이라 용모가 기이한데다 인품이 비범했고 당당한 기색이 역력했다.

그래서 제갈량은 판단하기를 '이런 인물은 설득으로 어렵다. 격노케 해야 한다'고 여겨 손권이 계책에 대해 묻는다면 '등한한 태도를 보였다가 격렬한 말로 충동시켜야겠다(此人相貌非常 只可激 不可說 等他問時 用言激之便了)고 결심했다.

마침내 손권이 "어떻게 하면 좋겠느냐"고 물었을 때, 제갈량은 엉뚱하게 "당신은 조조에게 항복하는 것이 상책이다"고 하여 의문을 돋운 후 "그렇다면 왜 당신의 주군 유비는 항복하지 않느냐?"고 손권이 묻자 "우리 주공은 천하의 영웅이고 한실의 종친이오. 어찌 조조 같은 역적의 무리에게 항복할 수 있겠습니까"라고 대꾸하여 손권으로 하여금 치밀어 오르는 분노에 떨게 만들었다.

이것만이 아니었다. 제갈량은 강동의 총사령관 주유에게 동작대부(銅雀台賦)의 구절을 슬쩍 바꿔치기하여 격동시킨다.

즉 조조는 "내 평생소원의 한 가지는 천하를 장악하는 것이요. 또 한 가지는 두 사람의 교(喬)자매를 좌우에 품고 즐기는 것이다"고 했다면서 시구를 들려준다. 원래 구절은 '두 다리를 동서로 놓았음이여(連二橋東西兮)끝없는 하늘에 걸린 무지개 같도다(若長空之蝀蝀)'인데 '아름다운 이교를 동남에 둠이여(攬二喬於東南兮) 아침저녁으로 함께 즐기리라(樂朝夕之與共)'로 바꿔치기 한 것이었다.

이교(二喬)가 누구인가? 언니 대교(大喬)는 손책의 부인이고 동생 소교(小喬)는 바로 주유의 부인이었다.

주유가 격앙될 수밖에 없었다.

"조조 이 도적놈! 절대로 하늘아래 더불어 살 수 없다. 내 이 늙은 도적놈을 필히 죽여버리겠다"고 펄펄 뛰게 만든 것.

강동의 핵심 두 사람을 격동시킨 제갈량의 계책이 성공하여 동오는 모든 역량을 쏟아 조조에게 맞서게 되었고 손권·유비 연합군이 결성되게 된다.

강한 활이라도 거리가 멀어지면,
얇은 비단 한 겹 뚫지 못 한다

強弩之末 강노지말 勢不能穿魯縞 세불능천노호

제갈량은 대답했다.

"유예주께서 비록 이번에 패하긴 했으나, 관운장은 정병 만 명을 거느리고 있으며, 유기가 다스리는 강하 땅 군사 역시 1만 명이 됩니다. 조조의 군사는 멀리 오느라 지칠 대로 지쳤습니다. 전번 우리 유예주를 추격할 때 저들 경기병대가 하루밤낮에 3백 리를 달렸습니다. 이는 강한 활이라도 거리가 멀어지면 얇은 비단 한 겹 뚫지 못하지 않습니까. 더구나 북쪽 사람들은 물에서 싸울 줄 모릅니다."

제갈량은 손권의 결전 각오를 이끌어내려고 여러모로 애썼다. 손권에게 처음 격노케 하고 다음에는 '승리할 수 있다는 자신감'을 갖도록 이끈 것이 바로 이 대목.

'아무리 강한 활을 쏘아도 거리가 멀어지면 힘이 약해져 끝내는 얇은 비단 한 장도 뚫지 못하는 법'이라는 표현은 바로 남쪽까지 원정 온 조조군의 현실적 한계를 지적한 것이었다.

우선 조조군이 주장하듯 그들은 백만 명이 아니라 형주에서 보충한 병력까지 합쳐야 20여만 명, 군량 보급만 해도 결코 쉬운 일이 아니려니와, 장강 부근은 북방과 기후가 달라 비가 많이 와 기마병대의 활동에 제약이 많았다. 따라서 북쪽 병사들이 적응하기 쉽지 않았다.

따라서 조조군의 위력이 이 부근에서는 별로 크지 않다는 것을 지적하고, 연이어 조조군은 대부분 육전병이고 장강을 건너려면 수군(水軍)이 있어야 가능하지 않겠느냐. 수군의 경우 형주에서 보충했다고 하지만 조조 쪽은 경험이 전혀 없으니 손권 쪽이 훨씬 강하다. 당연히 싸우게 되면 이쪽이 유리하다는 상황 분석을 내놓은 것.

孔明曰(공명왈) / 豫州雖新敗(예주수신패) /
然關雲長猶率精兵萬人(연관운장유솔정병만인) /
劉琦領江夏戰士(유기영강하전사) / 亦不下萬人(역불하만인) /
曹操之眾(조조지중) / 遠來疲憊(원래피비) / 近追豫州(근추예주) /
輕騎一日夜行三百里(경기일일야행삼백리) / 此所謂(차소위) /
強弩之末(강노지말) / 勢不能穿魯縞(세불능천노호) /
者也(자야) / 且北方之人(차북방지인) / 不習水戰(불습수전)

언변은 강물 흐르듯 유창하고,
혀는 마치 칼과 같다

口似懸河 구사현하 舌如利刀 설여리도

적벽대전이 벌어지기 직전, 조조 진영의 장간이 손권군의 총사령관 주유와 어린 시절에 동문수학한 옛 정을 핑계로 항복을 권해 보겠다며 강동으로 건너 갔다.

주유는 장간이 찾아오자 속셈을 간파하고, 강동 땅 모든 영웅호걸들을 초청해서 대규모 잔치를 열어 크게 환영하면서 장간을 면전에 두고 "대장부가 이 세상에 태어나 알아주는 주공을 만나 군주와 신하의 의리를 맺고, 부모와 자식 같은 따뜻한 정리로 함께 길흉화복을 나눈다면 가령 소진·장의·육가·여생이 다시 나와서 '언변은 강물이 흐르듯 유창하고(口似懸河) 혀는 마치 칼과 같다(舌如利刀)할지라도 어찌 내 마음이 흔들릴 수 있겠는가" 호언장담하며 껄껄 웃었다.

소설 「삼국연의」를 보면 그날 밤, 주유의 담대한 호기를 보자 설복하여 항복시키기 불가능하다고 느낀 장간이 주유의 방안 책상 위에서 거짓으로 꾸며놓은 편지 한 통을 훔쳐 도망쳤고, 조조는 이 거짓 편지에 속아 수군도독 채모와 장윤을 죽였다고 되어 있다.

주유의 절묘한 반간계(反間計)에 장간이 놀아나고 조조까지 깜빡 속은 사건인 셈이다.

이는 소설 「삼국연의」에서 꾸민 이야기이고, 장간이란 인물은 강남 출신이면서 원래 성품이 강직하면서도 신념과 재능이 풍부하였고, 그가 고향 땅을 방문한 것은 적벽대전이 있은 지 한참 후의 일이었으며, 그가 고향을 방문했을 때 많은 옛 친구들이 반겨 맞이했다고 전해진다. 따라서 소설에서의 전개와는 달랐던 것.

특히 구강에서 주민들이 모여 대대적인 환영회까지 열어 장간의 고향 방문을 축하했음에 비추어보면 소설의 설정은 더욱 그렇다고 할 수 있다.

소설에서는 장간이 지난 번의 실수를 만회하겠다면서 두 번째로 주유에게 갔다가 역시 계략에 걸려 방통을 데려와 조조군의 수채에 있는 배를 모두 연결시키는 일을 하게 만들었다고 되어 있는데 이 역시 허구다.

호랑이 입 속에 있으나
태산처럼 편안하다

雖居虎口 수거호구　安如泰山 안여태산

　유비는 그제야 상황이 좋지 않음을 알아채고 함께 번구로 돌아가자고 하니 제갈량이 대답했다.

　"제가 비록 호랑이 입 속에 있으나 태산처럼 편안합니다. 주공께서 이제 돌아가시면 배와 군사를 수습하여 두십시오. 그리고 11월 20일 갑자일에 조자룡이 작은 배로 와서 이곳 남쪽 언덕가에 대도록 해주세요. 절대로 착오가 없도록 해 주십시오."

　유비가 그 의도를 묻자 제갈량은 "동남풍이 일어나면 제가 분명 곧 돌아갑니다" 하고 대답했다.

　손권·유비 동맹이 맺어지고 조조와 결전하기로 하여 총사령관으로 주유가 정해졌다. 제갈량은 측면 지원을 하기로 정했으나 양쪽이 뜻하는 바가 모두 같을 수 없으므로 다소의 틈이 있었다.

주유가 제갈량의 지모를 질투한 것이 주요 이유였다. 물론 이것은 소설「삼국연의」의 꾸민 이야기지만 어느 정도는 그랬을 가능성이 있다.

손권 진영에서 강동을 지키겠다는 각오라면, 유비 쪽에서는 조조군을 물리쳐 새국면을 만들고 자립할 기반을 세워야했던 것.

마침 유비가 강동의 수군 총사령부를 방문할 기회가 왔다. 주유는 이참에 아예 유비를 죽여 장차의 화근을 제거하려 했다. 다행히 관운장이 수행했으므로 위기를 넘길 수 있었다.

이때 제갈량을 만났는데 귀띔하기를, 주유가 흑심을 품고 있으니 조심하라는 것과 자신은 동남풍이 볼 때 돌아가겠으니 조자룡을 보내달라고 한 것이다. 적벽대전에서의 동남풍은 전세를 일거에 역전시킨 그야말로 승리의 신호탄이었다.

玄德方纔省惡(현덕방재성오) /
使請孔明同回樊口(사청공명동회번구) / 孔明曰(공명왈) /
亮雖居虎口(수오거호구) / 安如泰山(안여태산) /
今主公但收拾船隻軍馬候用(금주공단수습선척군마후용) /
以十一月二十甲子日後爲期(이십일월이십갑자일후위기) /
可令子龍駕小舟來南岸邊等候(가령자룡가소주래남안변등후) /
切勿有誤(절물유오) / 玄德問其意(현덕문기의) / 孔明曰(공명왈) /
但看東南風起(단간동남풍기) / 亮必還矣(양필환의)

큰 고통으로 상대를
속이는 계책

苦肉之計 고육지계

　상식적으로 납득하기 어려운 엄중한 상처를 스스로에게 입혀 상대로 하여금 방심하게 만들거나 거짓 정보를 믿게 만드는 고육계는 「36計 병법」의 34번째 계략인데, 정해놓은 목표에 방해가 되지 않을 정도의 당하는 사람이 크게 상처 입지 않는 것을 원칙으로 한다.

　즉, 작은 손실이나 부분적인 희생으로 더욱 큰 성과를 얻으려는 정도에서 그쳐야지 실행하는 쪽의 희생이 너무 크면 고육계가 아니라 자해책이라고 보아야 한다는 말이다.

　이 무렵에 적벽의 결전을 앞두고 주유가 가장 고심했던 부분은 병력 수에서 크게 우세한 조조군의 본영을 일거에 타격하여 전세를 결정짓는 것인데 쓸 수 있는 방법은 화공(火攻)뿐이었고, 불을 질러 공격하려면 무엇보다도 조조군의 수채 안으로 들어가는 것이 필요했다.

이 고민을 해결해준 사람이 노장(老將) 황개. 황개는 사전에 짜고서 주유의 주장에 반대해 항명하는 것으로 꾸며 반쯤 죽을 지경으로 곤장을 맞고 조조에게 투항하는 식으로 일을 진행시켰다.

이런 방식은 춘추시대 복수의 결정판이라 할 수 있는 '오자서의 합려왕 돕기'에 나타나는데 「동주열국지」 제74편에 전형적인 형태로 보여준다. 자객으로 보내는 요리가 자신의 아내를 죽이고 한쪽 팔까지 잘라 상대로 하여금 믿게 만들어 끝내 목적을 이룬다.

소설 「삼국연의」에서 주유는 황개를 반죽음으로 몰아넣어 동오의 장수들이나 병사들 사이에 "해도 너무한다"는 안타까운 탄식이 나올 정도로 절묘하게 분위기를 만들었다.

노숙마저 주유가 너무 심했다고 여길 정도였다. 하지만 제갈량의 눈을 속이지는 못했다.

"이렇듯 괴로운 고육계를 쓰지 않고서(不用苦肉計) 어찌 조조를 속일 수 있으리오(何能瞞過曹操). 이제 황개가 반드시 거짓 항복하러 갈 것이다(今必命黃公覆去詐降)"고 제갈량이 노숙에게 설명했다.

고육계는 흔히 삼국지의 주유와 황개가 처음인 것처럼 경극 등에서 말하지만 그 뿌리는 춘추시대까지 올라간다. 그리고 반드시 육체적인 고통으로 상대를 속이는 것 외에도 중요한 물건 등을 훼손시켜 상대를 끌어들이는 수법도 일종의 고육계라 할 수 있다.

군중에서는 농담으로
하는 말이 없다

軍中無戱言 군중무희언

주유가 질투심이 지나쳐 제갈량을 궁지에 몰아넣고자 '수전(水戰)에서 가장 필요한 것'이 무엇인지 묻고 결국에 제갈량이 화살 10만 개를 만들어 주겠다는 약속을 하게 만들었다.

"화살 10만 개가 언제까지 필요하오?"

"10일 이내에 마련할 수 있겠소?"

제갈량이 짐짓 큰소리쳤다.

"조조군이 언제 쳐들어올지 모르는데 열흘씩 기다려야 한다면 큰일을 그르칠 수도 있잖소."

"그렇다면 며칠이면 되겠소?"

"3일 정도면 화살 10만 개쯤 마련해드릴 수 있소이다."

주유가 정색하고 말했다.

"군중에서는 농담으로 하는 말이 없소."

제갈량이 웃으면서 대답했다.

"물론이지요. 어찌 대도독께 농담을 하겠소이까. 군령장을 바치고 3일 이내에 마련하지 못하면 어떤 처벌도 감수하겠소이다."

주유는 속으로 제갈량을 죽일 수 있는 기회가 왔다면서 좋아했으나 어떻게 화살을 마련할 것인지는 알 길이 없었다.

3일째 되던 날, 제갈량은 쾌속선에다 볏짚을 잔뜩 싣고 조조군 수채 앞에 가서 소란을 피웠는데 그날따라 강에는 안개가 자욱하여 조조의 수채에서 당황하여 어지러이 활을 쏠 뿐이었다.

제갈량은 노숙과 함께 이십 척의 배를 긴 밧줄로 연결하여 갔고, 한쪽에 화살이 많이 꽂히면 배를 반대로 돌리도록 하여 또 화살을 받으니 대략 10만 개의 화살을 순식간에 얻을 수 있었다.

이 차전(借箭) 이야기는 적벽대전 과정에서 제갈량의 지략을 상징하는 대표적인 일화로 꼽혀왔으나 사실은 허구로 꾸며댔다는 것이 정설이다. 우선 삼국시대 쾌속선의 길이가 이십 장 정도. 화살을 받을 천여 개의 볏짚을 배 양쪽에 줄지어 늘어놓는다 해도 한쪽에 5백단이 놓여야 하고, 볏단의 길이를 1m 정도 직경 20cm로 계산하면 20척의 쾌속선을 덮고 덮어도 양과 무게나 길이 등 계산이 되지 않는다는 의견이 많다.

이런 지적 이외에도 정사「삼국지」의 〈손권전〉을 보면 건안18년(213년)에 손권군과 조조군이 유수에서 대치했는데 배송지는「위략(魏略)」을 인용하여 다음과 같은 주(註)를 달고 있다.

― 어느 날 손권이 큰 배를 타고 적의 정세를 살피러 가니 조조군은 활과 쇠뇌를 마구 쏘아댔다. 이 때 화살과 쇠뇌의 무게로 인해 배가 한쪽으로 기울어져 전복될 지경이었다.

그래서 속히 배를 반대로 돌려 화살과 쇠뇌를 맞으니 양쪽의 무게가 비슷해져 배가 제대로 설 수가 있었다.

결국 차전(借箭)의 기모(奇謀)는 실제로 일어난 사건으로 손권이 출정중에 벌어진 일이지 적벽의 대치중에 제갈량이 사용한 꾀가 아니라는 점이다.

원대(元代)의 「삼국지평화(三國志平話)」에도 이 이야기가 나온다. 여기에서는 화살을 빌린 주인공이 주유로 되어 있다.

소설 「삼국연의」에서 제갈량의 지략으로 각색한 것인데 사실 여부보다 흥미진진한 이런 꾀가 사용되었다는데 의미를 두면 좋을 듯하다.

더하여 주유라는 인물에 대해서 좀더 살펴보자면 정사 「삼국지」를 비롯해 사마광의 「자치통감」 등 어디를 보아도 "성격이 너그럽고 도량이 넓어 누구에게서나 호감을 받았다"거나 "어떤 어려움 속에서도 의연하고 결단력 있는 지휘와 넘치는 기백을 지닌 영걸이었다"고 기록하고 있다.

주유가 재능 많은 제갈량을 질투해 죽이려 했다는 투의 속 좁은 인물로 묘사한 자료는 소설 「삼국연의」가 유일하다는 점도 참고로 알아두었으면 한다.

주인을 배반하고 몰래 떠나는
자는 기일을 정하지 않는다
背主作竊 배주작절 不可定期 불가정기

감택이 "당신은 어진 사람을 대하는 예의가 없으니 내 설명해서 뭣 하겠는가. 어서 날 죽여라."라고 하니 조조가 말했다.

"그대의 말이 이치에 맞다면 내 자연히 받들 것이다."

감택이 말했다.

"이런 말 못 들었는가. 주인을 배반하고 몰래 떠나는 자는 기일을 정하지 않는다고. 만일 기일을 약정했다가 부득이 지킬 수 없게 되면 접응하는 상대가 비밀을 누설하게 된다. 상황을 봐서 도망쳐야 하는데 어떻게 기일을 미리 정할 수 있겠는가.

황개의 고육계는 다음 단계로 조조에게 사항서(詐降書:거짓 항복하는 서찰)를 보내는 일이 급선무였다. 이 일을 감택이라는 장수가 담당, 조조 진영으로 가자 조조가 "첩자가 아니냐?"고 의심하니 감택이 탄식했다.

"소문에 의하면 당신은 어진 인재를 구하는데 마치 목마른 자가 물 찾는 듯 한다더니 이제 보니 소문과 다르구나. 황개의 생각이 틀렸도다."

조조는 그제야 황개의 항복문서를 달라고 하더니 10여 번이나 읽어보고 "진심으로 투항할 생각이면 넘어 올 기일을 명확히 밝혀야 할 텐데 그러지 않았다"면서 거짓 항복이라고 했던 것.

조조는 감택의 설명을 듣고 받아들이는 듯했지만 그렇지 않았다. 감택이 돌아간 후 모사들을 불러놓고 상의했던 것.

"황개가 주유에게 심한 매질을 당하고 감택을 시켜 투항하겠다는 뜻을 보내왔다. 하지만 그들을 모두 믿을 수 있겠는가. 누군가 주유 진영으로 가서 내막을 살펴보고 올 사람 없겠느냐?"

闞澤曰(감택왈) / 汝無待賢之禮(여무대현지례) /
吾何必言(오하필언) / 但有死而已(단유사이이) / 操曰(조왈) /
汝若說得有理(여약설득유리) / 我自然敬服(아자연경복) /
澤曰(택왈) / 豈不聞(개불문) / 背主作竊(배주작절) /
不可定期(불가정기) / 倘今約定日期(상금약정일기) /
急切下不得手(급절하부득수) / 這裏反來接應(저리반래접응) /
事必泄漏(사필설루) / 但可覷便而行(단가저편이행) /
豈可預期相訂乎(개가예기상정호)

땅강아지나 개미의 힘으로
태산을 흔들려고 한다

螻蟻之力 누의지력　欲撼泰山 욕감태산

조조는 술 기운이 돌자 손가락으로 남쪽 언덕을 가리키며 말했다.

"주유야, 노숙아, 천시(天時)를 모르는구나. 이제 너희 부하들이 내게 투항하여 너의 심복지환이 되리니 이는 하늘이 나를 도움이로다."

순유가 말했다.

"승상은 말씀을 조심하십시오. 새나갈까 두렵습니다."

조조는 크게 웃더니 "여기 있는 제공들이 모두 나의 심복인데 어떤 말을 못 하랴" 하고서, 이번에는 하구 쪽을 손가락으로 가리키며 "유비야, 제갈량아, 너희들은 땅강아지나 개미만한 힘으로 태산을 흔들려고 하니 어찌 그렇게 어리석으냐!"고 소리쳤다.

건안 12년(208년) 11월 15일. 그날 장강 일대는 바람이 자고 파도는 잔잔했다. 조조는 배 위에다 잔치상을 차리게 하고 주악을 울리도록 하고는 큰소리쳤다.

"내가 의병을 일으키고 나서 나라를 위해 흉폭한 자들을 무찔러 세상을 안돈시키기로 맹세하고 천하를 평정했으나 아직 손에 넣지 못한 곳이 강남이다. 이제 용맹한 군사를 거느리고 유능한 여러분의 보좌에 힘입고 있으니 어찌 성공하지 못할까 염려하겠는가. 이제 강남을 손에 넣으면 천하가 완전히 무사태평하게 되리니 그대들과 함께 부귀를 누리고 길이 영화를 즐기리라."

좌우의 문무백관들이 이구동성으로 "원하옵건대 어서 개선가를 부르며 돌아가 승상의 무궁한 복력(福力)에 의지하여 인생을 살겠습니다"라고 외치니 조조는 가뜩이나 술기운 흥취가 있는 데다 흡족한 마음이 일어나 주유와 노숙, 유비와 제갈량 등을 깔보는 언사를 내뱉었다.

操酒酣(조주감) / 遙指南岸曰(요지남안왈) / 周瑜魯肅(주유노숙) /

不識天時(불식천시) / 今幸有投降之人(금행유투강지인) /

為彼心腹之患(위피심복지환) / 此天助吾也(차천조오야) /

荀攸曰(순유왈) / 丞相勿言(승상물언) / 恐有泄漏(공유설루) /

操大笑曰(조대소왈) / 座上諸公(좌상제공) /

與近侍左右(여근시좌우) / 皆吾心腹之人也(개오심복지인야) /

言之何礙(언지하애) / 又指夏口曰(우지하구왈) /

劉備諸葛亮(유비제갈량) / 汝不料螻蟻之力(여불료누의지력) /

欲撼泰山(욕감태산) / 何其愚耶(하기우야)

모든 것이 다 준비되었으나
다만 동풍이 빠졌구나

萬事具備 만사구비 只欠東風 지흠동풍

제갈량이 웃으며 대답했다.

"내게 한 가지 처방이 있으니 도독의 심기를 편하게 해드리겠소."

주유가 말했다.

"원하건대 선생은 가르침을 주시오."

제갈량이 지필묵을 갖다 달라고 하더니 좌우 사람을 모두 내보낸 뒤 은밀히 16자를 썼다.

― 조조를 격파하려면(欲破曹公) 화공밖에 없는데(宜用火攻) 모든 것이 구비되었으나 오직 동풍만이 빠졌구나.

그리고 글 쓴 종이를 주유에게 주면서 "이것이 바로 도독이 병에 걸린 근원이지요" 하고 말했다.

주유가 쓰러지자 암울한 기류가 흘렀다. 조조군이 언제 공격해올지 모르는 판에 총사령관이 병석에 누워 있으니 그럴 수밖에.

노숙은 답답하고 괴로운 심정에 제갈량을 찾아가 고민을 털어놓았고, 제갈량은 "내가 주유의 병을 고칠 수 있다"고 장담하니 함께 주유가 누워있는 장막으로 갔다.

이렇게 해서 남병산에 칠성단을 세우고 제갈량이 밤낮없이 천지신명께 기도하기를 3일, 11월 20일 갑자일에 동남풍이 불게 해달라고 빌었다. 마침내 그날이 왔다. 갑자기 동남풍이 불기 시작했다.

모두가 제갈량이 귀신마저 부린다고 여겼다. 사실은 장강 주변에서 동지를 전후하여 3~5일 동안 동남풍이 분다는 걸 알고 있는 제갈량이 마치 자신이 천지조화를 일으킬 수 있는 초능력을 가졌다는 인식을 강동 사람들에게 심어주려는 의도에서 행한 책략이었다.

孔明笑曰(공명소왈) / 亮有一方(량유일방) /
便教都督氣順(편교도독기순) / 瑜曰(유왈) /
願先生賜教(원선생사교) / 孔明索紙筆(공명삭지필) /
屛退左右(병퇴좌우) / 密書十六字曰(밀서십육자왈) /
欲破曹公(욕파조공) / 宜用火攻(의용화공) 萬事俱備(만사구비) /
只欠東風(지흠동풍) / 寫畢(사필) / 遞與周瑜曰(체여주유왈) /
此都督病源也(차도독병원야)

산에 막히면 길을 내고
물을 만나면 다리를 놓는다

逢山開路 봉산개로 遇水疊橋 우수첩교

조조는 앞서가던 병사들이 나아가지 않고 서 있는 걸 보자 "어찌 그러고 있느냐?"고 물었다. 돌아온 대답은 이랬다.

"앞에 있는 산길이 좁고 새벽에 쏟아진 비로 웅덩이에 물이 고여서 말발굽이 진흙에 빠져 앞으로 나아갈 수 없어 그렇습니다."

조조가 크게 노하여 꾸짖었다.

"군사는 움직일 때 산에 막히면 길을 뚫고 물을 만나면 다리를 놓아야 하거늘 그까짓 진흙 웅덩이가 있다고 나아가지 못 한단 말이냐!"

황개가 이끄는 위장한 투항 선단이 불타기 쉬운 물질과 기름 등을 가득 싣고 조조군의 수채로 들어와 불을 내지르고 뒤이어 주유군이 일제히 공격하니 조조군은 불을 피하랴, 공세를 막으랴 어쩔 줄 몰라 했다. 이른바 주유의 대화공(大火攻)이 펼쳐진 것이다.

조조군은 곳곳에서 궤멸 당했고, 조조 역시 도망치기 바빴다. 이릉 길에서는 매복했던 조자룡에게 혼이 나고, 남이릉 길로 들어서서는 장비를 만나 혼쭐이 났다. 겨우 도망쳐 화용도로 가는 길로 들어섰을 때는 얼마 남지 않은 병사들마저 배고파 지치고 기진맥진하는데 날씨마저 매섭게 추워 발걸음을 옮기기도 힘들었다. 더구나 새벽에 내린 비로 여기저기 웅덩이가 생겼고 진흙길이라 말발굽이 푹푹 빠져 쉬이 나아갈 수가 없었다.

조조는 호통 치기를 "흙을 져 나르고 나무와 풀과 함께 엮어 길을 메우라"고 지시하여 겨우 화용도 길을 벗어날 수 있었다.

'봉산개로 우수첩교'는 나중(연의 116회) 종회가 촉한을 정벌할 때 남정관(南鄭關)에 이르러 한중 땅으로 향하다가 흙에 말발굽이 빠져 위기에 처하자 선봉인 허의를 불러 "너는 선봉이 되었으니 마땅히 산을 만나면 길을 열고 물을 만나면 다리를 놓아야 하거늘 이에 등한시했다"면서 참수형에 처했다.

曹操見前軍停馬不進(조조견전군정마부진) / 問是何故(문시하고) /
回報曰(회보왈) / 前面山僻路小(전면산벽로소) /
因早晨下雨(인조신하우) / 坑塹內積水不流(갱참내적수불류) /
泥陷馬蹄(니함마제) / 不能前進(불능전진) / 操大怒(조대로) /
叱曰(질왈) 軍旅逢山開路(군여봉산개로) / 遇水疊橋(우수첩교) /
豈有泥濘不堪行之理(개유니녕불감행지리)

은원을 분명히 하고
신의를 확실히 지킨다

恩怨分明 은원분명　信義素著 신의소착

정욱이 말했다.

"제가 알기로 관운장이 윗사람에 대해서는 오만하지만 아랫사람에 대해서는 모질지 못하고, 강자는 무시하지만 약자는 능멸하지 않지요. 은원을 분명히 하고 신의를 확실히 지킵니다. 승상께서 지난 날 그에게 은혜를 베풀었으니 이제 친히 설명하면 이 어려움에서 벗어날 수 있을 것입니다."

조조는 그 설명에 말을 몰고 앞으로 나가 몸을 굽혀 관운장에게 말했다.

"그간 장군께서는 별래무양하오?"

조조군이 화용도를 벗어나기 직전 조조는 말 위에서 소리를 내어 껄껄 웃었다.

좌우의 장수들이 물었다.

"승상께서는 어찌 웃으십니까?"

조조가 대답했다.

"사람들은 주유와 제갈량이 지모가 뛰어나다고 하지만 내가 보기에 무능한 자들이로다. 만일 나였다면 이곳에다 군사를 매복시켰을 것이다. 그러면 우리가 속수무책으로 붙잡히지 않았겠느냐."

그 말이 끝나기도 전에 화포 소리가 한 방이 터지면서 관운장과 병사들이 나타났다. 조조군은 너무 놀라 멀뚱히 쳐다보며 더 이상 싸울 의지도 도망칠 힘도 없어 주저앉기 직전이었다.

이때 정욱이 관운장의 성격을 지적하며 "약자에 약하고 강자에 강하니 사정해보라"고 진언하여 조조는 그 옛날 허도에서 은혜를 베풀었던 일을 말하며 위기를 벗어나고자 했다.

"장군은 예전 나를 버리고 떠날 때 다섯 관소를 통과하면서 나의 장수 여섯을 죽였던 일을 잊었소? 대장부는 목숨보다 신의를 소중히 여긴다 했소. 장군은 「춘추(春秋)」를 읽은 분 아니오."

관운장은 조조군의 몰골을 보니 너무 처참하여 측은한 마음이 일었다. 사실 '은혜를 모르는 인간만은 되지 않겠다'고 결심한 그였다.

하지만 관운장은 출전하면서 제갈량에게 조조를 만났을 경우 목을 베어오지 못하면 군법에 의해 처벌을 받겠다는 내용의 군령장을 썼었다. 따라서 조조를 놓아 보냈다가는 군법에 의해 자신이 처형당할 상황이었다.

관운장은 진퇴양난의 입장이었으나 끝내 '어서 내 앞에서 사라지거라' 하듯 방관 자세를 보이며 고개를 돌리니 조조는 군사들과 함께 걸음아 나 살려라 하고 그 앞을 벗어나 달아났는데 그때 도망친 장졸 모두 합쳐 겨우 27명이었다.

이 이야기는 '화용도에서 조조를 놓아주었다'는 사실 여부를 떠나 관운장의 신격화에 중요한 부분을 제공해준다.

즉 '한 숟가락의 은혜도 잊지 않는다', '자신의 목숨보다 측은한 상대를 먼저 생각한다' '약한 자에 대해서는 인정을 베푼다'는 마음가짐이다.

살벌한 전쟁터에서 상대를 죽이지 않으면 내가 죽는다. 그러나 의협(義俠)의 정신을 지키고 은혜를 갚는다는 마음만큼은 결코 잃지 않았다는 점에서 민중들이 삼국지 무대를 장식한 뭇 영웅들을 제치고 관운장을 장군에서 왕(王)으로 제(帝)로 드디어는 신(神)으로까지 받들어 모시는 중요한 배경이 되는 것이다.

程昱曰(정욱왈) /
某素知雲長傲上而不忍下(모소지운장오상이불인하)
欺强而不凌弱(사강이불능약) / 恩怨分明(은원분명) /
信義素著(신의소착) / 丞相舊日有恩於彼(승상구일유은어피) /
今只親自告之(금지친자고지) / 可脫此難(가탈차난) /
操從其說(조종기설) / 即縱馬向前(즉종마향전) /
欠身謂雲長曰(흠신위운장왈) / 將軍別來無恙(장군별래무양)

승리했다고 기뻐하지 않고
패배했다고 걱정하지 않는다
勿以勝爲喜 물이승위희 勿以敗爲憂 물이패위우

　　그날 밤 장요는 싸움에서 이기고 합비성으로 돌아와 3군에 상을 주고 위로한 뒤에 갑옷을 벗지 말고 자라는 명령을 내렸다.

　　좌우에서 물었다.

　　"오늘 완전히 이겼고, 동오의 군사들은 멀리 도망쳤는데 장군은 어째서 갑옷을 벗지 못하고 쉬지도 못하게 합니까?"

　　장요가 대답했다.

　　"그게 아니다. 장수된 자는 승리했다고 기뻐하지 않고, 패배했다고 걱정하지 않는다. 만일 우리가 대비하지 않는 틈에 동오의 군사가 쳐들어온다면 어떻게 대응할 테냐. 오늘밤 방비는 평소보다 더 조심하고 신중해야 한다."

이 말이 미처 끝나기도 전에 뒤쪽 영채에서 불길이 치솟으며 "반란이 일어났다"는 소리가 일어나고 급보를 전하는 자가 줄을 이었다.

적벽의 싸움 이후 손권 진영과 조조 진영의 경계에 있는 합비성을 장요가 지키고 있었는데, 손권 진영에서 이곳을 빼앗으려고 연이어 공격했으나 승부를 내지 못하고 있었다.

하루는 장요 쪽에서 먼저 싸우자는 전서를 보냈다. 손권 측에 정면으로 도전한 것. 그날 밤, 손권은 군사를 거느리고 합비성을 향해 진군하는데 이미 장요는 성에서 나와 벌판에다 좌우 진영을 세워놓고 기다리고 있었다. 마침내 양군이 부딪쳤다.

장요와 이전, 악진 등 조조 진영의 장수들은 용맹하게 싸웠다. 더구나 손권이 직접 출정한 것을 알자 "황금 투구를 쓴 자가 손권이라 한다. 저 놈을 죽여 적벽에서 죽은 우리 군사들의 영혼부터 위로해주자"며 맹렬하게 손권을 공격했다. 이를 바라보던 손권군의 장수들이 달려나왔으나 역부족이었다. 손권은 걸음아 날 살려라 도망쳐야 했고, 병사들도 무수히 죽어 자빠졌다.

이를 지켜본 장굉이 손권을 향해 매섭게 질타했다.

"주공께서 젊은 기백에 적군을 가볍게 여기니 참으로 딱한 일입니다. 적의 장수를 베고 적의 깃발을 빼앗아 싸움터에서 용맹을 떨치는 것은 장수들의 몫이지 주공께서 하실 일은 아니지요. 이제부터라도 주공께서는 용맹한 힘 대신에 천하를 도모할 지혜로운 계책을 생각하십시오."

손권은 앞으로 그 말을 반드시 따르겠다고 했다.

그런데 태사자가 자신의 부하를 비밀리에 장요 진영으로 들여보냈으니 기습공격을 하겠다고 졸랐다. 결국 대사자는 군사 5천을 거느리고 장요 진영으로 잠입한 자를 호응하러 갔다.

이 기습작전은 장요가 기본적인 방비태세를 갖추고 부하들을 단속했던 까닭에 무참한 실패로 돌아갔고, 태사자마저 화살을 여러 대 맞고 쓰러졌다. 마침 육손 등 장수들이 달려와 구해갔으나 끝내 죽었다.

태사자가 누구인가? 손책과 신의를 지킨 용장으로 잘 알려진 그는 활솜씨가 백발백중이었다고 했다. 황건의 잔당들이 공융을 포위 공격할 때 모친의 권유를 받고 단신으로 달려가 구해냄으로써 세상에 알려졌으나, 무엇보다도 손책이 한창 기세를 올릴 때 호각지세로 싸웠고, 나중 손책에게 투항하여 여러 차례 무용을 발휘하여 명성을 날렸다. 하지만 끝내 장요의 철저한 대비에 어이없이 당하고 말았다.

是夜張遼得勝回城(시야장요득승회성) / 賞勞三軍(상노삼군) /
傳令不許解甲宿睡(전령불허해갑숙수) / 左右曰(좌우왈) /
今日全勝(금일전승) / 吳兵遠遁(오병원둔) /
將軍何不卸甲安息(장군하불사갑안식) / 遼曰(요왈) 非也(비야) /
爲將之道(위장지도) / 勿以勝爲喜(물이승위희) /
勿以敗爲憂(물이패위우) / 倘吳兵度我無備(상오병도아무비) /
乘虛攻擊(승허공격) / 何以應之(하이응지) /
今夜防備(금야방비) / 當比每夜更加謹愼(당비매야경가근신) /
說猶未了(설유미료) / 後寨火起(후채화기) /
一片聲叫反(일편성규반) / 報者如麻(보자여마)

사람에게 아내가 없으면
집에 대들보가 없는 것과 같다

人若無妻 인약무처   如屋無樑 여옥무량

유비가 물었다.

"자형(여범)이 온 것은 분명 할 말이 있어서겠지요?"

여범이 대답했다.

"제가 듣자니 황숙께서 부인을 잃으셨다기에 서로 친하고 혐의를 벗고자 중매를 위해 특별히 왔습니다. 뜻은 어떠 하신지요?"

유비가 대답하기를 "중년에 아내를 잃은 건 큰 불행이자 골육에 한 기가 미치지요. 하지만 친한 분들이 있어 견딜 만합니다" 하니 여범이 설명했다.

"사람에게 아내가 없으면 마치 집에 대들보가 없는 것과 같지요. 중도에 인륜을 폐할 수 없습니다. 우리 주공 오후에게 누이동생이 한 분

있는데 아름답고 현숙하므로 황숙을 받들어 모시기에 충분합니다. 만일 양가가 혼인한다면 역적 조조가 동남쪽을 넘보지 못할 것이니 집안으로나 나라 양쪽에 경사지요. 황숙께서는 의심하지 마시길 바랍니다."

형주를 둘러싼 손권과 유비 진영의 갈등은 나날이 심해졌다. 마침내 유표의 큰 아들 유기가 죽자, 노숙은 당연히 형주를 돌려 달라고 했고, 제갈량은 또 둘러댔다.

"형주를 잠시 빌리겠다는 문서를 쓰면 어떻겠소. 우리 주공께서 다른 곳을 얻게 되면 형주를 동오에 돌려주기로 하면 말이요."

노숙은 유비 진영을 좋게 여기는 사람인지라 반갑게 물었다.

"그럼 어느 곳을 얻은 후에 형주를 돌려주겠다는 것이오?"

"중원 쪽은 쉽사리 도모할 수 없고, 서천(西川: 파촉 지역으로 오늘의 쓰촨성 일대)의 유장이 우매하고 나약하기 때문에 우리는 그곳을 차지하려 하오. 서천을 얻게 되면 반드시 형주를 돌려드리리다."

이에 유비가 친필로 쓰고 제갈량이 보증인으로 서명했다. 노숙이 이 문서를 가지고 손권에게 가는 도중 시상군(柴桑郡)에 주둔하고 있는 주유를 찾아갔다.

주유는 문서를 보자 펄펄 뛰며 속았다고 소리쳤다. 노숙은 그래도 유비가 자신을 저버리지는 않을 것이라고 했다. 마침내 주유는 목소리를 낮추고 노숙을 설득했다.

"그대는 너무 순진하오. 유비는 평범한 인물이 아니며 제갈량은 매우 간교하며 교활한 자니 아마 그대 생각과는 같지 않을 것이오. 며칠 기다려 보시오. 강북으로 보낸 첩자가 오면 보고를 받고 생각해봅시다."

며칠이 지나 첩자가 돌아왔고, 감부인이 죽었다는 보고였다. 주유가
이 말을 듣고 계책을 꾸미며 노숙에게 설명했다.

"유비가 부인을 잃었으니 재혼을 해야 할 것이오. 그런데 우리 주공
에게 누이가 한 분 있잖소. 담력과 용기가 대단하오. 내 이제 주공께 형
주로 사람을 보내 유비를 매부로 삼기 위해 중매를 서도록 권하겠소.
유비가 결혼하려고 우리에게 오면 불문곡직 잡아 가둔 후 형주에다가
유비와 맞바꾸자고 하리다."

이리하여 주유가 혼사를 이용한 계책을 진행했고, 여범이 중매를 서
려고 형주에 가서 유비를 만났다.

玄德問曰(현덕문왈) / 子衡來必有所諭(자형래필유소유) /

範曰(범왈) / 範近聞皇叔失偶(범근문황숙실우) /

有一門好親(유일문호친) / 故不避嫌(고불피혐) /

特來作媒(특래작매) / 未知尊意若何(미지존의약하) /

玄德曰(현덕왈) / 中年喪妻(중년상처) / 大不幸也(대불행야) /

骨肉未寒(골육미한) / 安忍便親(안인편친) / 範曰(범왈) /

人若無妻(인약무처) / 如屋無梁(여옥무량) /

豈可中道而廢人倫(개가중도이폐인륜) /

吾主吳侯有一妹 (오주오후유일매) / 美而賢(미이현) /

堪奉箕帚(감봉기추) / 若兩家共結秦晉之好(약양가공결진진지호) /

則曹賊不敢正視東南也(즉조적불감정시동남야) /

此事家國兩便(차사가국양편) / 請皇叔勿疑(청황숙물의)

남쪽 사람은 배를 잘 몰고
북쪽 사람은 말을 잘 탄다

南人駕船 남인가선 北人乘馬 북인승마

유비가 강동으로 건너가 손권의 여동생과 결혼을 할 때 오부인(吳夫
人: 실제는 손권의 이모지만 손견에게 시집올 때 자매가 함께 와서 언니는 손책과 손권 등을
낳았고 동생은 손향을 낳았다. 손권의 친모는 유언으로 여동생을 자기처럼 모시라고 했었다)
이 유비를 '용봉지자 천일지표(龍鳳之姿 天日之表: 용과 봉의 풍채이며 하늘의 해
와 같은 기상을 말하는데 옛 관상술에서 제왕이 될 만한 사람의 모습을 뜻했다)라고 극찬
했으므로 주유가 계획한 유비를 잡아가두고 형주와 맞바꾸자는 계책
은 말짱 도루묵이 되고 말았다.

결국 손권과 유비는 처남 매부 사이가 되었고, 함께 강동의 강산을
돌아보며 우호를 다졌는데 마침 감로사 앞에서 두 사람이 강바람을 쏘
이며 호탕하게 즐긴 이야기가 전해온다.

그날 두 사람이 경치를 감상하는데 강바람은 휘몰아치고 큰 파도가 눈보라를 날리듯 흰 물결이 창공에 흩날렸다. 마침 한 척의 작은 배가 험한 강물을 마치 평지를 달리듯이 지나갔다.

이를 지켜보던 유비가 감탄했다.

"남쪽 사람은 배를 잘 몰고 북쪽 사람은 말을 잘 탄다더니 과연 빈말이 아니었구려."

손권은 이 말을 듣자 '유비는 나의 말 타는 솜씨를 모르는구나'라고 여겨 좌우에 말을 가져 오라고 하여 올라타자마자 쏜살같이 산 아래로 질주하듯 달려 내려가더니 채찍질하여 다시 달려 올라와서 여유 있게 웃으며 "남쪽 사람은 말을 제대로 못 타는 줄 아시오?"하고 말하니 유비도 질세라 손권을 흉내내어 말에 올라타고 산 아래로 질풍같이 내려갔다가 올라왔다.

두 사람은 언덕 위에서 나란히 말을 세우고 기분 좋게 웃었다. 이 언덕의 이름이 주마파(駐馬坡).

두 사람 모두 나중 황제가 되었다고 해서 황제 둘이 함께 말을 멈춘 언덕으로 유명해졌다.

오직 재능 있는 사람을 천거한다

唯才是擧 유재시거

적벽싸움에서 대패하고 돌아온 조조가 마치 아무런 일도 없었다는 듯이 행동하면서, 동작대를 완성하는 일에 힘을 쏟았으나 인재를 구하고 싶은 본심을 어쩔 수 없었던지, 이듬해 봄 구현령(求賢令)을 내렸다.

— 예로부터 창업이나 중흥을 이룩한 군주들은 모두들 현인군자의 도움을 받아 그들과 함께 나라를 다스렸다. 그렇지 않은 경우가 한 번이라도 있었던가. 그러나 그들이 얻었던 뛰어난 인재들은 더러는 한 고을에서조차 두각을 나타내지 못한 인물들이었으니 어찌 요행으로 만날 수 있었다고 말하랴. 이것이 바로 정사를 담당하는 사람은 널리 초야에 묻힌 인재를 구하지 않을 수 없음이로다. 천하는 아직 평정되지

않았다. 이런 시기에 참으로 뛰어난 인재를 구하는 것보다 시급한 일은 없다(今天下尚未定此時求賢之急時也).(중략) 여러분은 나를 도와 철저하고도 세밀하게 살펴서 재능은 있으나 아직 초야에 묻혀 있는 사람들을 발굴해주기 바란다. 오직 재능 있는 사람을 천거하라(唯才是擧). 나는 그들을 중용하겠노라(吾得而用之).

조조는 적벽싸움 이전까지 나름 천하의 인재들 대부분은 자신이 거느리고 있다는 자부심을 갖고 있었다. 그런데 적벽에서 맛본 패배는 깊은 상처를 남겼다.

주유와 노숙, 제갈량 같은 신진 인재들의 지략과 용맹, 치밀한 전략과 전술을 구사하는 바를 직접 목도하지 않았던가. 그 당시 조조는 크게 탄식하면서 "아깝도다. 봉효여! 봉효만 있었어도 이렇게 패하지는 않았을 텐데……"하고 고백한 심중에 그 뜻이 잘 나타나 있다고 하겠다.

그런데 이 구현령에 대해 '인간됨됨이를 무시하고 오로지 재능에 의해 사람을 쓰는 것으로 인륜이 땅에 떨어졌고 미풍양속을 어지럽혔다'고 비난하는 측도 많다.

조조인들 능력과 품성의 간격이 지닌 문제점을 몰랐을까? 아닐 것이다. 천하를 통일하려면 재능이 풍부한 인물이 우선 절실히 요구된다. 하지만 재능이 풍부하고 인격까지 갖춘 인물이 그리 많을까? 결국 인품에 어느 정도 흠결이 있을지라도 재능이 있다면 중용할 수밖에 없다는 것이 난세의 논리일 수밖에 없었다.

활을 감추어 호랑이를 잡고
좋은 미끼로 큰 고기를 낚다

窩弓以擒猛虎 와궁이금맹호 香餌以釣鰲魚 향이이조오어

제갈량이 크게 웃으며 말했다.

"주유가 죽음이 가까워졌나 봅니다. 이런 정도의 계책은 어린애도 속아 넘어가지 않을 겁니다."

유비가 무슨 일이냐고 묻자 제갈량이 대답했다.

"이는 가도멸괵 계책입니다. 즉 서천을 친다는 허명을 내세우고 실은 형주를 취하겠다는 속셈이니 주공께서 성을 나가 군사를 위로할 때 기회를 노려 주공을 사로잡고 성으로 쳐들어와 공격하여 차지하려는 것이지요."

유비가 "어떻게 하면 좋겠느냐?"고 묻자 제갈량이 대답했다.

"주공은 마음을 놓으시고 준비한 활을 감추어 사나운 범을 잡고, 좋은 미끼로 큰 고기를 낚으십시오. 주유가 이곳에 오면 설령 죽지 않는 다 해도 기력이 거의 빠지고 말 것입니다."

유비 진영에서는 '서천(파촉 땅)을 차지하면 형주를 동오에 돌려주 겠다'는 약속을 문서로 했으나 서천으로 쳐들어 갈 움직임이 전혀 없 었다. 한편, 동오에서는 유비와 혼인을 맺었다고 하지만 형주 문제만 큼은 양보할 마음이 없었다.

손권이 그동안 형주문제를 다룬 노숙을 불러 꾸짖었다.

"그대가 보증하여 형주 땅을 잠시 빌려줬는데 오늘날에 이르도록 유비가 차일피일 시간만 끌고 있으니 언제까지 속 타게 기다려야 한 단 말이오."

노숙은 채근을 받자 유비에게 달려갔으나, 제갈량은 유비에게 슬피 울게 하고는 서천의 주인인 유장이 유비에게 동족이자 한실 종친이니 쳐들어가기가 뭣하다는 등 노숙을 또다시 기만했다.

노숙은 그럴 수 있겠다고 여겨 돌아왔는데 주유가 또 "그들의 속임 수에 넘어갔다"면서 꾀를 냈다.

"만일 서천의 유장에 대해 유비가 한 집안이라 손을 쓰기가 뭣하다 면 우리가 대신 군사를 일으켜 서천을 정복하여 유비에게 시집간 손부 인의 예물이라 넘겨주면 좋지 않겠소. 그 후에 형주 땅을 우리에게 내 놓으라면 어떻겠소?"

노숙은 서천까지 거리가 너무 멀어 원정군을 보내기가 쉽지 않은 계 책이라고 대답하니 주유가 본심을 드러내 "서천으로 간다는 핑계로 형 주를 통과하다가 기회를 봐서 그들을 무찌르고 아예 성을 빼앗으려는 것"이라고 설명했다.

노숙이 다시 형주로 가서 유비에게 설명했다.

"이번에 우리 동오군이 서천을 취하여 손부인의 결혼 예물로 드릴 생각입니다. 그러니 우리 군사가 형주를 통과할 때 황숙께서는 군량미 등을 지원해 주시면 좋겠습니다."

유비는 알겠다고 대답한 후에 제갈량에게 동오의 계획이 진정 무엇이겠느냐 물었고, 제갈량은 주유의 내심을 꿰뚫어 보았던 것이다.

孔明大笑曰(공명대소왈) / 周瑜死日近矣(주유사일근의) /

這等計策(저등계책) / 小兒也瞞不過(소아야만불과) /

玄德又問如何(현덕우문여하) / 孔明曰(공명왈) /

此乃假途滅虢之計也 (차내가도멸괵지계야) / 虛名收川(허명수천) /

實取荊州(실취형주) / 等主公出城勞軍(등주공출성노군) /

乘勢拏下(승세나하) / 殺入城來(쇄입성래) /

攻其無備(공기무비) / 出其不意也(출기불의야) /

玄德曰(현덕왈) / 如之奈何(여지내하) /

孔明曰(공명왈) / 主公寬心(주공관심) /

只顧準備窩弓以擒猛虎(지고준비와궁이금맹호) /

安排香餌以釣鰲魚(안배향이이조오어) /

等周瑜到來(등주유도래) / 他便不死(타편불사) /

也九分無氣(야구분무기)

주유를 내셨으면서
어찌 제갈량 또한 내셨습니까

旣生瑜 기생유 何生亮 하생량

주유는 서신을 읽고 장 탄식을 했다. 그러고는 좌우에 종이와 붓을 가져오게 하여 오후(吳侯) 손권에게 올릴 서신을 쓰고 나서 휘하 장수들을 모아 놓고 말했다.

"내 진충보국하려 했으나 하늘에서 받은 내 목숨은 끝났으니 어찌하겠는가. 그대들은 오후를 잘 섬기고 함께 대업을 이루도록 하라."

말을 마치자 그는 혼절했다. 그리고 천천히 깨어나더니 하늘을 우러러 탄식하며 말했다.

"하늘이여, 이 주유를 내셨으면서 어찌 제갈량을 또한 이 세상에 내셨습니까?"

주유는 연속 몇 번 부르짖더니 그 자리에서 죽었다.

주유가 대군을 이끌고 서천을 친다는 명분으로 형주 땅에 들어섰을 때, 제갈량은 곳곳에 군사를 배치하여 주유를 한껏 농락하고는 서신을 보냈다. 그 내용은 주유에게 치명적인 비웃음을 담고 있었다.

— 이번 서천 공략은 불가능한 일일 것이오. 더구나 오늘날 천하대세를 살펴보면 조조는 적벽의 원수를 갚고자 절치부심하고 있소. 이런 때에 귀공이 군사를 거느리고 멀리 서천으로 간다면 그 틈을 노린 조조군이 침공했을 때 동오 땅은 쑥대밭이 될 것이오. 나는 그 비참한 결과를 볼 수 없어 진심으로 충고하는 바이오.

주유는 자존심이 상한 데다 제갈량이 자신을 비웃고 있다는 점에 도저히 참을 수가 없었다. 아니 더 이상 자신을 지탱할 기력이 없었다. 이리하여 손권에게 보내는 마지막 서신을 쓰고, 부하 장수들에게 당부하고 세상을 떠났다.

당시 그의 나이 한창 때인 36세였다.

주유의 안타까운 절규는 많은 생각을 갖게 해준다. 온갖 꾀를 내어 제갈량을 꺾어보려고 했지만 성공하지 못하고 번번이 당하기만 했던 주유의 비극. 즉 자신이 도저히 뛰어 넘을 수 없는 강력한 라이벌을 만난 인생의 경우가 어찌 그 뿐일까?

사실 주유는 적벽대전 이후 손권에게 웅대한 계획을 진언했었다.

"이제 조조가 큰 패배를 겪은 데다 허도의 많은 문제를 해결하려 외부에 신경 쓸 수 없을 테니, 이 기회에 파촉으로 군사를 보내 유장을 공략해서 그 땅을 우리 수중에 넣어야 합니다. 그리고 서북의 마초와 손잡고 조조의 배후를 위협하면서 주군께서 병사를 일으켜 양양으로부터 북진하여 허도로 향한다면 천하를 평정할 수 있을 것입니다."

삼국지 연구가들 사이에서 이때의 주유가 내놓은 대계(大計)야 말로 제갈량의 천하삼분(天下三分)보다 훨씬 더 실현가능성이 높고 적극적인 구상이었다고 평가한다.

주유가 죽은 것은 소설과는 달리 강릉으로 가는 도중 병으로 쓰러졌는데 손권은 "아아! 이제 누구를 의지하고 살란 말이냐! 오늘의 내가 있게 된 것은 오로지 주유가 있었기 때문"이라면서 애도했다.

천하절색인 아내를 홀로 두고 젊은 나이에 쓰러진 주유, 하늘을 향해 어찌 주유를 내고, 또 제갈량을 냈느냐는 탄식은 진실 여부를 떠나 노력으로 해결 안 되는 상황에 처한 대장부의 꾸밈없는 진심을 엿볼 수 있다는 점에서 새삼 음미해볼 만하다.

周瑜覽畢(주유람필) / 長歎一聲(장탄일성) /
喚左右取紙筆作書上吳侯(환좌우취지필작서상오후) /
乃聚衆將曰(내취중장왈) / 吾不欲盡忠報國(오불욕진충보국) /
奈天命已絶矣(내천명이절의) / 汝等善事吳侯(여등선사오후) /
共成大業(공성대업) / 言訖(언흘) / 昏絶(혼절) /
徐徐又醒(서서우성) / 仰天長歎曰(앙천장탄왈) /
旣生瑜(기생유) / 何生亮(하생량) / 連叫數聲而亡(연규수성이망)

백리 땅이나 다스릴
인재가 아니다

非百里之才 비백리지재

유비가 말했다.

"근래 뇌양현을 다스리게 했더니 술을 좋아해서 고을 일은 나몰라라하고 말았다오."

제갈량이 웃으며 대답했다.

"사원(방통)은 백리 땅이나 다스릴 인재가 아닙니다. 가슴속에 담긴 학문은 저보다 10배는 뛰어납니다. 지난 날 제가 그에게 추천장을 써 줬었는데 주공께 바치지 않았습니까?"

주유가 세상을 떠난 후, 손권은 손발을 잃은 사람처럼 "어떻게 나라를 다스릴지 막막하기만 하다"면서 우울해 했다. 주유의 후계자인 노숙이 진언했다.

"저 역시 걱정입니다. 그래서 한 인재를 천거하고자 합니다. 그 사람은 천문에 통달하고 지리에 밝으며 지혜로움은 옛날의 관중과 악의에 못지않으며 용병에도 굉장히 능합니다. 그 사람이 지금 강남 땅에 있는데 한 번 만나보시지요."

손권은 반색하며 만나보자고 했다. 그 인재가 방통이었다. 그런데 손권은 방통의 얼굴을 보자 싫어하는 기색이 완연했다.

그때 방통의 모습은 '눈썹이 탁하고 코는 들창코인데다가 얼굴은 검고 수염은 짧아 생긴 모양새가 우스웠다'고 기록되어 있다. 손권은 생긴 것부터 마음에 들지 않자 지나가는 말투로 방통에게 몇 마디 물어보고는 등용할 뜻이 없다고 말했다.

방통은 탄식하며 물러나왔고, 노숙은 위로하며 말했다.

"내가 그대를 형주의 유황숙에게 천거하는 서신을 써 드리리다. 유황숙을 섬기게 되거든 아무쪼록 우리 동오와 손잡고 조조를 쳐부수도록 힘써주시길 바라오."

이렇게 해서 방통은 노숙이 써준 서신을 품에 넣고 형주로 가게 되었다. 그때 제갈량은 지방 순시를 나가 돌아오기 전이었다. 유비는 오래전부터 방통의 명성을 들었기에 곧 만났다. 그런데 유비 역시 방통의 못생긴 얼굴을 보고 시큰둥하게 대접했다. 방통이 눈치를 채고 노숙이 써준 추천서를 꺼내놓지 않았다.

결국 유비는 방통의 명성을 들은 바 있으나 생김새에 실망하여 형주 동북쪽 130여리에 있는 뇌양현의 현령 자리를 선심 쓰듯이 내주었다. 방통은 속으로 생각하기를 '유비조차 날 별로로 여기는구나. 허나 내가 가진 능력을 한 번 제대로 보여주고 싶구나'하여 이 직책을 받아들여 부임했다.

방통은 뇌양현에 부임하자 밤낮 술만 마시면서 고을 일에는 전혀 상관하지 않았고, 이 소문이 퍼져나가 유비 귀에 들어갔다.

"돼먹지 못한 선비가 감히 나의 법도를 어지럽힌단 말인가!"

이리하여 장비가 조사관의 직책으로 뇌양현으로 가서 방통의 비위 사실을 조사하게 되었다. 장비는 동헌으로 들어가 좌정하고 현령을 불러 오라고 명했다. 그때 방통은 술에 취해 비틀거리며 나타났다.

장비가 이 모습을 보고 "우리 형님께서 널 현령으로 삼았는데 어찌 고을 일을 보지 않고 술만 마시느냐?"고 질책하는데 방통은 "내가 무슨 일을 안 했단 말이오?"하고 대들더니 "요까짓 백리도 안 되는 고을에 어떤 문제가 그리 있겠소. 장군은 잠시 앉아서 내가 결재하는 거나 구경하시오"라고 큰 소리쳤다. 그러고는 아전을 불러 "그동안 처리하지 못한 공문을 가져와 아뢰거라"라고 분부했다.

아전들이 서류와 안건을 잔뜩 들고 와서 방통 앞에 늘어놓고 송사가 있는 원고와 피고들을 뜰아래 집결시켰다.

방통이 붓을 들어 서류를 결재하면서 송사 내용을 듣고 시비곡직을 가리는데 매사가 명쾌하여 조금도 착오가 없었다. 장비가 이 모습을 모조리 지켜보고는 정중히 사과했다.

"선생의 높은 재주를 몰라보고 결례가 많았습니다. 돌아가 형님께 자세히 말씀드리고 더 큰 뜻을 펼칠 수 있게 모시겠습니다."

때마침 제갈량이 지방 순시를 마치고 형주로 돌아왔다. 유비가 제갈량에게 그동안 일어난 바를 자초지종 말하자 제갈량이 그의 됨됨이를 설명했고, 결국 유비는 방통을 모셔오게 한 후 부군사중랑장으로 일을 보도록 하니 유비는 천하기재 두 사람을 좌우에 거느리게 되었다.

방통은 젊은 시절부터 생김새 때문에 많은 손해를 봤다. 자고로 '용모도 전략적 무기'라는 인식이 그의 발목을 잡았던 것이다.

「정사」의 주석 〈양양기〉에 의하면 방통은 20세가 되어 사마휘를 만나면서 그의 이름이 알려져 주유 밑에서 공조라는 벼슬을 살았는데 주유가 죽자 유비에게 갔다.

노숙이 형주의 유비에게 보내는 추천장에서 "방통은 1백리 정도의 작은 고을을 다스릴 정도의 인물이 아니니 치중이나 별가(장관의 고문)정도는 시켜줘야 지닌 재능을 십분 살릴 수 있다"고 했다. 비백리지재(非百里之才)라는 말은 실제로 노숙이 쓴 것이다.

玄德曰(현덕왈) / 近治耒陽縣(근치뇌양현) /

好酒廢事(호주폐사) / 孔明笑曰(공명소왈) /

士元非百里之才(사원비백리지재) / 胸中之學(흉중지학) /

勝亮十倍(승량십배) /

亮曾有薦書在士元處(양증유천서재사원처) /

曾達主公否(증달주공부)

비록 수효는 많으나 인심이 뭉치기 어렵고 이간시키기 쉬워 일거에 멸망시킬 수 있다

基衆雖多 人心不一 기중수다 인심불일
易於離間 一擧可滅 이어리간 일거가멸

조조가 말했다.

"관중 땅은 먼 변방이라 만일 도적 무리가 각각 험한 땅에 의지한다면 1, 2년이 지나도 그들을 평정하여 회복하기 어려울 것이다. 이번에 그들이 몰려왔으니 비록 수효는 많으나 인심이 뭉치기 어렵고 이간시키기 쉬워 일거에 멸망시킬 수 있었기에 내가 기뻐한 것이다."

모든 장수들이 절하고 말했다.

"승상의 신묘한 계책은 모두들 도저히 미치지 못할 바입니다."

서북지역 마초의 반란은 시간이 지나면서 처음의 기세등등 했던 것과 달리 조조의 이간책과 반간계에 걸려 내분이 일어나 지리멸렬하는 신세가 되고 말았다.

승리한 조조가 허도로 귀환할 때 부하들이 "처음부터 승상께서 밀어 부쳤으면 마초를 제압하기 쉬웠을 텐데 어찌하여 서량 일대의 모든 군사들이 모이기를 기다렸다가 쳐서 힘들게 이기셨습니까?"하고 물으니 조조가 웃으며 대꾸했던 것이다.

"서량 방면 놈들이 모두 모여 들었을 때 일망타진하는 것이 결과적으로는 시간이 절약되고 후환을 제거하는데 효과적이지 않겠느냐."

당시 서북지역은 오랑캐와 접경 지역에다 유목생활지여서 여러 세력들이 각각 흩어져 있었으므로 단일 세력으로는 별 볼일 없었지만 하나하나 각개 격파를 하려면 몇 년이 걸릴지 모르는 일이었다.

조조가 이 점을 지적하며 시간이 걸린 점을 설명한 것이다.

曹操曰(조조왈) / 關中邊遠(관중변원) /

若群賊各依險阻(약군적각의험저) /

征之非一二年不可平復(정지비일이년불가평복) /

今皆來聚一處(금개래취일처) / 其衆雖多(기중수다) /

人心不一(인심불일) / 易於離間(이어리간) 一擧可滅(일거가멸) /

吾故喜也(오고희야) / 衆將拜曰(중장배왈) / 丞相神謀(승상신모)

衆不及也(중불급야)

수레에 싣고 말로
퍼 담을 만큼 많다

車載斗量 거재두량

　서천 일대가 불안한 정세를 보일 때 유장 휘하의 장송이란 인물이 사신의 자격으로 허도에 왔다. 그는 공식적인 사신 임무와는 달리 유장이 지도자로서 무능하다고 느껴 서천 땅을 조조에게 바칠 속셈을 갖고 있어 우선 유창한 언변으로 박식함을 뽐냈다.

　승상부의 주부(비서관)인 양수가 이에 감탄하여 "지금 유장 휘하에 그대와 같이 뛰어난 인재가 얼마나 있느냐?"고 물으니, 장송이 우쭐대면서 말했다.

　"문무를 겸비한 인재와 지혜로운 용기로 충의를 지키는 선비는 백명도 넘을 것이오. 그런데 나 정도의 평범한 인물을 헤아린다면 수레에 싣고 말(斗)로 퍼 담을 만큼 많아 모두 헤아리지 못할 것이오(車載斗

量 不可勝記)."

여기서 '거재두량'이란 스스로를 겸손하게 낮추면서 자신이 속한 진영의 우수함을 자랑하는 외교적 수사로서 사용되는 표현이었다.

그런데 장송의 이런 우쭐거림은 첫 의도였던 조조에게 서천 땅을 바칠 생각이 사라졌음을 의미한다고 하겠는데 양수로서는 장송의 진의를 알 길이 없어 적절히 대응하지 못했다.

훗날 관우의 복수전으로 유비가 강동으로 쳐들어갔을 때, 위기를 느낀 손권이 허도의 조비에게 구원을 청하는 사신을 보냈는데 이 말이 또다시 등장한다. 그 과정은 이랬다.

사신의 이름은 조자(趙咨), 그가 품위 있는 정중한 태도로 조비에게 구원병을 청하자, 조비가 호감을 갖고 은근히 물었다.

"동오에는 대부와 같은 인재가 얼마나 있소?"

조자가 겸손하게 대답했다.

"총명하고 뛰어난 재주를 가진 인물은 8, 90명 정도는 되며, 저처럼 능력이 모자라지만 나라를 위해 노력하는 정도의 인물이라면 수레에 싣고 말(斗)로 퍼 담을 만큼 그 수효를 헤아리지 못할 것입니다."

조비가 고개를 끄덕이며 "다른 나라에 가서 자기 군주를 욕되게 하지 않는다(使於四方 不辱君命)는 옛 말이 있으니 바로 그대를 두고 한 말 같도다"라고 칭찬했다.

청산은 늙지 않고
푸른 물은 영원하다

靑山不老 청산불로 綠水長存 녹수장존

유비가 두 손을 모아 인사하며 사례했다.

"청산은 늙지 않고, 푸른 물은 영원하니 훗날 일을 성사시키면 필히
후하게 보답하겠소이다."

장송이 대꾸했다.

"제가 밝은 주공을 만나 진정을 다해 고한 것인데 어찌 보답을 바라
겠습니까?"

장송이 조조 진영을 떠나 형주로 가서 "유장이 우매하고 나약한데다
한심하기가 이를 데 없으니 유황숙께서 서천을 거두시라"고 부추기며
신하가 되겠다고 자청하니, 유비와 제갈량은 서천을 노리고 있던 바라

크게 환대하면서 장래를 기약했다.

장송은 결국 유비 진영의 앞잡이가 되어 서촉을 배신하는데 마치 명분 있는 것처럼 꾸며 유비를 부추겼다.

"나는 주인을 팔아 영화를 구하려는(賣主求榮) 것이 아닙니다. 지금 진심을 말씀드리는 겁니다. 유장은 원래가 어리석어 어진 선비를 쓸 줄 모릅니다. 더구나 한중의 장로가 서천을 노리기에 민심이 크게 동요하고 있습니다. 공께서 나선다면 제가 견마지로를 마다하지 않겠으니 확고한 뜻을 세우십시오."

유비는 의례적으로 사양하다가 마지못해 응할 마음이 생겼다는 듯이 '청산불로 녹수장존'이라 하면서 장송에게 너무 서둘지 말고 기회를 마련해 보라는 뜻을 밝혔다.

玄德拱手謝曰(현덕공수사왈) / 靑山不老(청산불로) /

綠水長存(녹수장존) / 他日事成(타일사성) /

必當厚報(필당후보) / 松曰(송왈) / 松遇明主(송우명주) /

不得不盡情相告(부득불진정상고) /

豈敢望報乎(개감망보호)

말은 백락을 만나야 울고,
사람은 지기를 위해서 목숨을 바친다

馬逢伯樂而嘶 마봉백락이시　人遇知己而死 인우지기이사

　장송은 형주에서 받은 환대에 기분이 들떠 서촉으로 돌아가자, 유장에게 보고하기 전에 법정과 맹달을 따로 만나 유비에 대한 칭찬을 늘어놓은 후, 세 사람이 꾀를 내어 유비에게 서천 땅을 넘겨주는 일을 도모하기로 작당했다.

　결국 셋은 음모를 꾸몄고, 장송은 유장에게 "조조는 오만방자한 역적으로 천하를 삼키려 곧 우리 서천을 치려 한다"면서 "형주의 유비는 주공과 동족이며 조조도 경시하지 못하니 어서 유비에게 사신을 보내 도움을 청하는 것이 좋겠다"고 거짓 고했다.

　이에 깜빡 속은 유장은 "누굴 유비에게 보내면 좋겠느냐?"고 물었고, 장송은 "법정과 맹달이 적임자"라며 적극 추천했다.

유장은 이를 받아들여 법정을 먼저 보내 서신을 전하는 동시에 유비를 서천으로 초청하고 맹달은 군사 5천 명을 거느리고 유비를 맞이하도록 조치했다.

이때 황권은 서촉의 주부로 있었는데 절대로 유비를 받아들이지 말라고 했고, 왕누는 "유비야말로 효웅(梟雄)이라, 조조를 섬기다 조조를 죽이려 했고, 손권을 따르다가 형주 땅을 집어삼킨 인물인데 어찌 믿느냐"며 완강히 주장했으나 유장은 받아들이기는커녕 이들을 아예 추방하라고 명령을 내렸다.

결국 법정은 유장의 초대장을 들고 유비에게 가서 서신을 바친 후, 장송과 모의한 '서촉 땅을 넘겨주는 음모'를 진행시켰다.

"옛 사람이 말하길 '말은 백락을 만나야 울고, 사람은 지기를 위해서 목숨을 바친다'고 했습니다"라고 하면서 마치 충의지사처럼 다짐하여 유비의 환심을 사고 서촉 땅을 차지하게끔 셋이 작당한 계략을 내놓았던 것이다.

유비는 앞서의 장송에게 한 것처럼 어디까지나 겸양의 태도를 보이며 은근히 부추기는 발언을 하면서 법정이 적극적으로 서촉을 배반하도록 이끌어냈다.

작은 산새도 나뭇가지 하나를 차지하고 영리한 토끼는 세 개의 굴을 파고 산다

鷦鷯尙存一枝 초료상존일지 狡兔猶藏三窟 교토유장삼굴

유비가 말했다.

"나는 떠돌이 신세라 슬픈 생각과 안타까운 탄식이 어찌 없겠소. 작은 산새도 나뭇가지 하나를 차지하고, 영리한 토끼는 세 개의 굴을 파고 산다는데 난들 생각이 없겠소이까. 촉은 풍요로운 곳이니 차지하고 싶지 않은 것이 아니나 유계옥(유장)이 나와는 같은 집안이라 차마 도모하기가 그렇구려."

얼마 전에는 장송이 찾아와 매달리다시피 서천 땅을 바치겠다고 했고, 이번에는 법정이 와서 충성을 맹세하며 주공으로 모시겠다면서 서촉으로 들어갈 명분과 방법을 제시하는데도 유비는 '마음은 굴뚝같으나 같은 유씨 집안이어서 유장을 내치는 일은 어렵겠다'는 투의 답변을 하는데 이야말로 연막전술이었다.

유비 자신은 어디까지나 도덕군자로서 체통을 잃지 않고 법정 같은 배신자들이 더 적극적으로 나서서 역할해 달라는 주문을 하고 있었던 것.

더구나 유비가 '교토삼굴'의 고사를 입에 담은 것은 시사하는 바가 적지 않다. 이 이야기는 전국시대 4군(四君)으로 명성을 날렸던 맹상군에 얽힌 것이지만 배경에는 풍환이라는 열렬한 협의지사(俠義志士)형 측근 참모가 있었다는 점이다.

맹상군은 제나라 왕족으로 제 선왕의 막내 동생 전영(田嬰)의 아들인데 인심이 후하여 그에게 의탁한 식객이 3천 명이 넘을 정도로 많았다. 따라서 명성도 높았지만 시샘하는 무리도 적지 않았다. 한 번은 그의 명성을 들은 진(秦)나라 왕이 초대하여 함양에 갔는데 '적국의 유능한 인재는 자국의 장래 화근이 된다'고 하여 잡혀 죽을 뻔한 위기에 놓였으나 때마침 '개 짖는 소리를 흉내 내면서 도둑질 하는(狗盜) 자와 닭울음 소리의 명인인 광대(鷄鳴)'의 도움을 받아 무사히 진나라에서 도망칠 수 있었듯이 여러 형태의 인물이 식객으로 있었다.

그런데 맹상군이 재상직에서 물러나자 3천 식객들이 모조리 흩어져 제 갈 길을 갔고 풍환만은 곁을 지켰다. 그는 계책을 써서 맹상군을 다시 재상직에 복귀시키고 지난 날의 식객들을 다시 부르자고 했다. 이에 맹상군이 옛날을 떠올리며 탄식했다.

"나는 언제나 객을 좋아했고, 그들을 대우하는데 소홀한 점이 없었다고 믿고 있소. 그런데 그들은 내가 실각하자 모두들 등을 돌리고 떠나갔소. 그대의 힘으로 내 본래의 지위를 회복했으나 지난날 그 식객들이 다시 찾아온다면 나는 그들 얼굴에 침이라도 뱉고 싶소."

이때 풍환은 다른 말로 맹상군을 설득했다.

"자고로 부귀해지면 모여들고 빈한해지면 친구조차 멀어지는 것은 세상사 당연한 이치입니다. 따라서 당시 떠나간 식객들을 원망하실 필요가 전혀 없습니다."

맹상군은 풍환의 충고에 따르겠다고 했는데, 이후에 풍환은 맹상군의 출세와 세력을 키우기 위해 온갖 계책을 세우고 안전한 대비책으로 '교토삼굴'이라는 명분아래 치사한 행동도 서슴지 않았다. 좋게 보면 충성스런 부하였지만 달리 보면 혼란한 세상을 임기응변으로 살아가는 인물이었다. 따라서 유비는 법정에게 그런 측근 참모가 되어달라는 의미까지 담아 '교토삼굴' 이야기를 하면서 법정이 어떻게 나오는지 탐색했다고 볼 수 있다.

玄德曰(현덕왈) / 備一身寄客(비일신기객) /
未嘗不傷感而歎息(미상불상감이탄식) /
思鷦鷯尚存一枝(사초료상존일지) /
狡兔猶藏三窟(교토유장삼굴) / 何況人乎(하황인호) /
蜀中豊餘之地 (촉중풍여지지) / 非不欲取 (비불욕취) /
奈劉季玉係備同宗(내유계옥계비동종) / 不忍相圖(불인상도)

군주에게는 다툴 신하가 있어야 하고
아비에게는 다툴 자식이 있어야 한다

君有諍臣 군유쟁신 父有諍子 부유쟁자

유장이 출발하려는데 한 사람이 부르짖기를 "주공은 황공형(황권)의 충언을 받아들이지 않고 스스로 죽을 곳을 찾아 가십니까?"하면서 층계 아래 엎드려 간했다.

유장이 바라보니 건녕군 유원 출신의 이회로, 머리를 조아리며 간하는 것이었다.

"듣기로 군주에게는 다툴 신하가 있어야 하고, 아비에게는 다툴 자식이 있어야 한다 했습니다. 황공형의 충언을 필히 귀담아 들으소서. 유비를 받아들이는 건 호랑이를 문 안으로 맞아들이는 것과 같습니다."

장송과 법정 등의 계략이 무르익어 결국 유비 진영에서는 '서촉 땅을 위협하는 장로를 물리치기 위해 구원군을 파견한다'는 명분을 갖고 군사를 파견한 후, 기회를 틈타 유장을 쫓아내고 서촉을 차지한다는 음모가 정해졌다.

유장은 이런 사실을 꿈에도 모른 채 유비가 구원군을 이끌고 온다는 소식을 듣고 영접하기 위해 성도를 출발하려 했다.

서천 땅에는 장송이나 법정, 맹달 같은 인사들만 있었을까? 결코 아니었다. 황권은 "유비를 불러들이는 건 절대로 잘못이다. 자칫 해를 당하신다"고 외치면서 유장의 옷깃을 물고 만류하다가 뿌리치는 바람에 이빨이 두 개가 빠졌으나 굽히지 않자 끌려 나갔는가 하면, 이회는 "황권의 진언이 옳다"면서 유장의 행차를 가로 막았는가 하면 익주 종사 왕누는 성문 위에 거꾸로 매달려 "유비의 흉측한 계략에 속지 마시고, 장송 같은 간신배를 처형해야 합니다"고 적극 간언하다가 질타를 받고 스스로 성문 위에서 떨어져 죽는 일까지 있었다.

劉璋欲行(유장욕행) / 一人叫曰 (일인규왈) /
主公不納黃公衡忠言(주공불납황공형충언) /
乃欲自就死地耶(내욕자취사지야) / 伏於階前而諫(복어계전이간) /
璋視之(장시지) / 乃建寧兪元人也(내건녕유원인야) /
姓李名恢 (성이명회) / 叩首諫曰(고수간왈) / 竊聞(절문) /
君有諍臣(군유쟁신) 父有諍子(부유쟁자) /
黃公衡忠義之言(황공형충의지언) / 必當聽從(필당청종) /
若容劉備入川(약용유비입천) / 是猶迎虎於門也 (시유영호어문야)

사람이 앞날에 대해 염려하지 않으면
반드시 가까운 걱정거리가 생긴다

人無遠慮 인무원려 **必有近憂** 필유근우

여몽이 앞으로 나와서 말했다.

"조조가 군사를 이끌고 오니 유수 땅 수구에 보루를 쌓아 막아야 합니다."

여러 장수들이 물었다.

"언덕 위에서 적군을 칠 수 있고, 신발만 벗고 배를 타면 돌아오는데 보루는 쌓아서 뭣 합니까?"

여몽이 대꾸했다.

"군사도 날카롭고 둔할 때가 있으니 싸운다고 꼭 이기는 건 아니잖소. 만일에 갑자기 적을 만나 보병과 기병이 서로 엉키는 경우 강가에 이를 기회가 없는데 어느 틈에 배에 오른단 말이오."

손권이 "사람이 앞날에 대해 염려하지 않으면 반드시 가까운 걱정거리가 생긴다고 했으니 자명(여몽)의 견해는 앞날을 내다보는 것이다"라고 하면서 군사 수만 명을 보내 보루를 쌓게 했다.

유비가 군사를 이끌고 서촉 땅으로 들어간 사이에 동오에서는 '오부인이 위독하다'는 거짓말로 손부인이 친정으로 올 때 아두를 데리고 오면 형주와 아두를 교환하자고 제안할 목적의 흉계를 꾸몄으나 실패하고 말았다.

결국 손부인은 빈손으로 친정에 돌아왔고, 손권은 "이제 누이가 돌아왔으니 우리와 유비는 아무 인연이 없다. 곧 형주 칠 준비를 하라"고 명령하는데 조조가 40만 군사를 일으켜 적벽의 원수를 갚으러 온다는 보고가 들어왔다.

이리하여 형주 치는 일은 뒤로 미루고 조조의 침공부터 막아야겠다며 대책을 논의하는데 장굉(張紘)이 죽어 유서를 가져왔다는 보고가 연이어 들어왔다.

손권이 유서를 읽어 보니 "주공께서는 우선 말릉(秣陵: 오늘의 남경)으로 수도를 옮기십시오. 그곳의 산천은 제왕의 기(氣)가 있으니 속히 옮겨서 만세의 대업을 이루십시오"라고 적혀 있었다.

손권이 이를 받아들여 석두성(石頭城)을 쌓고 도읍을 옮기기로 하는 한편 여몽의 진언에 따라 유수 땅 수구에 보루(堡壘)를 쌓아 조조군을 막는 공사를 밤낮없이 진행했다.

조조군이 남하하여 유수 땅에 이르렀을 때는 손권측의 대비책이 완벽했다.

이를 지켜본 조조가 "자식을 두려거든 중모(손권) 같아야지 경승(유표)의 자식 따위는 개돼지나 다름없다(生子當如孫仲謀 若劉景升兒子 豚犬耳)"
라고 했다는 말이 전해진다.

　결국 조조는 손권의 기세가 만만찮고 유수 땅의 방비가 철통같다는
사실을 확인하고는 군사를 되돌렸다.

◆ 군사를 거느리고 동오를 치러 가는 조조

呂蒙進曰(여몽진왈) / 曹操兵來(조조병래) /
何於濡須水口築塢以拒之(하어유수수구축오이거지) /
諸將皆曰(제장개왈) / 上岸擊賊(상안격적) / 跌足入船(질족입선) /
何用築城(하용축성) / 蒙曰(몽왈) / 兵有利鈍(병유리둔) /
戰無必勝(전무필승) / 如猝然遇敵(여졸연우적) /
步騎相促(보기상촉) / 人尚不暇及水(인상불가급수) /
何能入船乎(하능입선호) / 孫權曰(손권왈) /
人無遠慮(인무원려) / 必有近憂(필유근우) /
子明之見甚遠(자명지견심원) /
便差軍數萬築濡須塢(편차군수만축유수오) /

인의로 사람을 대하면 그 사람은 나를 저버리지 않는다

仁義待人 인의대인 人不負我 인불부아

냉포가 말했다.

"죽음을 면하게 해주셨으니 어찌 항복하지 않겠습니까. 유궤와 장임은 저와 생사지교 사이니 만일 저를 풀어줘 보내주시면 그 두 사람이 항복하게 하고 낙성을 바치겠습니다."

유비는 크게 기뻐하며 의복과 안장 없은 말을 내주어 냉포를 낙성으로 돌려보냈다.

이 때 위연이 반대하고 나섰다.

"저 자를 풀어주면 안 됩니다. 한번 빠져나가면 돌아오지 않을 것입니다."

유비가 대꾸했다.

"내가 인의로 사람을 대하면 그 사람도 나를 저버리지 않는다."

　유비가 서촉 땅을 집어 삼키려 왔다는 사실을 뒤늦게 알게 된 유장은 장임과 냉포 등에게 5만 군사를 내주며 낙성에 포진하여 유비군을 격퇴하라고 명했다.

　유장의 군사와 유비군 사이에 전투가 벌어졌고, 낙성 밖에 영채를 세웠던 유장의 부하 냉포가 위연에게 사로잡혀 유비 앞으로 끌려왔다. 그러자 유비는 친히 냉포의 결박을 풀어주며 "진심으로 항복하면 살려주겠다"고 회유했다.

　냉포는 우선 살아야겠다는 생각에 그리 하겠노라고 대답했으나 돌아가자 적군 10여 명을 죽이고 도망쳐 왔다면서 유비군을 무찌를 방도를 세웠다. 강둑을 무너뜨려 유비군을 몰살하려는 계책이었다. 하지만 운이 다했는지 비바람치는 밤에 강둑을 무너뜨리려 나갔다가 위연에게 또다시 붙잡혔고, 결국 처형당했다.

冷苞曰(냉포왈) / 旣蒙免死(기몽면사) / 如何不降(여하불항) /
劉瑰張任與某爲生死之交(유궤장임여모위생사지교) /
若肯放某回去(약긍방모회거) / 當卽招二人來降(당즉초이인래항) /
就獻雒城(취헌낙성) / 玄德大喜(현덕대희) /
便賜衣服鞍馬(편사의복안마) / 令回雒城(영회낙성) /
魏延曰(위연왈) / 此人不可放回(차인불가방회) /
若脫身一去(약탈신일거) / 不復來矣(불복래의) / 玄德曰(현덕왈) /
吾以仁義待人(오이인의대인) / 人不負我(인불부아)

궁벽한 산속에 혼자 있으면서
호랑이를 불러 지키게 한다

獨坐窮山 독좌궁산 引虎自衛 인호자위

엄안은 파군에 있으면서 유장이 법정을 파견하여 유비를 서촉으로 청해 들였다는 소식을 듣고 가슴을 치며 탄식했다.

"이는 궁벽한 산속에 혼자 있으면서 호랑이를 불러들여 자신을 지키려는 것과 다름없도다."

이후 그는 유비가 부관을 점령했다는소식을 듣고 크게 분노하여 군사를 거느리고 가서 싸우고 싶어 했다. 그때 적군이 쳐들어 온다는 보고를 받았고, 그날 장비가 군사를 데리고 왔다는 보고를 들었다.

유비가 서천 땅을 빼앗으려다 낙봉파에서 방통을 잃었다. 이리하여 궁지에 몰린 유비가 구원을 청했고, 형주를 지키던 제갈량과 장비, 조자룡 등 주력부대가 서천으로 들어가 유비를 도와야 했다. 형주는 이 때부터 관운장이 맡아 다스리기로 했다.

제갈량은 형주를 떠나기 직전 관운장에게 형주를 지키는 주 전략으로 '북쪽으로는 조조를 막고(北拒曹操), 동쪽으로는 손권과 친선하라(東和孫權)'는 여덟 자를 제시했다.

장비에게는 별도로 신신 당부했다.

"서촉 땅에 호걸들이 많으니 함부로 대해서는 안 되오. 진격 도중에 병사들은 절대로 백성들 물건을 노략질하면 안 되고, 추호도 민심을 해치면 안 된다고 철저히 감독하시오. 백성을 위로하고 아껴야 하오. 실수 없도록 각별히 유념하오."

장비는 승낙하고 병사를 이끌고 나아가는데 약속대로 항복하는 사람들은 해치지 않고, 파군(巴郡)으로 진격해 갔다.

그때 척후가 돌아와 "파군 태수 엄안은 명성이 높은 장수로, 비록 늙었으나 정력이 왕성하여 강궁과 대도(大刀)를 써서 혼자 천명을 상대하는 용맹이 있다 합니다. 그는 성을 배경으로 항복할 생각은 전혀 없는 것 같습니다"라고 보고했다.

장비는 이때 예전처럼 무작정 공격하는 것이 아니라 계책을 써서 엄안을 생포했고, 그가 끌려오자 오히려 달려 나가 손수 포승줄을 풀어주며 대청 위로 모셔놓고 넙죽이 절하며 "나는 장군께서 서촉의 영웅이라는 걸 잘 압니다. 가르침을 청합니다"고 정중히 대했다.

장비의 놀라운 변신이었다.

엄안은 '유비 진영에서 성질이 급하고 포악하기로 이름난 장비가 이 지경이라면 유비나 관운장 등은 얼마나 은혜와 의리에 밝을 것인가'하고는 진심으로 귀순했다.

그리고 장비가 서천의 관소를 통과할 때마다 도와주니 장비의 군사들은 큰 어려움 없이 목적지인 낙성을 향해 나아가 구원군 중에서 가장 먼저 도착할 수 있었다.

◆ 파촉 진입하여 엄안을 풀어주는 장비

嚴顔在巴郡(엄안재파군) /

聞劉璋差法正請玄德入川(문유장차법정청현덕입천) /

拊心而歎曰(부심이탄왈) / 此所謂獨坐窮山(차소위독좌궁산) /

引虎自衛者也(인호자위자야) /

後聞玄德據住涪關(후문현덕거주부관) / 大怒(대노) /

屢欲提兵往戰(누욕제병왕전) /

又恐這條路上有兵來(우공저조로상유병래) /

當日聞知張飛兵到(당일문지장비병도)

법정이 말했다.

"옛날 고조께서 약법삼장(約法三章)으로 백성들은 그 덕에 감복했으니 원컨대 군사께서도 형벌을 관대히 하고 법을 간략히 해서 백성의 기대를 헤아리시길 바랍니다."

제갈량이 대답했다.

"그대는 하나만 알고 둘은 모르오. 진나라가 포악한 법을 써서 만백성의 원한을 샀기에 고조께서는 너그러움으로 민심을 얻었던 것이오. 지금까지 이곳은 유장의 어리석고 나약한 탓에 덕으로 다스리지 못했고 위엄과 형벌로 기강을 세우지 못했기에 군주와 신하의 도리가 무너진 것이오."

유장이 마침내 항복했다. 관직을 상징하는 인수와 항복문서를 내놓고 성 밖으로 나와 유비에게 무릎을 꿇은 것이다. 유비는 따뜻한 말로 위로하며 유장과 함께 성도에 들어서니 백성들이 도열하여 영접했다. 새로운 주인을 맞이한 것이었다.

제갈량이 "유장을 형주로 보내자"고 하여 유비는 그렇게 처리한 후, 모든 문부백관들에게 많은 상과 벼슬을 내렸다. 그리고 법률을 정해 서천 땅의 기강을 세우는 일을 제갈량에게 맡겼다. 제갈량이 법조문을 정했는데 형벌이 매우 엄격했다.

이에 법정이 옛 고사를 예로 들어 형벌을 간소화하자고 하니 제갈량이 일침을 놓은 것.

결국 제갈량의 뜻대로 서천 땅에 실시된 법규는 몹시 엄격했다. 하지만 백성들은 잘 순응했다. 법규가 워낙 엄격해서 무서운 나머지 복종한 이유도 있겠으나 지위고하를 막론하고 법을 공평하게 적용했기 때문에 불만없이 받아들였다.

法正曰(법정왈) / 昔高祖約法三章(석고조약법삼장) /
黎民皆感其德(여민개감기덕) / 願軍師寬刑省法(원군사관형성법) /
以慰民望(이위민망) / 孔明曰(공명왈) / 君知其一(군지기일) /
未知其二(미지기이) / 秦用法暴虐(진용법폭학) /
萬民皆怨(만민개공) / 故高祖以寬仁得之(고고조이관인득지) /
今劉璋闇弱(금유장암약) / 德政不擧(덕정불거) /
威刑不肅(위형불숙) / 君臣之道(군신지도) / 漸以陵替(점이능체)

장수가 외지에 나가 있으면
군주의 명령도 듣지 않는다

將在外 장재외 君命有所不受 군명유소불수

관운장의 안색이 변하며 호통을 쳤다.

"나는 예전에 형님과 도원결의를 하면서 맹세하기를, 한실을 부흥시키기로 했소. 형주도 본래 한나라 강토인데 어찌 한 치 땅이라도 함부로 남에게 내줄 수 있겠소. 장수가 외지에 나가 있으면 군주의 명령이라도 듣지 않는다지 않소. 형님의 서신을 갖고 왔어도 나는 내줄 수 없소."

제갈근이 말했다.

"지금 오후가 나의 가족을 모두 가두었으니 만약 형주 땅을 돌려받지 못하면 장차 모두 주살당할 것이오. 장군께서는 가련히 여겨 주시오."

관운장이 단호하게 물리쳤다.

"그건 오후의 속이는 꾀요. 나를 속여 넘기려 하지 마오."

‘유비가 서촉 땅을 점령했다’는 소식이 전해지자 손권은 형주를 돌려받을 기회라 여겼다.

그때 장소가 계책을 진언했다.

“유비는 제갈량에게 의지하고 있습니다. 제갈량의 친형 제갈근이 여기서 벼슬하고 있으니 먼저 제갈근 가족부터 모두 잡아가두고 그를 서천으로 보내 형주 땅을 돌려주지 않으면 가족을 모두 죽일 것이라고 하면 제갈량도 형제간의 정리로 어쩔 수 없을 것입니다.”

상대에게 겁주는 속임수를 쓰자는 계책이었다. 제갈근이 성도에 가서 눈물을 흘리며 호소하니 유비는 형주 6개 군 가운데 장사 · 영릉 · 계양 3개 군을 돌려주겠다는 문서를 작성해 제갈근에게 내주었다.

유비가 문서를 내주면서 제갈근에게 “공은 형주에 가서 내 아우에게 세 군만 돌려달라고 잘 말 하시오. 내 아우는 성미가 워낙 강경해서 나도 두려워할 정도니 좋은 말로 타이르셔야 하오”라고 당부했다.

제갈근은 문서를 가지고 서둘러 형주로 갔다. 관운장은 그를 안으로 맞아들이고 인사를 나눈 후 온 까닭을 물으니 제갈근이 문서를 내놓으며 말했다.

“세 군을 돌려주기로 황숙께서 승낙하신 문서요. 확인해보시오.”

그러자 관운장의 안색이 변하면서 ‘장수가 밖에 있으면 군주의 명령일지라도 듣지 않는다’는 「손자병법」의 구절을 인용하며 딱 잘라 거절했던 것.

이 구절은 「손자병법」 구변 편 4번째 항에 있다. ‘길에는 의지하지 못할 곳이 있고, 군에는 치지 않을 곳이 있고, 성에는 공격하지 않을 곳이 있고, 땅에는 다투지 않을 곳이 있고, 군주의 명령도 받지 않아

야 할 것이 있다.'

관운장이 어림없다고 제갈근에게 일갈했는데 아마 유비도 이렇게 되리라 이미 짐작한 터였다. 제갈근에게 문서를 내주면서 "내 아우가 성미가 워낙 강경해서 나도 두려워할 정도"라고 말한 점이 바로 그것. 관운장의 성미가 강경하다고 한 점은 불의나 부도덕, 또는 정당하지 못한데 대해서였지 유비의 명령에 대해 그런 것이 아니었다. 오히려 치솟는 분노를 느꼈을지라도 유비가 눈치 한번 보내면 그대로 수그러드는 관운장 아닌가.

이런 점을 헤아려보면 유비와 제갈량은 처음부터 손권 진영에서 속임수로 제갈근의 가족을 가둬놓고 형주를 얻으려는 계책을 헤아렸으며 문서를 받더라도 형주의 관운장이 세 군을 결코 동오에게 넘겨주지 않으리라는 확신을 갖고 생색을 냈다고 보는 게 합리적인 판단이다.

雲長變色曰(관운장변색왈) / 吾與吾兄桃園結義(오여오형도원결의) /
誓共匡扶漢室(서공광부한실) / 荊州本大漢疆土(형주본대한강토) /
豈得妄以尺寸與人(개득망이척촌여인) / 將在外(장재외) /
君命有所不受(군명유소불수) / 雖吾兄有書來(수오형유서래) /
我卻只不還(아각지불환) / 瑾曰(근왈) /
今吳侯執下瑾老小(금오후집하근노소) / 若不還荊州(약불환형주) /
必將被誅(필장피주) / 望將軍憐之(망장군린지) / 雲長曰(운장왈) /
此是吳侯譎計(차시오후휼계) / 如何瞞得我過(여하만득아과)

인생의 괴로움은 만족하지 못하는 것
이미 농서를 얻었는데 촉 땅까지 바라겠는가

人苦不知足 인고부지족 旣得隴復望蜀 기득농부망촉

조조가 탄식하며 말했다.

"인생의 괴로움은 만족하지 못하는 것, 이미 농서를 얻었는데 촉 땅까지 바라겠는가."

유엽이 말했다.

"사마중달의 말이 옳습니다. 만일 이 기회를 잃게 되면 제갈량은 나라를 밝게 다스리는 재상이 될 것이고, 관운장과 장비는 용맹으로써 삼군을 통솔하여 촉 땅 백성들이 안정될 것이니 모든 요충지와 관소가 굳게 지켜져서 다시는 그들을 칠 수 없게 될 것입니다."

유비가 서촉 땅을 차지하고 얼마 후, 조조는 한중(漢中)의 장로를 치려고 군사를 일으켰다. 한중을 다스리던 장로는 군사를 총동원했으나 조조군의 예기를 당해낼 수 없었다.

이때 장로의 동생 장위가 "이 지경이 되었으니 창고와 부고를 모두 불살라버리고 파중 땅으로 가서 항전하자"고 주장했는데 장로가 "나는 이 땅을 나라에 바칠 생각이었으나 뜻을 이루기도 전에 사태가 이 지경이 되고 말았다. 창고와 부고에 있는 재물은 나라의 것이니 그럴 수 없다"고 뿌리치고는 그날 밤 모든 재화를 봉해놓고 달아났다.

조조는 이들의 뒤를 쫓지 않고 한중의 남정성으로 들어가 창고와 부고가 온전한 걸 보고는 그 후 장로가 항복했을 때 용서하여 진남장군으로 봉해 예우해주니 한중이 모두 평정되었다. 승상부의 주부 벼슬에 있는 사마의가 출사한 지 몇 년 만에 처음으로 계책을 내놓았다.

"유비가 속임수를 써서 유장을 쫓아낸 후 파촉 땅 민심이 아직 안정되지 않고 있을 때에 주공께서 한중을 차지하여 그 위세가 진동합니다. 이제 군사를 거느리고 파촉으로 진격하면 그들은 쉽게 와해될 것입니다. 지혜 있는 사람은 때를 잘 이용하는 것이니 이때를 놓치지 마십시오.(智者貴於乘時 時不可失也)"

조조는 이 말을 듣자 '득롱망촉(得隴望蜀)'의 고사를 인용하여 거절했다. 사실 사마의가 파촉 진격을 진언했을 당시 파촉 땅 백성들은 "조조군이 온다"면서 하루에 몇 번씩 놀랐다는 기록도 있으며, 제갈량도 놀라서 "형주의 3개 군을 손권에게 돌려주고 동오군으로 하여금 북진하여 합비성을 공격케 하면 그쪽을 도우러 갈 테니 자연히 조조군의 침공을 저지할 수 있다"면서 형주 반환을 결심했을 정도였다. 결국 이 무렵의 파촉을 차지한 유비에게 최대의 위기였음은 분명했다.

그런데 조조가 사마의의 진언을 거절하고 군사를 돌렸다. 당시 조조의 나이 62세, 죽기 4년 전이었다. 패기와 야망이 상당부분 쇠퇴했고, 더 이상 천하통일의 야심보다는 현실적인 안주에 관심을 쏟았다고 볼 수 있다.

'득농망촉'의 고사는 「후한서(後漢書)」〈잠팽전〉에 나오는 후한의 창업주 광무제가 쓴 다음과 같은 서신에서 유래된 것.

— 사람은 만족을 알지 못해 고생한다. 농을 평정하니 또 촉을 바라게 되는구나. 하지만 군대를 보낼 때마다 이로 인해서 머리카락이 희어진다.

광무제는 감숙 일대를 정복하고자 잠팽에게 군사를 주어 보냈는데 원정군이 고생할 것을 생각하면 자신의 마음이 심히 안타깝다는 의미로 이 서신을 써 보냈다. 그때 잠팽은 광무제의 배려에 감동하여 맹렬히 공격한 결과 농을 평정했는데 촉까지 진격할까 두려워한 촉의 자객에게 암살당했다.

曹操嘆曰(조조탄왈) / 人苦不知足(인고부지족) / 既得隴(기득농) /
復望蜀耶(부망촉야) / 劉曄曰(유엽왈) /
司馬仲達之言是也(사마중달지언시야) / 若少遲緩(약소지완) /
諸葛亮明於治國而為相(제갈량명어치국이위상) /
關張等勇冠三軍而為將(관장등용관삼군이위장) /
蜀民既定(촉민기정) / 據守關隘(거수관애) / 不可犯矣(불가범의)

군주의 녹을 먹었으면
오로지 충성해야 한다

食君之祿 식군지록　忠君之事 충군지사

조조는 악진의 얼굴에 맞은 화살을 보고 영을 내려 장중에서 치료하게 하고는, 다음날 군사를 다섯 길로 나누어 유수를 향해 쳐들어 갔다.

조조 자신은 중간 길로, 장요는 왼편 첫째 길로, 이전은 왼편 둘째 길로, 그리고 서황은 오른편 첫째 길로, 방덕은 오른편 둘째 길로 각기 군사 만 명씩을 이끌고 강변으로 쇄도했다.

그때 손권 진영의 동습과 서성 두 장수는 배 위에서 다섯 길로 쳐들어오는 것을 보았는데 모든 병사들이 겁에 질린 것에 대해 서성이 꾸짖었다.

"군주의 녹을 먹었으면 오로지 충성을 바칠 뿐이거늘 무얼 그리 두려워하느냐!"

그러고는 용맹한 군사 수백 명을 이끌고 작은 배에 올라 강변으로 건너가 이전의 군사들 가운데로 돌격했다.

조조가 파촉으로 진격할 뜻이 없음을 밝히고 있을 때, 유비 진영에서는 몹시 긴장하여 대책을 강구하니 제갈량이 말했다.

"형주의 장사·남군·영릉 세 군을 손권에게 돌려드릴 생각이지만 관운장이 마땅히 갈 곳이 없으니 당분간 머물게 해달라고 동오 쪽에 이해를 구한 후, 그들이 합비를 공격하도록 하면 조조가 남쪽으로 내려갈테니 이 일을 동오에 부탁하지요."

이 전갈은 급히 손권 진영에 전해졌고, 그들은 형주 3개 군이나마 돌려 받게 되었다고 좋아하며 군사를 일으켜 합비성을 공격하게 되었다. 합비를 지키는 장요는 손권이 유수까지 와서 공격할 준비를 갖추자 조조에게 구원을 청했다. 조조는 급보를 받자 하후연과 장합을 남겨 한중을 지키게 하고 유수를 향해 갔다.

유수 땅에서 벌어진 조조군과 손권군의 싸움은 치열하게 전개되어 양쪽 모두 상당한 피해를 입었고, 손권 진영에서 피로증이 나타났다. 형주 3개 군을 돌려받는다는 실리 때문에 서둘러 군사를 일으킨 탓에 더 이상 북진할 뜻은 처음부터 없었던 것도 주된 이유였다.

마침내 장소와 고옹이 손권에게 진언했다. "조조군의 기세가 대단하여 우리 힘만으로는 이길 수가 없습니다. 더 이상 싸우게 되면 군사를 크게 잃을까 염려됩니다. 화평을 청하는 것이 상책입니다."

손권이 받아들여 해마다 허도에 공물을 바치는 조건으로 화평을 청했고, 조조 역시 싸움이 길어지는 걸 꺼리던 차라 이를 받아들인 후 조인과 장요를 합비성에 남겨두고 철수했다. 이때 조조군이 한중에서 파촉으로 진격하지 않은 건 물론이다.

조조가 회군하자 허도의 문무대신들로부터 조조를 위왕(魏王)으로 봉해야 한다는 공론이 일어났고, 마침내 위공국(魏公國)이 세워지면서 조조가 위왕에 올랐다. 후한시대에 유씨 이외의 성(姓)에서 왕이 탄생한 건 이때가 처음이다.

曹操見樂進中箭(조조견악진중전) /

令自到帳中調治(영자도장중조치) /

次日(차일) / 分兵五路來襲濡須(분병오로래습유수) /

操自領中路(조자령중로) / 左一路張遼(좌일로장요) /

二路李典(이로이전) / 右一路徐晃(우일로서황) /

二路龐德(이로방덕) / 每路各帶一萬人馬 (매로각대일만인마) /

殺奔江邊來(쇄분강변래) / 時董襲(시동습) /

徐盛二將在船上(서성이장재선상) /

見五路軍馬來到(견오로군마래도) / 諸軍各有懼色(제군각유구색) /

徐盛曰(서성왈) / 食君之祿(식군지록) / 忠君之事(충군지사) /

何懼哉(하구재) / 遂引猛士數百人(수인맹사수백인) /

用小船渡過江邊(용소선도과강변) /

殺入李典軍中去了(쇄입이전군중거료)

집에 있는 닭과 들판의
고니도 때를 안다

家鷄野鵠 가계야곡　尚自知時 상자지시

　관로는 어릴 때부터 별을 지켜보기 좋아했고, 밤에 자지 않는 습관이 있었다. 부모도 막을 수 없었는데 항상 말하기를 "집에 있는 닭과 들판의 고니도 때를 아는데 하물며 이 세상에 인간으로 태어났는데 내 일을 모를 수 있느냐"며 이웃집 아이들과 함께 놀면서도 땅바닥에 천문을 그리고 해와 달과 별들을 늘어놓았다.

　자라서는 주역을 깨우쳐 바람 부는 각도를 봐서 길흉을 점치고 수의 이치를 알아 귀신과 통했으며 관상술에도 능했다.

　군웅의 지모와 장수들이 격렬하게 맞붙은 이 시대에 역술가 관로(管輅)는 실력도 출중했지만 고매한 인격자로서 존경을 받은 특이한 인물이었다. 그의 진가를 알아본 태사승 허지라는 사람이 조조에게 "경솔히 점을 치지 않고 고향에서 주역의 도를 닦은 기인"이라고 추천했다.

관로는 어릴 때부터 이 방면에 관심이 많았고, 나중 주역의 이치를 깨달아 관상술은 물론 운세를 보는데도 탁월했으나, 속된 부귀영화를 꾀하거나 출세를 꿈꾸지 않았다.

조조의 초청을 받아 허도에 왔을 때 "장차 화재가 발생하고 한중에서 수족(하후연)이 죽는다"고 예언했는데 훗날 그대로 적중했다. 조조가 만나보고 크게 감탄해서 태사(太史)벼슬을 주려고 했으나 "저는 명이 짧고 생김새도 별로여서(그는 추남으로도 유명했다) 그런 벼슬은 할 수가 없습니다"고 사양했다.

조조가 거듭 까닭을 묻자 "저는 이마에 주골이 없고, 콧대가 서 있지 않고, 다리에 천근이 없으며, 등에는 삼갑이 없고, 배에 삼임이 없으니 태산에서 귀신을 다스릴 수는 있어도 사람을 다스리는 건 어울리지 않는다"고 설명했다.

그 후 관로는 문무대신들과 친분이 깊었으나 천기(天機)를 누설하거나 역술의 도리에서 일탈하는 법이 없었다. 그러나 영험한 점술은 조금도 쇠하지 않았고, 그의 이웃마을까지도 그를 믿는 마음에 문을 닫지 않고 외출해도 도둑 맞는 일이 없었다고 한다.

훗날 사마씨 세상이 되었을 때, 동생 관신(管辰)이 그에게 "대장군께서 형님을 아끼고 중시하는 마음으로 대하고 있는데 부귀를 누릴 희망이 있는 겁니까?"하고 물으니 탄식해 마지않으며 다음과 같이 대꾸했다고 전해진다.

"나는 관리로서 일할 자질이 충분히 있음을 잘 안다. 또 지인들에게 청탁하면 벼슬을 얻을 수 있을 것이다. 하지만 하늘이 내게 재지를 주었지 연수(年壽)를 주지 않았으니 47, 48세가 되면 딸이 시집가고 아들이 아내를 맞이하는 걸 보지 못하게 될 거다. 그때 죽음을 면하게 된다면 낙양 현령이 되어 사람들이 길에 떨어진 물건이 있어도 줍지 않도록 태평성대를 이루고, 경계를 알리는 큰 북이 울리지 않게 할 수도 있을 것이나 결국 나는 태산에서 귀신을 다스릴 수는 있겠으나 살아있는 사람을 다스리는 일은 어려울 것 같구나!"

그는 말한 그대로 때가 되자 홀연히 세상을 떠났다.

輅自幼便喜仰視星辰(관료유편희앙시성신) / 夜不肯寐(야불긍매) /
父母不能禁止(부모불능금지) / 常云(상운) / 家雞野鵠 (가계야곡) /
尙自知時(상자지시) / 何況爲人在世乎(하황위인재세호) /
與鄰兒共戱(여린아공희) / 輒畫地爲天文(첩화지위천문) /
分布日月星辰(분포일월성신) / 及稍長(급초장) /
卽深明周易(즉심명주역) / 仰觀風角 (앙관풍각) /
/數學通神(수학통신) / 兼善相術(겸선상술)

먹자니 살이 없고
버리자니 맛있다

食之無肉 식지무욕　棄之有味 기지유미

　　행군주부 양수는 계륵이라는 두 글자를 전해듣자 곧 휘하의 군사들에게 각자 행장을 수습하여 돌아갈 준비를 하게 했다. 이를 보고 받은 하후돈이 놀라 양수를 장막 안으로 불러 물었다.

　　"그대는 어찌하여 병사들에게 행장을 수습하라 했소?"

　　양수가 대답했다.

　　"오늘밤 야간암호는 위왕께서 곧 군사를 물려 돌아가시겠다는 뜻입니다. 계륵(닭갈비)이란 먹자니 살이 별로 없고 버리자니 맛있어 아까운 것이지요. 지금 우리는 진격해도 이길 수 없고 물러가면 웃음거리가 되니 여기 있어봐야 아무런 이익이 없어요. 일찍 돌아감만 못하지요. 내일 위왕께서는 회군하실 것이 분명합니다. 그래서 먼저 행장을 수습하도록 한 것입니다."

하후돈이 감탄했다.

"그대는 참으로 위왕의 속마음을 꿰뚫어 보고 있구려."

계륵(鷄肋: 닭갈비)의 고사로 널리 알려진 양수(楊脩)의 비극과 조조의 내심세계를 엿볼 수 있는 유명한 사건이다.

유비군의 한중 공략전이 본격화되면서 그들의 기세는 점차 오르는데 조조군의 사기는 나날이 떨어지고 있던 때. 조조는 이 상황을 타개하고자 이런저런 궁리를 해보았지만 뾰족한 수가 없어 답답하기 이를 데가 없었으므로 영채 안에 틀어박혀 있었다.

그날 저녁 식사가 계탕(鷄湯)이었다. 조조는 식사를 하면서 닭갈비를 보고 느끼는 바가 있었는데 마침 하후돈이 장막 안으로 들어와 물었다.

"오늘밤 야간 암호는 무엇으로 합니까?"

조조는 별 생각 없이 음식을 보면서 대꾸했다.

"계륵(鷄肋), 계륵으로 하라."

하후돈이 이 암호를 전하여 그날 밤 모두가 야간 암호로 삼았다.

그런데 행군주부로 있는 양수는 이 말을 듣자 곧 주위 병사들에게 짐을 싸서 돌아갈 준비를 해두라고 했다.

그날 밤, 조조는 마음이 안정되지 않아 잠을 이루지 못하고 밖으로 나와 영채 안을 거니는데 병사들이 행장을 수습하고 있지 않은가. 놀라서 하후돈을 불러 까닭을 물으니 양수가 그날 밤의 암호를 해석한 설명을 했다.

"이놈이 근거 없이 군심을 어지럽히다니. 당장 끌어내 참하라!"

조조가 격노하여 명령하니 재사로 소문난 양수의 최후가 되었다. 이를 두고 1인자와 재능을 겨뤘던 2인자의 자만에서 비롯되었다는 평가가 있다. 사실 양수는 자신의 재주만 믿고 여러 번 조조의 비위를 건드린 일이 있었다. 한 번은 조조가 정원을 꾸미게 했는데 완성되자 한번 쓰윽 둘러보고는 문 위에다 '활(活)'자 한 자를 써놓고 돌아갔다. 사람들이 그 뜻을 몰라 어리둥절 하는데 양수가 나섰다.

"문(門) 안에 활(活)을 넣으면 넓을 활(闊)이 되니 승상께서는 정원이 너무 넓다고 지적하신 것이오."

또 한 번은 북쪽 흉노가 수(酥: 오늘의 요구르트 일종) 한 합(盒)을 선물로 보내왔다. 조조는 뚜껑 위에다 일합수(一合酥)라고 써서 탁자 위에 두었다. 양수가 이를 보더니 한 숟갈씩 떠서 사람마다 나누어주어 다 먹어버렸다.

조조가 어째서 그렇게 다 먹었느냐고 묻자 양수가 대답했다.

"함 위에 '一人一口酥(일합一合은 一人一口가 모여선 된 글자)'라고 되어 있으니 한 사람마다 한입씩 먹었습니다."

조조는 껄껄 웃었으나 속으로는 양수가 잘난 체 한다고 여겼다. 여기서 끝나지 않았다.

조조는 의심이 많아 측근들조차 잠자리 곁에 오지 못하도록 하면서 "나는 꿈속에서도 사람을 죽이니 내가 잠들거든 절대로 침상 가까이 오지 말라"라고 당부했다. 그런 어느 날 시종이 조조에게 이불을 덮어주다가 그만 조조의 칼날에 목숨을 잃었다.

그때 양수는 "승상이 꿈을 꾼 게 아니라 죽은 시종이 꿈을 꾼 거지"하고 슬퍼하는 이들에게 은근히 비양거렸다.

일부 자료를 보면 양수가 원술의 조카가 된다는 점에서 죄를 뒤집어쓰고 처형당했다는 내용도 나오는데, 소설 「삼국연의」에서는 양수(楊修)로 표기되고, 조조의 의중을 꿰뚫어 보는 데 능하여 측근들로부터 경계 대상이었다고도 했다.

1인자의 심기를 어지럽히는 2인자는 자칫 목숨이 위태로워진다. 한 비자가 말하는 역린(逆鱗)이다. 용의 목에 거꾸로 자란 비늘이 있는데, 용은 평소에는 순하지만 만일 이 비늘을 건드리게 되면 발작을 일으키며 그 상대를 죽인다는 이야기다.

行軍主簿楊脩(행군주부양수) / 見傳(견전) / 雞肋二字(계륵이자) /
便敎隨行軍士(편교수행군사) / 各收拾行裝(각수습행장) /
準備歸程(준비귀정) / 有人報知夏侯惇(유인보지하후돈) /
惇大驚(돈대경) / 遂請楊脩至帳中問曰(수청양수지장중문왈) /
公何收拾行裝(공하수습행장) / 脩曰(수왈) /
以今夜號令(이금야호령) /
便知魏王不日將退兵歸也(편지위왕불일장퇴병귀야) /
雞肋者(계륵자) / 食之無味(식지무미) / 棄之可惜(기지가석) /
今進不能勝(금진불능승) / 退恐人笑(퇴공인소) /
在此無益(재차무익) / 不如早歸 (불여조귀) /
來日魏王必班師矣(내일위왕필반사의) /
故先收拾行裝(고선수습행장) / 免得臨行慌亂(면득임행황란) /
夏侯惇曰(하후돈왈) / 公眞知魏王肺腑也(공진지위왕폐부야)

돗자리나 짜던 하찮은 자가
감히 이럴 수 있는가

織席小兒 직석소아 安敢如此 안감여차

표문이 허도에 도착했다. 조조는 업군에 있다가 유비가 자립하여 한 중왕이 됐다는 소식에 크게 노하여 소리쳤다.

"돗자리나 짜던 하찮은 자가 감히 이럴 수 있는가. 내 맹세코 멸하고 말리라!"

그리고 즉시 명령하기를 군사를 모조리 일으켜 양천(서천과 동천)으로 쳐들어가 유비와 자웅을 겨루겠다고 했다. 그때 한 사람이 앞으로 나와 간했다.

"대왕께서 일시적 분노로 친히 원정하는 수고를 하심은 불가합니다. 신에게 계책이 하나 있으니 화살 한 대 쏘지 않고도 유비를 촉 땅에서 화를 입게 하리니 그들 병력이 힘을 소진하고 쇠하기를 기다려 장수한 명만 보낸다면 성공할 겁니다."

조조가 그를 바라보니 바로 사마의였다.

한중 땅까지 차지한 유비 진영에서 허도의 헌제가 명목뿐인 군주이니 이 기회에 유비가 '황제로 즉위'하기를 바라는 기류가 생겨났다. 제갈량이 앞장서서 추진했다.

유비는 이에 대해 "나는 한나라의 종실이지만 신하의 몸이니 대위(大位)에 오른다면 이는 반역이나 다름없다"고 딱 잘라 거절했다.

하지만 제갈량은 물러서지 않고 끈질기게 물고 늘어졌다.

"주공께서는 지금까지 의리를 근본으로 삼으셨기 때문에 존귀한 지위를 싫다하시겠지만 지금 형주 일대와 파촉 땅, 그리고 한중까지 차지하셨으니 제위가 정 싫으시다면 한중왕(漢中王)이라도 즉위하셔야겠습니다."

결국 유비는 신하들의 강경한 요구에 한중왕에 즉위하게 되었고, 사람을 시켜 허도의 황제에게 자초지종을 고하는 표문을 바쳤다. 이에 조조는 크게 분노하여 군사를 일으키려 했고, 사마의는 계책을 내어 손권과 손잡고 형주를 공격하는 방안을 내놓았다.

조조는 이를 흔쾌히 받아들여 손권 진영으로 만총을 파견해서 반(反)연합전선을 구축하게 됨으로써 삼국의 정세가 크게 바뀐다.

조조, 유비, 손권의 삼국 정립기에 적벽대전 이후 숙적관계였던 조조와 손권이 연합하여 유비와 다투는 새로운 국면이 벌어지는 것이다.

나라 사이에는 영원한 친구도 영원한 적도 없다는 사실과 실리가 있으면 어제의 동맹 따위는 별로 쓸모가 없다는 권력세계의 일면을 엿볼 수 있다.

表到許都(표도허도) /

曹操在鄴郡聞知玄德自立爲漢中王(조조재업군문지현덕자립위한

중왕) / 大怒曰 (대노왈) / 織蓆小兒(직석소아) /

安敢如此(안감여차) / 吾誓滅之(오서멸지) / 卽時傳令(즉시전령) /

盡起傾國之兵(진기경국지병) /

赴兩川與漢中王決雌雄(부양천여한중왕결자웅) /

一人出班諫曰(일인출반간왈) /

大王不可因一時之怒(대왕부가인일시지로) /

親勞車駕遠征(친로거가원정) / 臣有一計(신유일계) /

不須張弓隻箭(불수장궁척전) /

令劉備在蜀自受其禍(영유비재촉자수기화) /

待其兵衰力盡 (대기병쇠력진) /

只須一將往征之(지수일장왕정지) /

便可成功(편가성공) / 操視其人(조시기인) /

乃司馬懿也(내사마의야)

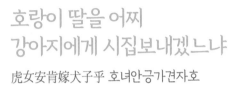

호랑이 딸을 어찌
강아지에게 시집보내겠느냐

虎女安肯嫁犬子乎 호녀안긍가견자호

관운장이 발연대로하여 꾸짖었다.

"내 호랑이 딸을 어찌 강아지에게 시집 보내겠느냐! 네 동생의 체면을 보지 않는다면 네 목을 참할 것이니 여러 말 말라."

그러고는 좌우를 시켜 쫓아냈다. 제갈근은 쥐새끼처럼 도망쳐 돌아와서 오후를 만나 감히 숨기지 못하고 사실 그대로 고했다.

손권이 크게 노하여 소리쳤다.

"어찌 그리 무례하더냐!"

조조 진영에서 사마의의 계책대로 손권에게 파견된 만총이 친서를 꺼내놓으며 말했다.

"동오와 우리는 원래 원수진 일이 없었는데 유비 때문에 멀어진 것입니다. 우리 위왕께서는 저를 보내 손장군께서 형주를 치신다면 우리는 서천을 쳐서 머리와 꼬리를 동시에 협공하듯 유비를 격파하고 그 땅을 절반씩 나누어 차지한 후 서로 싸우지 않기로 맹세하자는 말씀을 하셨습니다."

손권은 구미가 당겼으나 즉답을 피하고 만총을 객관에 나가 쉬도록 한 후에 모사들과 상의했다. 고옹이 말했다.

"조조의 제안에도 일리가 있으나 관운장의 동정을 살펴 본 후에 최종 결정을 하시지요."

손권이 받아들여 우선 제갈근을 형주로 파견했고, 양가의 혼사를 제의하기로 했다. 그러니까 정략결혼으로 관운장의 딸과 손권의 아들을 결합시켜 형주에 대한 발언권을 높이려는 계략이었다.

그런데 손권이 간과한 점이 있었다. 관운장은 원래 지위가 높다고 으스대는 인간을 경멸하는 성격이었다. 더구나 무슨 계책을 쓴다거나 정략이라는 걸 별로 좋아하지 않았으려니와 손권에 대해서는 형주를 둘러싼 그동안의 갈등 탓에 반감을 품고 있었다는 사실이다.

關雲長勃然大怒曰(관운장발연대로왈) /
吾虎女安肯嫁犬子乎(오호여안긍가견자호) /
不看汝弟之面(불간여제지면) / 立斬汝首(입참여수) /
再休多言(재휴다언) / 遂喚左右逐出(수환쫘우축출) /
瑾抱頭鼠竄 (근포두서찬) / 回見吳侯(회견오후) /
不敢隱匿(불감은닉) / 遂以實告(수이실고) /
權大怒曰(권대로왈) / 何太無禮耶(하태무례야)

서두르는 길에 좋은 걸음 없다
천천히 일을 도모하라

緊行無好步 긴행무호보 當緩圖之 당완도지

방덕이 말머리를 돌려 돌아와 물었다.

"어찌 징을 울려 후퇴하게 했소?"

우금이 대답했다.

"위왕께서 경계하시기를 관운장은 지모와 용맹을 겸비한 장수라 했소. 비록 화살에 맞았다 해도 속임수를 쓸까 염려되어 징을 울려 돌아오게 한 것이오."

방덕이 투덜댔다.

"불러들이지만 않았다면 내가 그를 벨 수 있었을 텐데!"

우금이 달랬다.

"서두르는 길에 좋은 걸음 없다. 천천히 일을 도모하라고 하지 않소."

방덕은 우금의 속내를 몰랐으므로 그저 원통하기만 했다.

조조가 번성 공략전에 우금을 대장으로 방덕을 선봉장으로 삼아 구원군으로 파견했는데 우금은 방덕에 대해 경계하는 마음이 있었다. 우금은 늘 속으로 '저 놈이 큰 공을 세우면 나는 뭣이 되느냐'는 옹졸한 마음을 품고 있었던 것.

마침내 관운장과 방덕이 맞서 싸우게 되었다. 그날 방덕은 예전과 달리 잘 싸웠다. 더구나 활을 쏴서 관운장의 왼쪽 팔에 맞히고 추격의 기세를 올리려는 참이었다. 그런데 뒤쪽의 영채에서 후퇴하라는 징소리가 요란하게 울렸다.

방덕이 말머리를 돌렸다. 돌아와 보니 후군쪽에는 아무 이상이 없었으므로 의아하게 여겨 징을 울린 까닭을 물었고, 우금은 슬쩍 조조의 말을 핑계로 둘러댔다.

龐德回馬(방덕회마) / 問何故鳴金(문하고우금) / 于禁曰(우금왈) /
魏王有戒(위왕유계) / 關公智勇雙全(관공지용쌍전) /
他雖中箭(타수중전) / 只恐有詐(지공유사) /
故鳴金收軍(고명금수군) / 德曰(덕왈) / 若不收軍(약불수군) /
吾已斬了此人也(오이참료차인야) / 禁曰(금왈) /
緊行無好步(긴행무호보) / 當緩圖之(당완도지) /
龐德不知于禁之意(방통부지우금지의) / 只懊悔不已(지오회불이)

옥은 깨져도 흰색을 바꿀 수 없고
대나무는 불에 타도 절개를 훼손할 수 없다

玉可碎而不可改其白 옥가쇄이불가개기백
竹可焚而不可毁其節 죽가분이불가훼기절

관운장이 정색하고 대꾸했다.

"나는 해량의 일개 무부로 우리 주공께서 항시 수족처럼 대해 주셨거늘 어찌 의리를 배반하고 적국에 투항할 수 있겠는가. 만일 성이 깨지면 죽음이 있을 뿐이로다. 옥은 깨져도 흰색을 바꿀 수 없고, 대나무는 불에 타도 절개를 훼손할 수 없나니, 목숨은 비록 끊어져도 이름은 장차 죽백에 남을 것이다. 당신은 여러 소리 말고 속히 성을 나가라. 내 손권과 목숨을 걸고 결전할 것이다."

조조와 손권의 동맹을 깨트리기 위해 유비 쪽에서 시작한 '번성 공략전'은 초반에 거듭된 관운장의 승리로 끝내 유비 진영 전체의 방심을 초래했고, 조조와 손권 측은 관우를 무찌르기 위해 더욱 긴밀히 협력하게 만들었다.

사마의는 우금의 구원군마저 패하자 "손권이 형주의 배후를 쳐서 평정하게 되면 땅을 모두 손권에게 주겠다는 약속을 하면 자연 번성의 위기가 풀린다"고 진언했고, 이 계책에 따라 조조는 서황을 총대장으로 하는 2차 구원군을 보내면서 손권 측에다가 형주 공략의 필요성과 그에 대한 댓가를 제안하는 서찰을 보냈다.

한편, 손권은 돌아가는 전세를 살피며 형주를 되찾을 방도를 찾는데 마침 육구에 나가있던 여몽이 급히 와서 "이번 기회에 형주의 배후로 쳐들어가 점령해야 한다"고 진언했다.

손권은 조조의 서찰을 받고 내심 생각하고 있던 터라 즉시 여몽의 의견을 받아들여 육손을 육구에 파견했고, 육손은 관운장의 예봉을 피하기 위해 지극히 공손하고 얌전한 내용의 서신을 보냈다. 관운장은 이를 읽고서 크게 기뻐했다.

하지만 육손은 관운장의 태도를 면밀히 살피면서 형주 수비의 허점을 찾아 공격할 준비를 갖추고 있었다. 동시에 여몽은 군사 3만과 쾌속선 80여 척을 점검하고 헤엄을 칠 줄 아는 부하들에게 흰옷을 입혀 장사꾼으로 가장시킨 후 형주로 밀파하는 작전을 감행했다.

결국 이 작전이 성공하여 손권은 형주를 점령했다. 관운장은 뒤늦게 상황을 알고 분노가 치밀어 오르면서 예전에 입었던 팔뚝의 상처가 터져 까무러쳤다. 겨우 깨어났을 때는 적군이 계속하여 공격해오고 있었다. 더구나 동오에서는 형주의 출정 병사들 가족을 동원하여 전선에 와서 "형이야, 아우야, 아들아, 아버님!"하고 이름을 부르면서 울부짖게 했다. 그러자 관운장 휘하의 병사들 상당수가 가족을 찾아 뿔뿔이 흩어져 갔다.

그 직후에 손권이 보낸 제갈근이 찾아와 관운장에게 이런 말을 했다.

"이번에 우리 오후(吳侯: 손권)의 분부를 받아 장군께 드릴 말씀이 있어 왔습니다. 옛말에 '시국을 잘 판단하는 사람이 바로 준걸(識時務者爲俊傑)'이라 했습니다. 장군께서 다스리던 형주는 이제 다른 사람에게 넘어갔고 남은 것이라곤 이 작은 성채 하나뿐인데다 군량마저 부족한 형편에 구원 오는 군사가 없으니 위기가 백척간두입니다. 장군께서 우리 오후에게 귀순한다면 형주·양양 일대까지 다스릴 수 있음은 물론이고 식솔들도 안락을 누릴 수 있으니 재삼 헤아려보십시오."

하지만 관운장의 성품으로 볼 때 받아들일 수 있는 것이 아니었다. 자칫 흥분하여 사자로 온 제갈근의 목을 벨 수도 있는 분위기였으나 관운장은 또렷하게 자신의 의지를 밝혔던 것.

關公正色而言曰(관공정색이언왈) /
吾乃解良一武夫(오내해량일무부) /
蒙吾主以手足相待(몽오주이수족상대) /
安肯背義投敵國乎(안긍배의투적국호) / 城若破(성약파) /
有死而已(유사이이) / 玉可碎而不可改其白 (옥가쇄이불가개기백) /
竹可焚而不可毀其節(죽가분이불가훼기절) / 身雖殞(신수운) /
名可垂於竹帛也(명가수어죽백야) / 汝勿多言(여물다언) /
速請出城(속청출성) / 吾欲與孫權決一死戰(오욕여손권결일사전)

오늘에 차마 홀로
살 수가 없다

忍敎今日獨捐生 인교금일독연생

관운장에게 "번성을 먼저 공격하라"고 명령한 후, 성도에서는 이상하게도 형주에 대한 지원이 일체 없었다.

특히 조조가 급파한 우금의 구원군이 관운장의 수공(水攻)에 걸려 궤멸되고 총대장 우금을 사로잡았으며 관운장의 기세에 위기를 느낀 조조가 도읍을 허도에서 북쪽으로 옮기려 한다는 소문에 대해서도 별다른 대비책이 없었다.

더구나 사마의가 동오와 비밀리에 손잡고 형주의 배후를 공략하면서 서황 등의 2차 구원군을 대병력으로 내려 보낼 준비를 하고 있다는 부분은 어찌된 일인지 조금도 눈치채지 못하고 있었다. 혹여 있을지 모르는 형주의 응원군 요청에 대한 주변 군사들의 행동 지침도 내리지 않고 있었다.

상황이 급변했다. 여몽이 장사꾼으로 위장한 동오군을 이끌고 형주를 점령하면서, 관운장과 남은 병력은 맥성으로 피신했으나 풍전등화나 다름이 없는 상황이었다.

요화가 상용성으로 달려가 "서둘러 구원군을 보내주지 않으면 관운장의 생사가 위험하다"고 까지 읍소하며 매달렸으나 유비의 양자인 유봉과 이곳을 지키는 맹달 두 사람은 거절했다.

결국 관운장은 맥성에서 더 버틸 수 없자 성도를 향해 탈출하려다가 동오군에게 사로잡혀 처형되었고, 성도는 '형주를 잃었다'는 보고와 함께 관운장의 죽음을 확인했을 뿐이었다.

마침내 유비는 형주가 함몰 당했고, 관운장이 죽었다는 보고를 받았다. 그동안 제갈량에게 모든 걸 맡기고 있다가 뒤통수를 맞은 것이나 다름없었다.

"관우 동생이 죽었다면 과인은 결코 혼자 살아 갈 수가 없다. 당장 군사를 거느리고 형주로 가겠다"고 나섰으나 제갈량을 비롯한 주변의 반대로 주저앉았다.

유비의 진심은 과연 무엇이었을까? 관운장의 죽음에 자신을 비롯한 성도의 측근들에게 책임이 없다고 생각한 것 같지는 않다.

유비의 속마음을 보여주는 싯귀 하나가 남아있을 뿐이다.

함께 죽자고 맹세했던 당시를 생각하면 爲念當年同誓死
오늘에 차마 홀로 살 수가 없다 忍敎今日獨捐生

하늘에 죄를 지은 자는
아무리 빌어도 소용없다

獲罪於天 획죄어천　無所禱也 무소도야

군신들이 "대왕께서는 도사들에게 명하여 하늘에 치성을 드리라 하십시오"라고 아뢰니 조조가 탄식하기를, "성인께서 말하길 하늘에 죄를 지은 자는 아무리 빌어도 소용없다고 했다. 이제 천명이 다하였는데 치성 드려 무얼 구하겠느냐" 하며 끝내 치성 드리는 굿을 허락하지 않았다.

관운장과 관평을 처형한 손권은 마음이 불편하기 이를 데 없었다. 유비가 복수를 하겠다며 촉한군을 모조리 일으켜 쳐들어온다면 감당할 수 없는 일이 아닌가.

유비의 분노를 조조에게 돌릴 수 있으면 최상의 효과. 이런 계산으로 관우의 머리가 담긴 목갑을 낙양으로 보냈는데 조조는 손권의 의도를 눈치채고 명령을 내렸다.

"좋은 침향나무로 관장군의 몸을 조각하여 목에 맞붙인 후 제후에 대한 예우를 갖춰 정중히 장사지내거라."

조조는 몸소 장례를 주관하여 낙양성 남문 밖에서 장사 지내니 오늘의 낙양 수총(首塚)이 그래서 생겼다.

그 후 얼마 안 되어 조조의 고질병이 도졌고 과거에 죽인 인물들 망령이 꿈속에 나타났다. 조조는 견딜 수 없게 되어 중신들에게 의견을 구했다. 그러자 치성을 드리자는 의견이 나왔던 것이다. 젊은 시절 제남의 상(相:지방장관)으로 미신적인 일체의 행사를 엄금했던 조조였다.

마침내 조홍과 가후, 진군과 사마의 네 사람을 불러 유언을 남겼다.

"내가 30여 년간 세상을 종횡으로 달려 수많은 인걸들을 멸망시켰으나 강동의 손권과 촉의 유비가 남았다. 그들을 무찔러 없애기 전에 내가 병이 도져 앞으로는 경들과 논의할 기회가 없겠기에 후사를 부탁하겠노라. 조비가 매사에 열심이고 도량이 있으니 잘 보좌해다오."

몇 가지 당부를 마치자 숨이 끊어지니 조조 나이 66세였다.

群臣奏曰(군신주왈) / 大王當命道士設醮修禳(대왕당명도사설초수양) /
操嘆曰(조탄왈) / 聖人云(성인운) / 獲罪於天(획죄어천) /
無所禱也(무소도야) / 孤天命已盡(고천명이진) /
安可救乎(안가구호) / 遂不允設醮(수불윤설초)

일곱 걸음 동안에
문장이 나온다

七步成章 칠보성장

조조에게 아들이 여럿 있었으나 재주 많기로 단연 변부인(卞夫人) 사이에서 태어난 조식(曹植)이었다.

그는 '입만 열면 시구가 줄줄 나온다(出口成章)'고 할 정도로 재주가 뛰어났는데 위왕이 된 조비에게는 별로 달갑지 않은 동생이었다. 더구나 조식은 조조 생존시에 후계자 지위를 놓고 자신과 경쟁까지 했었기에 늘 못마땅했다.

위왕 조비가 동생 조식을 불러 협박하기를 "사적으로 보면 너와 나는 형제지간이나 공적으로 따지면 군신지간이다. 지난 날 너는 항상 사람들 앞에서 글재주를 자랑했으나 나는 네가 다른 이의 글을 빌려다가 제 것 인양 우쭐대는 걸로 의심했었다. 이제 일곱 걸음을 걷는 사이시 한 수를 지어 읊도록(七步吟詩一首)해라. 지으면 살려줄 것이나, 그러지 못하면 용서하지 않겠다"라고 윽박질렀다.

이리하여 조비는 조식에게 벽에 걸린 수묵화에서 소 두 마리가 싸우다가 한 마리가 죽는 모습을 보고 시를 지으라 했고, 조식은 오언시를 지었다. 조비는 깜짝 놀랐으나 이 정도에서 물러서지 않았다.

"일곱걸음에 시를 지었으나 나는 빠르다고 여기지 않는다(七步成章 吾猶以爲遲). 제목을 받는 즉시 너는 시를 지을 수 있겠느냐?"

이때 조식이 지은 작품이 저 유명한 〈형제〉시다.

煮豆燃豆萁 콩을 삶는데 콩대로 불을 지피니
豆在釜中泣 콩은 가마솥 안에서 우는도다
本是同根生 본래 한 뿌리에서 생겨났는데
相煎何太急 어찌 이다지 서둘러 조리는가

이 시를 듣자, 조비는 자신도 모르게 눈물을 흘렸다. 그러고는 조식을 임지로 떠나도록 해줬다.

「위씨춘추」에 보면 후계자 경쟁을 할 때 조비가 조식에게 술을 먹여 부친으로 하여금 실망하게 만들었다는 기록이 나오지만 다소 억지가 있다는 느낌이 들고, 그가 낙수(洛水)가에서 조비의 처 견후를 생각하며 지었다는 〈낙신부〉에 대한 「문선」의 설명이 오히려 두 형제의 갈등과 시샘에 대해 이해가 될 듯하다.

절교하더라도
욕을 해서는 안 된다

交絶無惡聲 교절무악성

처음에 유장을 받들다가 법정, 장송과 함께 유비를 파촉 땅으로 끌어들인 맹달(孟達)은 관운장이 맥성에 갇혀 위급할 당시 부근 상용성에 있으면서도 구원군 파견을 나몰라라 했고, 결국 관운장은 죽었다. 이 때문에 유비의 원한을 사자 이번에는 배반자가 되어 위나라 조비에게 투항하면서 한 통의 서찰을 남겼다.

— 그 옛날 신생(申生: 춘추시대 진헌공의 태자)은 각별한 효자였으나 부모에게 미움을 받았으며 오자서(伍子胥: 춘추시대 오나라의 중신. 부모 원수를 갚고자 고국 초나라를 쳤다)는 열렬한 충신이었으나 오왕 부차에게 죽임을 당했고, 진(秦)의 몽염(蒙恬: 만리장성을 수축했다)은 변방을 개척하는 공로를 세웠

으나 사형에 처해졌고, 악의(樂毅: 전국시대 연나라 장수로 제나라를 대부분 점령했었다)는 제나라를 격파했으나 중상모략으로 쫓겨났습니다. (중략) 제가 듣건대 절교하더라도 욕해서는 안 되고 떠나가는 신하는 원망하는 말을 남겨서는 안 된다(交絶無惡聲 去臣無怨辭)고 했습니다. 저는 잘못이 많아 군자의 가르침을 따르지 못하지만 원컨대 왕께서는 이를 깊이 헤아려 주시기 바랍니다.

이 글을 읽은 유비는 솟구치는 분노와 배신감에 치를 떨면서 "그 못된 놈이 배반하면서 온갖 글로 희롱하는구나"하고 소리쳤으나 한번 배신한 자는 또다시 배신한다는 걸 떠올리고는 입을 다물었다.

그 후 맹달은 제갈량의 북벌 당시 다시 위(魏)를 배신하고 촉한으로 되돌아오겠다며 제갈량에 동조하여 낙양을 공격하려다가 이를 눈치챈 사마의의 전격적인 기습작전에 붙잡혀 죽었다.

◆ 관우의 죽음을 통곡하는 유비

흥하면 반드시 무너지게 되고
융성하면 반드시 쇠락한다

有興必有廢 유흥필유폐 有盛必有衰 유성필유쇠

왕랑이 아뢰었다.

"자고 이래로 흥하면 반드시 무너지게 되고, 융성하면 반드시 쇠락하니 어찌 망하지 않은 나라와 패가하지 않은 집이 있겠습니까? 한실은 4백여 년을 이어오다가 폐하에 이르러 운수가 다하게 되었습니다. 미뤄서는 안 될 일입니다. 미루면 변이 생기게 됩니다."

헌제가 울면서 후전으로 물러나니 백관들은 웃으며 물러났다.

조비가 위왕(魏王)을 물려받은 후, 위(魏)의 군신들 사이에서 한(漢) 제국의 수명이 다했으니 위나라가 한(漢)을 대신하여 제위(帝位)를 넘겨받아야 한다는 주장이 일어났다.

헌제는 "짐이 비록 능력은 부족하나 잘못한 것이 없는데 어찌 조종의 대업을 버릴 수 있겠느냐?"면서 거부했다. 그러자 조비가 위왕이 된 이후 '기린과 봉황이 나타나는 등 상서로운 기운이 솟아났다'는 의견과 '천문을 보니 한실의 운수는 쇠하고, 도참비결을 봐도 위(魏)의 융성이 나타난다'는 주장이 계속 제기되었다.

이때 왕랑(王朗)이란 신하가 나섰는데 그는 사서오경에 정통하여 조정의 부름을 받아 낭중에 임명된 바 있었고, 스승으로 모시던 양사가 죽자 복상하느라 벼슬을 떠난 강직한 학자였다. 워낙 박학다식하여 「주역」,「춘추」,「효경」「주관」 등의 서책에 주석서를 저술한 것으로도 유명했다. 그가 천하의 이치를 들어 헌제에게 선양할 것을 아뢰니 대세가 기울어졌다.

결국 헌제는 종묘에 고하고 옥새와 조서를 위왕부로 보낸 후 퇴위했고, 조비는 관례대로 세 번 겸양한 후에 수선대를 쌓고 제위에 올라 연호를 황초(黃初) 원년으로 개원하니 위제국(魏帝國)이 탄생했다.

이때 헌제는 산양공(山陽公)에 봉해져 시골로 보내졌고, 황제가 된 조비는 선친 조조를 고조(高祖)로 추증하여 예우를 갖추면서 신하들을 새로운 조정에 맞게 임명했다.

王朗奏曰(왕랑주왈) / 自古以來(자고이래) /
有興必有廢(유흥필유폐) / 有盛必有衰(유성필유쇠) /
豈有不亡之國(개유불망지국) / 不敗之家乎(불패지가호) /
漢室相傳四百餘年(한실상전사백여년) / 延至陛下(연지폐하) /
氣數已盡(기수이진) / 宜早退避(의조퇴피) / 不可遲疑(불가지의) /
遲則生變矣(지즉생변의) / 帝大哭(제대곡) /
入後殿去了(입후전거료) / 百官哂笑而退(백관신소이퇴)

어디에 사신으로 가든지
군주를 욕되게 하지 않는다

使於四方 사어사방　不辱君命 불욕군명

조자가 대답했다.

"대국이 군사를 보내 쳐들어오면 소국은 막을 계책이 있을 뿐이지요."

조비가 다시 물었다.

"동오는 우리 위를 두려워하는가?"

조자는 위축되지 않고 대답했다.

"백만 대군이 있고 장강과 한수가 있는데 어찌 두려워하겠습니까."

조비는 감탄했다.

"동오 땅에는 대부 정도의 인물이 몇이나 있는가?"

조자가 대답했다.

"총명하고 특출한 사람은 80~90명 정도 되며, 신 정도의 평범한 무리는 수레로 실어 나르고 말(斗)로 되어도 그 수효를 셀 수 없습니다."

조비가 탄식했다.

"어디에 사신으로 가든지 군주를 욕되게 하지 않는다는 옛말이 바로 경을 두고 한 말이구려."

그러고 나서 태상경 형정에게 조서를 쓰게 하여 손권을 오왕으로 책봉하도록 하고 구석(아홉 가지 특전)을 내렸다.

유비는 황제에 오른 후 일차적으로 관운장의 원수를 갚고자 했다. 주위의 대신들 대부분이 말렸다. 제갈량은 "먼저 위나라를 무찌르면 자연 동오(吳)는 항복할 텐데 무리하지 마시라"고 했다. 하지만 유비의 결심은 단호했다.

장비는 성도에 가서 유비의 출정 명령을 받고 돌아와 "관우 형님의 원수를 갚게 되었다"며 휘하의 모든 군사들에게 상복을 입히라고 명령했는데 준비기한이 짧다고 호소하는 담당자를 심히 매질했다가 그만 그들에게 암살당하고 말았다. 참으로 덧없는 죽음이었다.

유비는 슬픔을 누르고 70만 대군을 지휘하여 강동을 향해 진군했다. 한편 손권 진영에서는 이 급보를 받고 제갈근을 파견하여 설득하려 했으나 유비는 "내 동생을 죽인 원수와는 같은 하늘아래 살 수 없다. 가서 손권에게 목이나 깨끗이 씻고 죽음을 받도록 이르라"며 제갈근을 쫓아냈다.

손권은 제갈근이 돌아와 보고하는 내용을 듣고 전전긍긍하는데 조자가 나서서 해결 방안이 있다고 했다. 그는 견문이 넓고 변설이 뛰어난 인물이었다.

"주공께서는 위제 조비에게 보내는 표문을 내려주십시오. 제가 위제에게 가서 위군을 움직여 촉한군을 물리치겠습니다."

이리하여 표문을 짓는데 손권이 신(臣)이라 낮추어 써서 조자에게 주었다. 조자는 밤낮을 가리지 않고 달려가 조비에게 구원을 청하는 것이 아니라 당당하게 이해관계를 지적하였다.

결국 조비는 손권을 오왕(吳王)에 봉하고 도와줄 뜻을 비쳤으나 사실은 손권 측이나 유비 측 어느 쪽이든 도와 줄 생각이 없었다. 두 세력이 싸워, 하나가 망하거나 심히 곤경에 처한다면 그들을 쳐서 세상을 통일하려는 야심을 품고 있었던 것.

趙咨曰(조자왈) / 大國有征伐之兵(대국유정벌지병) /
小國有禦備之策(소국유어비지책) / 丕曰(비왈) /
吳畏魏乎(오외위호) / 咨曰(자왈) / 帶甲百萬(대갑백만) /
江漢爲池(강한위지) / 何畏之有(하외지유) / 丕曰(비왈) /
東吳如大夫者幾人(동오여대장자기인) / 咨曰(자왈)
聰明特達者八九十人(총명특달자팔구십인) /
如臣之輩(여신지배) / 車載斗量(거재두량) / 不可勝數(불가승수) /
丕嘆曰(비탄왈) / 使於四方(사어사방) / 不辱君命(불욕군명) /
卿可以當之矣(경가이당지의) / 於是即降詔(어시즉강조) /
加九錫(가구석) /
命太常卿邢貞齎册封孫權爲吳王(명태상경형정재책봉손권위오왕)

범 같은 아비에
개 같은 아들은 없다

虎父無犬子 호부무견자

장포가 대갈일성 외치며 단 번에 창으로 하순을 찔러 말 아래로 거꾸러뜨렸다. 주평이 크게 놀라 손을 쓰지 못하는데 관흥이 쏜살같이 달려들어 단칼에 베어버렸다.

그리고 두 젊은 장수가 함께 한당과 주태를 취하려했다. 두 사람은 황급히 자기 진영 안으로 도망쳤다. 유비가 이를 바라보며 크게 감탄하여 말했다.

"범 같은 아비에 개 같은 아들은 없도다."

그리고 말채찍을 들어 지시하니 촉한 병사들이 일제히 마구 무찌르며 쳐들어 갔고 동오의 병사들은 크게 패하여 달아났다.

유비의 선봉부대에는 장비의 아들 장포와 관운장의 아들 관흥이 장수로서 활약하고 있었다. 이 둘은 나이가 어렸으나 무용이 뛰어나고 용맹이 넘쳤다. 그리고 부친의 복수전이었으므로 온 힘을 다했다.

손권 진영에서는 오래전부터 주유와 노숙, 여몽으로 이어지는 유능한 총사령관들이 있었는데 이 무렵에는 마땅히 뒤를 잇는 장수가 없었으므로 손환이라는 젊은 장군이 자청하여 대장을 맡아 출전했다.

손환은 경험도 적은데다 원수를 갚으려 혼신의 힘을 다하는 장포와 관흥 앞에서 맥도 못쓰고 무너졌다. 손권은 다시 한당을 대장으로, 주태를 부장, 반장을 선봉으로 세워 군사 10만을 일으켜 유비군을 막도록 했으나 이마저도 장포와 관흥의 무용 앞에서 속수무책이었다.

유비는 이런 모습을 지켜보며 흐뭇했던 것.

張苞大喝一聲(장포대갈일성) / 一矛刺中夏恂(일모자중하순) /

倒撞下馬(도당하마) / 周平大驚(주평대경) /

措手不及(착수불급) / 被關興一刀斬了(피관흥일도참료) /

二小將便取韓當周泰 (이소장편취한당주태) /

韓周二人(한당이인) / 慌忙入陣(황망입진) /

先主視之(선주시지) / 歎曰(탄왈) /

虎父無犬子也 (호부무견자야) / 用御鞭一指(용어편일지) /

蜀兵一齊掩殺過去(촉병일제엄살과거) / 吳兵大敗(오병대패)

여러 의견을 들으면 밝게 보나
한쪽 의견만 들으면 잘못 본다

兼聽則明 겸청즉명　偏聽則蔽 편청즉폐

유비가 대꾸했다.

"짐 역시 병법을 어느 정도는 알고 있으니 승상에게까지 굳이 물어볼 게 있겠소?"

마량이 고했다.

"옛말에 여러 의견을 들으면 밝게 보나, 한쪽 의견만 들으면 잘못 본다고 했습니다. 바라건대 폐하께서는 살피소서."

유비가 허락했다.

"경은 각 진영을 찾아 가보고 사지팔도(四至八道) 도본을 자세히 그려 직접 동천에 가서 승상에게 물어보오. 잘못된 점이 있거든 가급적 빨리 짐에게 알려 주오."

총사령관이 된 육손이 현지에 부임하여 유비 진영의 헛점을 노리고 있을 때, 촉한군은 장강 유역을 따라 효정이란 곳에서 천구 땅까지 영채를 배치하니 그 길이가 7백리에 달했다.

각 영채에서 낮이면 깃발이 하늘 높이 휘날리고 밤이 되면 불빛이 사방을 비추었다. 유비는 이런 진용을 지켜보며 머지않아 동오 땅을 깡그리 휩쓸어 버릴 수 있으리라 여기고 있는데 첩자가 와서 보고했다.

"손권 진영이 육손을 대도독으로 삼아 총괄 지휘하게 했습니다."

"육손이라고?" 유비가 의아하게 여겨 "그 자는 처음 듣는데 누구인가?"라고 물었다. 곁에 있던 마량이 아뢰었다. "육손을 대부분 서생쯤으로 알고 있습니다만 사실은 꾀와 재주가 많은 인물입니다. 지난번 동오군이 형주의 배후를 기습 공격한 것도 실제로는 육손이 세운 작전이었다고 합니다."

유비가 분노하여 소리쳤다.

"그 놈이 바로 원흉이구나. 속히 두 동생의 원한을 갚아야겠다."

유비는 대뜸 명령을 내려 군사들을 출동시켰다. 마량이 적극 말렸으나 유비는 막무가내로 공격하는 대오를 갖췄다. 육손은 멀리 망루에서 이를 지켜보며 절대로 군사들이 영채 밖으로 나가지 못하게 했다.

마량이 거듭 간했다.

"육손에게 무슨 속셈이 있을 겁니다. 동오군이 영채 밖으로 나오지 않는 건 뭔가 변화를 노리는 것이 아니겠습니까!"

유비가 대꾸했다.

"변화는 무슨, 우리 군사들 위용과 규모에 겁을 먹고 있어 영채 안에 숨죽이고 있을 뿐이오."

마량은 장담하는 유비에게 다시 아뢰었다.

"듣자니 요즘 제갈 승상께서 지방순시 중에 여기서 멀지않은 동천지역까지 챙기는 것으로 압니다. 우리의 영채와 군사 배치도를 그려가서 승상의 의견을 들어보시는 것이 좋지 않을까요."

유비는 처음에 고개를 좌우로 흔들었으나 마량이 인용한 '겸청즉명 편청즉폐' 때문에 응락했다. 마량이 촉한군의 배치도와 영채 등을 자세히 그려 제갈량이 있는 동천으로 떠날 때 쯤, 유비의 본부군은 여름 더위를 피해 수목이 무성한 그늘 쪽에 자리잡고 있었다.

"이제 촉한군의 영채 40여 곳이 산림이 우거져 그늘이 있는 곳으로 옮겨갔고, 시냇물 가까운 곳에서 더위를 피한다."

동오의 병사들이 부러워해서 하는 말을 듣게 된 육손은 긴가민가하면서 나가 살펴봤다. 사실이었다. 그는 속으로 쾌재를 부르며 병사들에게 불로써 공격 준비를 시켰다.

한편, 마량이 동천에 도착하여 제갈량에게 그려간 영채의 배치 도본을 보이며 상황을 설명하자, 제갈량이 탁자를 내리치며 "도대체 누가 이런 영채 배치를 권했는가? 마땅히 참해야 한다"고 소리쳤다.

누가 그랬단 말인가? 유비 자신의 선택이었다. 당시 제갈량이 마량에게 당부한 내용은 다음과 같았다.

"그대는 속히 돌아가 천자에게 전하거라. 높은 고원지대나 습한 곳, 험난한 지형에 영채를 세우는 건 병법에서 금기다. 만일에 적이 불로 공격하면 어찌할 것이며 영채를 7백리에 걸쳐 놓아서야 어찌 효율적으로 적에게 맞선단 말이냐. 육손이 지금껏 기다린 까닭은 바로 우리의 실수하는 기회를 노린 것이니 서둘러 돌아가 아뢰어라."

마량이 물었다.

"이미 육손의 공격을 받아 우리가 패했다면 어찌하리까?"

제갈량이 자신있게 대꾸했다.

"육손은 국경까지 넘어 감히 추격해오지 못할 것이고, 폐하께서는 백제성으로 피하시라고 하거라. 내가 오래전 어복포(魚腹浦)에 대비를 해둔바 있으니 염려 말라."

마량이 서둘러 되돌아가고 있을 때 육손의 화공(火攻)이 촉한군 영채를 덮쳤고, 유비는 졸지에 사방이 불타오르자 걸음아 나 살려라 도망치는 신세가 되고 있었다.

삼국시대에 세 번의 큰 전쟁이 있었는데 관도싸움, 적벽싸움, 이릉싸움이다. 이 3대 전쟁은 묘하게도 이소승다(以小勝多: 소수의 병력으로 다수를 제압하고 승리했다)다.

先主曰(선주왈) / 朕亦頗知兵法(짐역파지병법) /

何必又問丞相(하필우문승상) / 良曰(양왈) / 古云(고운) /

兼聽則明(겸청즉명) / 偏聽則蔽(편청즉폐) /

望陛下察之(망폐하찰지) / 先主曰(선주왈) /

卿可自去各營(경가자거각영) /

畫成四至八道圖本(화성사지팔도도본) /

親到東川去問丞相(친도동천거문승상) / 如有不便(여유불편) /

可急來報知 (가급래보지)

새가 죽을 때면 그 울음이 애달프고
사람이 죽을 때면 그 말이 착하다

鳥之將死其鳴也哀 조지장사기명야애
人之將死其言也善 인지장사기언야선

유비가 말했다.

"그렇지 않소. 짐이 마속을 보건대 말이 실제보다 지나쳐 큰 일을 맡겨서는 안 될 것이오. 승상은 깊이 살펴보시오."

분부하고 나서 모든 신하를 전각으로 들어오게 하고 지필을 들어 유조를 써서 제갈량에게 주고는 탄식해마지 않았다.

"짐은 독서를 많이 하지 않았으나 대략 그 뜻을 아오. 성현께서 이르길 '새가 죽을 때면 그 울음이 애달프고 사람이 죽을 때면 그 말이 착하다'고 했소. 짐이 본래 경들과 함께 역적 조조를 멸하고 한나라 황실을 일으키려다가 불행히 도중에 이별하게 되었소."

이릉싸움은 싸웠다기 보다 동오의 대도독 육손이 화공으로 유비군을 일거에 괴멸시킨 일방적인 공격으로 끝났다.

유비는 백제성으로 도망쳐 백성들 보기가 부끄럽다 해서 성도로 가지 않고 그곳을 영안궁(永安宮)이라 명칭을 바꾸고 눌러 앉았으나 나이도 들은 데다 패전의 심적 고통이 겹쳐 큰 병이 났다.

유비는 결국 자신이 이곳에서 죽을 것이라는 예감이 들자 성도로 급보를 보내 제갈량과 아들들을 불렀다. 제갈량이 둘째아들 유영과 셋째아들 유리를 데리고 오자, 유비는 "내 죽음이 목전에 이르렀으니 태자와 연약한 아들들을 부탁한다"면서 눈물을 흘렸고, 제갈량도 흐느껴 울며 안타까워했다.

그때 마량의 동생 마속이 옆에 서 있었는데 유비가 보고는 물러가라 하고 나서 제갈량에게 "마속의 자질을 어떻게 보시오?"하고 물었다. 제갈량이 "뛰어난 인재입니다"라고 대답하니 그제야 유비가 예전에 보았던 일을 지적하며 마속이 실제보다 말이 앞선다는 결점을 밝힌 후 중요한 일을 맡기지 말라 이르고 유조(遺詔)를 제갈량에게 내렸다.

이후 흔히 말하는 '영안궁에서 유비의 최후'가 어떤 의미를 갖는지, 유비가 제갈량을 상대로 어떤 후계 구도의 꾀를 썼는지 논의되는 대목이 전개된다.

먼저 유비가 제갈량에게 말하기를 "그대의 재주는 위제 조비보다 열 배 이상 뛰어나니 천하를 안정시키고 나라를 바로잡는 큰일을 이루리라. 하지만 짐의 아들을 도울만하거든 돕되 자질이 부족하거든 그대가 성도의 주인이 되라"고 했다. 유선 대신에 제갈량 자신이 황제가 되어도 좋다는 놀라운 말이었다.

제갈량은 그 순간 온몸에 땀을 흘리며 어쩔줄 몰라 "신이 전력을 다해 충성을 바쳐 목숨으로 보답 하겠습니다"하고 절하며 흐느껴 울었다.

유비는 이런 제갈량을 바라보면서 이번에는 아들들을 가까이 불러 "너희들은 애비의 말을 잊지 말거라. 내 죽은 후 너희 형제 셋은 아비 섬기듯 제갈 승상을 섬기되 조금도 태만하면 안 된다"고 이르고는 그들에게 제갈량을 모시는 절을 하도록 시켰다.

그들의 절을 받게 되자 제갈량은 "신이 오장육부를 땅에 뿌릴 지라도 베풀어주신 은혜에 어찌 보답하지 않겠습니까"하고 거듭하여 충성을 맹세했다.

이렇게 한 후에 유비는 대소 신하를 돌아보며 "짐은 외로운 아들을 승상에게 부탁했고, 나머지 아들들에게도 승상을 아버지로 섬기게 했으니 그대들도 함께 노력하여 짐의 부탁을 저버리지 말라"고 분부했다.

마지막으로 유비는 조자룡을 곁으로 불러 "짐과 경은 지금까지 온갖 어려움을 함께 겪어왔는데 이렇게 헤어질 줄이야 어찌 예측이나 했겠소. 우리가 함께한 지난 날을 잊지 말고 내 아들을 보살펴 이 부탁을 저버리지 마오"하고 당부하니 조자룡은 "신이 어찌 충성을 바치지 않겠습니까"라면서 눈물을 뿌리며 절했다.

조자룡이 누구인가? 양양 장판파에서 어린 아두(유선)를 갑옷 속에 품고 조조군 사이를 헤쳐 나오며 죽을 고비를 넘기고 구해낸 인물이다. 그러니까 이제 유비의 뒤를 이을 2세 황제 유선에게는 더할 수 없는 생명의 은인이자 관운장과 장비 등이 죽은 마당에 촉한의 병권은 물론이고 군부의 상징적 인물인 것이다.

따라서 유비는 후계자 유선의 됨됨이가 부족한 걸 염두에 두고 '제갈량에게는 그대 재주가 조비보다 뛰어나니 우리 아들이 부족하면 대신 황제가 되라'는 듯이 슬쩍 권하고, 제갈량의 태도를 살펴보고 아들들을 불러 아버지로 섬기라하여 관계를 단단히 맺게하고 나서, 여러 신하들을 불러 이런 약속과 다짐을 재차 확인시켰다.

결정적인 묘수는 조자룡에게 옛 인연을 상기시키며 어떤 일이 있더라도 유선을 지켜줄 것을 당부하고 약속을 받는 것으로 사후 후계체제를 마무리하는 것.

이런 유비를 보고 좀 모자란 아들을 둔 아비의 처신으로 어쩔 수 없지 않았겠느냐는 견해도 있겠으나, 유비 역시 어디까지나 효웅, 끝까지 제갈량을 의심의 눈초리로 바라보면서 후계구도의 안전장치를 생각할만큼 치밀한 안배도 무시해서는 안 된다는 견해가 있다.

先主曰(선주왈) / 不然(불연) / 朕觀此人(짐관차인) /
言過其實(언과기실) / 不可大用(불가대용) /
丞相宜深察之(승상의심찰지) / 分付畢(분부필) /
傳旨召諸臣入殿(전지소제신입전) /
取紙筆寫了遺詔(취지필사료유조) /
遞與孔明而嘆曰(체여공명이탄왈) / 朕不讀書(짐불독서) /
粗知大略(조지대략) / 聖人云(성인운) / 鳥之將死(조지장사) /
其鳴也哀(기명야애) / 人之將死(인지장사) /
其言也善(기언야선) /
朕本待與卿等同滅曹賊(짐본대여경등동멸조적) /
共扶漢室(공부한실) / 不幸中道而別(불행중도이별)

작은 악행이라도 하지 말고,
작은 선행이라도 실천하라

勿以惡小而爲之 물이악소이위지　勿以善小而不爲 물이선소이불위

　태자 유선은 성도 밖까지 나와 영구를 모시고 정전 안에 안치한 후 슬피 울어 장사를 지낸 후 유조를 펼쳐 읽었다.

　— 짐이 처음에 병을 얻어 설사 정도로 여겼더니 나중 잡병이 더 생겨 회복할 수 없게 되었다. 듣건대 사람나이 50이면 천수를 누렸다 하지 않더냐, 이제 짐의 나이 60이 넘었는지라 죽는다 해도 어찌 여한이 남겠느냐. 그저 너희 형제가 염려될 뿐이다. 부디 노력하고 또 노력하라. 아무리 작은 악행이라도 하지 말고 작은 선행이라도 실천하라. 오로지 슬기로움과 너그러움만이 사람을 복종케 할 수 있느니라. 아비는 너그러움이 박하여 본받기에는 부족하다.

유비가 태자 유선에게 남긴 마지막 당부가 '작은 악행이라도 하지 말고 작은 선행이라도 실천하라'는 것이었다. 이 말은 「명심보감」〈계선편〉에 실려 널리 알려진 것이기도 하다.

유비는 전투나 리더로서의 능력 면에서 본다면 다른 군웅들보다 많이 뒤떨어졌다. 전쟁에서 조조가 승률 8할이었다면 유비는 2할이 채 안 되었다. 관우와 장비, 조자룡 등 맹장을 거느리고도 그랬다. 그 결과 유비는 동가숙서가식 하면서 의병을 일으켜 세상에 나온 지 20년 동안 자기 기반을 잡지 못했다.

하지만 유비가 세상의 영웅으로 대접받을 수 있었던 까닭은 '덕과 인간적 겸손'을 지녔다는 데 있었다. 겸손은 자신을 낮추어서 상대를 높이 세우고 뒤로 물러나 상대에게 앞자리를 양보한다는 것으로 많은 이들을 감동시켰다.

유비는 이런 자세로 부하들을 인간적으로 끌어 당겼다. 그들이 '유비를 위해서라면' 하고 몸을 던져 분투한 까닭이 있었던 것. 어지러운 세상일수록 인간적인 덕목으로 포용력은 값지다. 착하게 사는 사람은 손해를 자주 보긴 하지만 상대로부터 손가락질 당하는 일은 거의 없다. 오히려 남의 도움을 받을 수도 있다.

유비의 처세는 이런 바탕 위에 있었으므로 자질과 능력이 뒤떨어지는 후계자 유선에게 덕(德)의 의미를 재삼 강조하면서 주위의 인물들과 어울려 올바른 태도로 살아갈 것을 당부했다고 볼 수 있다.

◆ 백제성에서 유언장을 쓰는 유비

太子劉禪出城迎接靈柩(태자유선출성영접영구) /
安於正殿之內(안어정전지내) / 擧哀行禮畢(거애행례필) /
開讀遺詔(개독유조) / 詔曰(조왈) / 朕初得疾(짐초득질) /
但下痢耳(단하리이) / 後轉生雜病(후전생잡병) /
殆不自濟(태불자제) / 朕聞(짐문) / 人年五十(인생오십) /
不稱夭壽(불칭요수) / 今朕六十有餘(금짐육십유여) /
死復何恨(사부하한) / 但以汝兄弟爲念耳(단이여형제위념이) /
勉之(면지) / 勿以惡小而爲之(물이악소이위지) /
勿以善小而不爲(물이선소이불위) /
惟賢惟德可以服人(유현유덕가이복인) / 卿父德薄(경부덕박) /
不足效也(부족효야)

마음을 공격하는 것이 상책,
성채를 공격하는 것은 하책

攻心爲上 공심위상 攻城爲下 공성위하

제갈량이 남만 원정을 떠나 3로의 반란군을 일차로 평정하고, 본격적으로 남만 경계로 들어섰을 때 황제 유선이 보낸 칙사가 왔다.

그가 마속인데 상복을 입고 있었다. 그의 형 마량이 세상을 떠났던 것이다.

마량 형제는 양양 출신으로 다섯이 모두 뛰어난 인재로 손꼽혀 향리에서 '마씨 오상(五常: 字에 모두 상(常)자가 들어 있었다)'이라 불렸는데 그중 가장 뛰어났던 마량에게는 눈썹에 하얀 털이 났으므로 '백미(白眉)'라는 별칭이 있었다.

마속은 예전 형을 따라 유비 진영에 가담하여 현령과 태수 등을 두루 지냈고, 이번에는 원정에 나선 제갈량을 돕기 위해 보급품을 준비하여 칙사로 온 것이었다.

제갈량은 옛날 절친하게 지냈던 마량이 생각났던지 곁에 두고 그에게 이번 남만 원정에 대해 의견이 있으면 말해보라고 했고, 마속은 이렇게 대답했다.

"원래 남만은 중원과 거리가 먼데다 지세가 험준하기에 이를 믿고 제멋대로 행동한 지가 오랩니다. 비록 오늘 격파할지라도 내일이면 다시 배반할 것입니다(雖今日破之 明日復叛). 승상께서 이제 대군을 거느리고 가시면 반드시 평정할 것이나 회군한 후에 곧바로 조비를 쳐야 하니 남만병들이 등을 돌리는 태도 역시 매우 빠를 것입니다. 용병에 있어 적의 마음을 공격하는 것이 상책이고, 성을 공격하는 것이 하책이며, 마음으로 싸우는 것이 상책이고 병사로 싸우는 것이 하책이라 했습니다(攻心爲上 攻城爲下 心戰爲上 兵戰爲下)."

이 말에 제갈량은 몹시 감탄하여 마속의 재주를 높이 평가했고, 참군으로 삼아 전진했다.

사실 제갈량은 북벌전을 앞두고 남만 원정을 통해 배후지역을 안정시킬 필요가 절실했으므로 어떻게 하든 그들을 '진심으로 복종하게 만들겠다'는 각오를 했었는데 마속이 같은 뜻을 내놓자 진심으로 몹시 기뻐했고 그럴 생각을 더욱 다졌던 것이다.

일곱 번 붙잡았다가
일곱 번 놓아다

七擒七縱 칠금칠종

맹획이 눈물을 흘리며 말했다.

"일곱 번 붙잡았다가 일곱 번 놓아줬다는 일은 자고로 없었지요. 제가 비록 교화되지 않은 외방 사람이지만 예의가 뭔지는 아니 어찌 염치를 모르겠습니까."

그러고는 형제와 처자, 종당 등을 모두 거느리고 함께 기어서 장하에 꿇어 앉아 윗옷을 벗고 사죄했다.

"승상의 하늘 같은 위엄에 남만 사람들은 다시 반역하지 않겠나이다."

제갈량이 남만 원정에서 남쪽지대를 안정시키려는 것과 북벌전에 필요한 자원의 확보, 그리고 병사들의 전투 경험으로 장차 상대해야 할 막강한 위군(魏軍)에 대해 자신감을 갖게 하려는 등 다목적인 의도가 있었다.

제갈량이 다양한 방법으로 남만왕 맹획을 일곱 번이나 사로잡았다가 놓아준 까닭은 장차를 염두에 두고 맹획이 진심으로 항복하여 남쪽의 안정과 우호 관계를 계속 유지하려고 했기 때문. 이때 맹획에 대해 장사 벼슬의 비위가 다음과 같이 말했었다.

"승상께서 이번에 친히 군사를 이끌고 불모의 땅에 들어가 남만왕의 항복을 받았는데 어찌 관리를 남겨 맹획과 함께 이곳을 다스리도록 하지 않으십니까?"

제갈량이 준비해둔 듯이 대꾸했다.

"그렇게 하면 세 가지 난제가 있다. 이곳에 관리를 두려면 당연히 군사도 남겨두어야 하는데 그렇게 되면 보급하는데 어려움이 있고, 이번에 그들 가운데 많은 사상자가 생겼으니 감정이 좋을 리 없을 것 아닌가. 결국 불상사가 일어나면 처리하기가 쉽지 않다. 또 만인들은 남을 의심하는 성향이 있어 관리들이 이곳에 머물면 자신들을 지배하리라 의심할 수 있어 이번 원정의 진정한 목적이 훼손될 수도 있다."

이리하여 제갈량은 단 한 명의 관리나 병사도 현지에 남겨두지 않고 남만왕 맹획에게 모든 걸 맡긴 후 귀국길에 올랐던 것이다. 제갈량과 만두에 얽힌 이야기가 이때 생기게 된다.

제갈량이 전군을 이끌고 귀환하려 남만 경계인 노수에 이르러 도하하려는데 갑자기 광풍이 몰아치고 파도가 격렬하게 일어 도저히 배를 띄울 수가 없었다.

이때 맹획이 "지난 날 49개의 사람 머리와 검은 소 흰 염소를 함께 제물로 삼아 제사지내면 저절로 광풍이 가라앉았습니다"고 했다.

제갈량이 탄식했다.

"내가 이번 원정길에 무수한 인명을 죽게 했으니 억울한 넋과 한 맺힌 귀신들이 매우 많을 것이다. 제사를 지내는데 어찌 또다시 생사람을 죽여 그 머리를 쓸 것이냐. 소와 말을 잡고 밀가루로 사람 머리 형상을 빚어 그 속에 쇠고기와 염소고기를 다져 소로 넣어라."

제사용(祭祀用)으로 머리 모양의 음식이 만들어지자 사용되었고, 이후 만두(饅頭)라는 음식이 널리 보급되었다는 것.

한편, 제갈량의 남방 정벌은 그 지역 거주민들에게 의외의 결과를 가져다 주었다고 평가된다. 이로 인해 촉한과 남만의 소수 종족 사이에 관계가 개선되었고, 중국 남서부 여러 종족의 경제적 향상과 중원문화의 전래가 촉진되어 위·촉·오 삼국의 전란 속에서도 남만 일대는 평온한 가운데 안정과 번영의 토대를 이룰 수 있었다.

孟獲垂淚言曰(맹획수루언왈) / 七擒七縱 (칠금칠종) /
自古未嘗有也(자고미상유야) / 吾雖化外之人 (오수화외지인) /
頗知禮義(파지예의) / 直如此無羞恥乎(직여차무수치호) /
遂同兄弟妻子宗黨等人(수동형제처자종당등인) /
皆匍匐跪於帳下(개포복궤어장하) / 肉袒謝罪曰(육단사죄왈) /
丞相天威(승상천위) / 南人不復反矣(남인불복반의)

어미를 죽였는데 다시
그 자식까지 죽이겠는가

己殺其母 기살기모　復殺其子 부살기자

조예는 15세가 되자 말 타고 활 쏘는 솜씨가 숙달되었다. 그해 봄 2월, 조비는 아들 조예를 데리고 사냥을 나가서 산속을 달리는데 어미와 새끼 두 마리 사슴이 뛰어 나왔다.

조비는 화살 하나로 어미 사슴을 쓰러뜨리고 돌아보니 새끼 사슴이 조예의 말 앞을 달리고 있었다.

조비가 크게 소리쳤다.

"어찌 쏘지 않느냐?"

조예가 말 위에서 눈물을 흘리며 고했다.

"폐하께서 어미를 죽였는데 신이 다시 그 자식까지 어찌 죽일 수 있겠습니까?"

조비는 그 말을 듣자 활을 땅에 내던지며 말했다.

"내 아들은 참으로 인자하고 덕망 있구나."

조비가 제위에 오른 후에 맞이한 첫 번째가 견(甄)황후였다. 그녀는 원래 원소의 둘째 아들 원희의 아내였는데 지난 날 조조군이 기주의 업성을 점령했을 때, 조비가 차지했던 것. 이후 그녀가 아들을 낳았는데 바로 조예(曹叡)다. 예는 어릴 때부터 영특한 미소년이었다.

훗날 조비는 곽(郭)씨를 귀비로 들였는데 이 여인이 황후가 되고 싶어 견후를 모략하여 '조비를 모살하려 한다'는 엄청난 죄목을 씌웠다.

조비는 노하여 견황후에게 사약을 내렸고, 곽씨를 황후로 삼았으나 그녀에게서는 소생이 없었다. 하지만 조비는 무슨 연유인지 영특하고 아름다운 소년 예가 15세가 될 때까지 태자로 책봉하지 않고 있었다. 그런 어느 날 함께 사냥을 나갔다가 조예의 마음씨를 알게 된 조비가 후계자로 삼게 된다.

조비는 욕도 많이 먹었지만 황제가 된 후에 환관정치의 폐단을 방지하고자 내시들은 부서의 영(令) 이상으로 승진하는 걸 금했고, 조조 사후 9개월 만에 선양(禪讓)이라는 방식으로 후한의 헌제로부터 제위를 이양받았는데 중국사에서 가장 평화로운 왕조교체 방식으로 손꼽는다.

그는 제위에 올라 국력 증강에 노력하여 손권을 오왕(吳王)에 책봉하는 등 대외적으로 무리한 정벌을 삼가했고, 부친의 뒤를 이어 '관리추천에 있어 능력제일주의', '후궁의 정치개입 금지', '무녀(巫女)에 의한 주술금지', '배우자 없는 남녀나 중병인, 가난한 자에게 베푸는 복지정책'을 펴는 견실한 행정가적 능력을 십분 발휘하여 만일 그가 10여년

만 더 살았다면 위제국이 오랫동안 통일제국으로 지속되었을 것이라는 평가를 받을 만큼 뛰어난 치세를 보였다.

소설 「삼국연의」에서는 지나치게 가혹하고 편협한 군주로 묘사하거나 심지어는 주색에 곯아 일찍 죽었다는 등 비난하거나 깔아뭉개는 성향이 지나치게 많으나, 정사 「삼국지」를 쓴 진수는 "넓은 도량을 갖추고 공평한 마음으로 정사에 힘쓰고, 도의를 정립하는데 노력을 기울이고, 충실하게 성덕을 쌓아 그 기간이 길었다면 고대의 현군(賢君)과 견줄만한 존재가 될 수 있었다"고 평했다.

曹叡年至十五歲(조예년지십오세) / 弓馬熟嫻 (궁마숙한) /
當年春二月 (당년춘이월) / 丕帶叡出獵 (비대예출렵) /
行於山塢之間 (행어산오지간) / 趕出子母二鹿 (간출자모이록) /
丕一箭射倒母鹿 (비일전사도모록) /
回視小鹿馳於曹叡馬前 (회시소록치어조예마전) /
丕大呼曰 (비대호왈) / 吾兒何不射之 (오아하불사지) /
叡在馬上泣告曰 (예재마상읍고왈) /
陛下已殺其母 (폐하이살기모) /
臣安忍復殺其子也 (신안인부살기자야) / 丕聞之 (비문지) /
擲弓於地曰 (척궁어지왈) / 吾兒真仁德之主也 (오아진인덕지주야)

오리를 놓아주고
봉황을 얻다

放鴨而得鳳 방압이득봉

제갈량이 첫 북방정벌에 나섰다가 뜻을 이루지 못하였으나 강유(姜
維)라는 위나라의 결출한 청년 장수를 수하로 영입한 실적을 올렸다고
평가되는 인물에 얽힌 이야기다.

소설 「삼국연의」에 천수(天水: 하늘의 강이 물을 따른다는 전설에서 유래된 지명
으로 예부터 감숙성의 소강남이라고 불린 풍요로운 곳)군의 성에서 제갈량이 펼친
작전의 허실을 눈치채고 촉한의 명장 조자룡을 꼼짝 못하도록 만든 젊
은 관리가 등장한다.

제갈량이 놀라 그 젊은이의 뒷조사를 해보니 이름은 강유이고, 견줄
데가 없는 효자이자 문무를 겸비한 인재였다.

'그를 우리 촉한으로 끌어들이리라'고 결심한 제갈량은 차례차례 지

략을 써서 포로로 잡았던 위군 사령관 하후무를 풀어주고 이를 이용하여 강유가 촉한으로 귀순하게 만들었다.

그때 제갈량이 말했다.

"내가 하후무를 풀어준 것은 오리 한 마리를 놓아준 것(放夏侯楙 如放一鴨)이고, 백약(강유)을 얻은 것은 봉황을 얻은 것이다(今得伯約 得一鳳也)."

정사 「삼국지」 〈강유전〉의 기록은 조금 다르다. 제갈량의 군대가 쳐들어 왔을 때 천수군의 태수는 지방순시에 나가 성에 없었는데 강유는 태수를 수행하고 있었다. 이때 겁에 질린 태수는 혼자 도망쳤고, 강유가 뒤따라갔으나 놀란 태수가 성문을 굳게 닫고 열어주지 않아 강유는 하는 수 없이 고향 기현으로 갔는데 마찬가지로 성안에 들여보내주지 않았다. 강유는 결국 최악의 사태를 각오하고 제갈량에게 몸을 던졌다. 강유가 자진하여 투항했다는 것이다.

사실 여부는 어떤 것인지 모르겠으나 강유는 촉한으로 투항한 후에 제갈량으로부터 각별한 총애를 받았으며 제갈량 사후에는 촉한군 총사령관이 되어 눈부신 전공을 세운 명장으로 손꼽힌다.

그에 관한 재미있는 후일담은 촉한으로 투항할 때 모친과 헤어지게 되는데 어머니는 아들에게 '당귀(當歸: 위나라로 돌아오라)'라고 쓴 편지를 보냈다. 강유가 답장을 썼다.

— 양전백경(良田百頃: 좋은 밭 백만 평)이 있습니다. 1무(畝: 1경은 100무)만으로는 매력이 없습니다. 소자는 원대한 뜻을 품고 있으므로 돌아가고자 생각하지 않습니다.

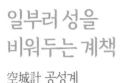

일부러 성을
비워두는 계책

空城計 공성계

중국의 수많은 전쟁사에서 풍부한 경험과 승전에 대한 연구 결과로 정리한 36가지 대표적 계책을 모은 「병법36計」에서 32번째가 공성계 (空城計)다.

흔히 상대하는 적군에 비해 열세가 두드러질 때 오히려 더욱 허약하게 보여 적으로 하여금 상대가 의도적으로 도발을 유도하려는 꾀가 아닐까 의심하게 만들고, 의심 속에 또 의심이 생기도록 하면 예상외의 효과를 거둘 수 있다는 것이 이 계책의 핵심이다.

공성계의 대명사처럼 전해지는 일이 제갈량의 1차 북벌전에서 사마의를 상대로 벌어진다.

가정에서 마속이 패퇴하자 촉한군은 전면 철수해야 했고, 제갈량은 서성에서 철수 작전을 지휘하며 군량미와 마초 등을 차례로 옮기고 있었다.

연락병이 달려와 보고했다.

"적장 사마의가 15만 대군을 이끌고 이곳 서성으로 진격해오고 있습니다."

그때 제갈량이 거느린 병사라고는 모두 합쳐 2천여 명 정도, 모두들 이 소식에 얼굴 빛이 흑색으로 변했다. 곧 멀리서 엄청난 말발굽 소리와 하늘 가득히 티끌이 일어나고 있어 적의 대군이 달려오고 있음을 알 수 있었다.

제갈량이 명령을 내렸다.

"성 위의 깃발을 모조리 거두어 감추고 동서남북 성문을 활짝 열어두어라. 그리고 성문마다 군사 20명씩 백성옷으로 갈아입혀 거리를 비로 청소하게 시켜라. 위군이 가까이 이를지라도 절대 함부로 움직이지 못하게 하라. 내 그들을 상대할 계책이 있느니라."

이어서 제갈량은 학창의 차림에 윤건을 쓰고 두 시동에게 거문고를 들려 성루 위로 올라가더니 난간에 기대앉아 향을 피우며 여유 있게 탄주를 시작했다.

한편 위군의 선봉부대가 성 근처에 이르러 제갈량의 여유 만만한 모습을 바라보고 기가 질려 섣불리 진격하지 못하고 급히 사마의에게 이 사실을 알렸다.

사마의가 직접 달려가 바라보니 과연 제갈량이 성루 위에 앉아 거문고를 탄주하는데 좌우 시동은 보검과 불자를 받쳐 들고 있고, 성문 근처에는 백성 20여 명이 머리를 숙이고 청소를 하는데 그야말로 방약무인(傍若無人)한 모습이었다. 한동안 이를 지켜보던 사마의가 군사를 후퇴시켜 물러가는데 둘째아들 사마소가 "저건 제갈량이 병력이 없어 일부러 하는 짓인데 부친께서는 왜 후퇴합니까?" 하고 지적했다.

사마의가 조심스레 대답했다.

"제갈량은 평생을 매사 신중하고 모험을 즐기는 성격이 아니다(平生謹愼 不會弄險). 이제 성문을 활짝 열어놓고 우리가 공격하도록 유도하는 것은 반드시 복병이 있다는 의미가 아니겠느냐. 쳐들어갔다가 계책에 빠지면 그때는 어쩔 거냐. 속히 물러나라."

위군은 서성에서 멀리 물러갔다.

이 모습을 보면서 제갈량은 손뼉을 치며 웃고는 "내가 사마의였다면 절대로 후퇴하지 않았을 것이다"고 했다는 내용이 소설 「삼국연의」에 나온다.

하지만 이 공성계 이야기는 훗날 곽충이라고 하는 제갈량의 열렬한 숭배자가 〈세상에 알려지지 않은 제갈량의 다섯 가지 일〉이라는 문장을 지었는데 그중 세 번째로 언급하여 일반에 전해지게 되었고 역사적 사실처럼 유명해졌다.

이에 대해 「삼국지」에 주석을 단 배송지(裴松之)가 반박하고 있는데 제갈량이 서성 쪽에 있을 때 사마의는 형주도독으로 완성(宛城)에 주둔하고 있었으므로 근본적으로 거리나 시간상 사실관계가 전혀 맞지 않는다는 지적이었다.

따라서 제갈량을 드높이려 꾸며낸 허구라는 비판.

말이 실제 행동보다 과하니
큰 일을 맡겨서는 안 된다

言過其實 언과기실 不可大用 불가대용

조금 있자 무사가 마속의 수급을 계단 아래 바치니, 제갈량이 큰 소리로 울었다.

장완이 의아하게 여겨 물었다.

"이제 유상(마속)이 죄를 지어 군법을 세웠는데 승상께서는 어찌 우시는 겁니까?"

제갈량이 대답했다.

"나는 마속을 위해서 우는 것이 아니다. 내 선제께서 백제성에서 위독하셨을 때 내게 다짐하시기를 '마속은 말이 실제 행동보다 과하니 큰 일을 맡겨서는 안 된다'고 하셨는데 오늘에 그 말씀이 들어맞았으니 내 밝지 못함을 깊이 슬퍼하면서 선제의 말씀을 사모하여 우는 것이다."

이 대목은 흔히 읍참마속(泣斬馬謖) 또는 누참마속(淚斬馬謖)이란 사자성어로 잘 알려진 부분. 하지만 마속의 목을 벨 때 제갈량이 눈물을 흘린 까닭이 따로 있다는 사실이다.

마속과 제갈량 사이에 친분이 생긴 것은 제갈량이 남만 원정에 나섰을 때였다. 마속은 "정벌에 있어 무력진압보다 그들을 심복(心服)시켜야 한다"고 진언하여 신임을 얻었다 이후 북벌전에 나서기 직전 옹양 땅에서 군사를 기르고 있던 대장군 사마의를 쫓아내고자 "반간계(反間計)로 역적질을 하려 한다고 방문을 써서 낙양 거리에 붙이자"고 하여 성공함으로써 더욱 신임을 얻었는데 이를 보면 마속이 계략에 능한 모사일 수 있다는 점인데 군사를 지휘하는 장수로는 미지수였던 셈이다.

북벌에 나선 제갈량은 '위군이 가정 땅을 점령하여 우리의 주요 병참선을 끊으려 할 것'이라며 중요한 고비에서 노련한 장수를 보내야 할 때, 마속이 자청하여 임무를 맡겠다고 나서자 곧 그를 대장으로 삼아 파견했다.

마속은 가정 땅에 도착하자 "길목에 영채를 세워서는 안 된다. 저 산에 수목이 울창하니 요충지다. 산 위에 주둔하라"고 명령했다. 부장 왕평이 "위군에게 포위당하면 꼼짝 못하고 당한다"며 극구 반대하는데도 "무식한 소리 하지 말라. 병법에는 높은 곳에 올라 아래를 굽어보면 그 형세가 마치 대나무를 쪼개는 것과 같다(凭高視下 勢如劈竹)고 했으니 만일 위군이 오는 날이면 내 한놈도 살려 보내지 않겠다"고 큰소리 쳤다가 결국 장합이 산을 포위하고 식수를 끊자 맥없이 대패하고 말았다. 이런 점을 종합해보면 마속은 가정을 지킬 만한 장수감은 아니었다는 사실이다.

마속의 처형에 대해서도 참군 장완이 말리기를 "천하를 정하기도 전에 지혜 있는 모사를 죽이는 건 아깝다"고 했으나 제갈량은 듣지 않았고, 마속의 목을 베어 바치니 큰소리로 울자 다시 장완이 "군법을 세웠는데 승상께서 어찌 우십니까?"하고 물으니 그제야 제갈량은 유비가 영안궁에서 죽기 직전에 마속에 대해서 경고한 말을 떠올리며 울었다고 고백했다. 제갈량은 군법을 세우기 위함이라고 했으나 실상은 자신에 대한 자책감도 있었던 것.

후세 사람이 읊은 시구에도 분명 이런 사실이 나와 있다.

'영문 밖에서 목을 참하여 군법을 엄히 하고(轅門斬首嚴軍法), 눈물을 뿌리며 오히려 선제의 밝으심을 떠올렸다(拭淚猶思先帝明).'

須臾(수유) / 武士獻馬謖首級於階下 (무사헌마속수급어계하) /
孔明大哭不已(공명대곡불이) / 蔣琬問曰(장완문왈) /
今幼常得罪(금유상득죄) / 旣正軍法(기정군법) /
丞相何故哭耶(승상하고곡야) / 孔明曰(공명왈) /
吾非為馬謖哭(오비위마속곡) /
吾想先帝在白帝城臨危之時(오상선제재백제성임위지시) /
曾囑吾曰(증촉오왈) / 馬謖言過其實(마속언과기실) /
不可大用(불가대용) / 今果應此言(금과응차언) /
乃深恨己之不明(내심한기지불명) /
追思先帝之明(추사선제지명) / 因此痛哭耳(인차통곡이)

싸움에서 속임수를 쓰는 것,
일을 일으키기까지는 비밀이어야

兵者詭道也 병자궤도야 事未發切宜祕 사미발절의비

유엽이 아뢰었다.

"신이 어제 촉한을 정벌하라고 폐하에게 권한 것은 나라의 대사입니다. 그런 기밀을 어찌 사람들에게 누설할 수 있겠습니까. 싸움에서는 속임수를 쓰는 것이니 일을 일으키기까지는 비밀이어야 합니다."

조예는 크게 깨달은 바가 있어 대답했다.

"경의 말이 옳다."

가정의 패배로 뜻을 이루지 못하고 철수했다가 촉한군이 재차 북벌을 시작할 무렵에 동오에서 손권이 황제의 지위에 오르는 일이 벌어졌다. 이는 북벌전의 명분에서 촉한군과 제갈량의 입장을 매우 난처하게 만드는 일이 아닐 수 없었다.

제갈량이 후출사표에서 밝혔듯이 '촉한과 위(역적)가 공존할 수 없으며 조정이 대륙의 구석진 곳(서촉)에서는 안정할 수 없다'는 설명은 촉한이야말로 후한(後漢)을 계승하는 정통왕조이고, 따라서 황제를 칭하는 위(魏)는 역적이라는 논리였다. 그런데 손권이 제위(帝位)에 올랐다. 성도의 문무대신들 사이에서도 "손권이 황제가 된 것은 역적의 짓"이라는 주장이 나왔다.

그런데 제갈량은 "예물을 보내 오(吳)를 축하하고 손권에게는 육손을 시켜 북진하도록 권하라"는 말을 하고 있다. 이 말을 전해들은 육손이 핵심을 찔러 손권에게 다음과 같이 말했다.

"이는 제갈량이 위군 장수 사마의를 두려워한 나머지 짜낸 계책일 뿐입니다. 그들과 동맹한 처지니 북진해 달라는 요구를 거절할 수는 없겠지요. 일단 군사를 일으켜 돕는 시늉을 하면서 위나라가 궁지에 몰리는 상황이 된다면 그 틈을 타서 본격적으로 낙양을 향해 진격하도록 하십시오."

이러한 촉한과 동오의 관계 속에서 그동안 병상에 누워 있던 위의 대도독 조진의 병이 완쾌되어 표문을 올렸는데 대략 그 내용은 촉한을 선제 공격하여 후환을 덜기 위해서 사마의와 힘을 합쳐 한중 땅을 점령하겠다는 내용이었다.

조예가 표문을 읽고 시중 유엽에게 어찌하면 좋겠느냐고 묻자 "조진 대장군의 말이 옳습니다. 지금 그들을 쳐서 없애버리지 않으면 훗날에 화근이 될 것입니다"고 유엽은 적극적으로 진언했다.

그런데 그날 밤 대신들이 유엽을 찾아와 촉한을 먼저 치는 일에 대해 황제와 의논했다는데 어떻게 결론이 났느냐고 묻는 것이었다. 유엽은 재빨리 머리를 굴려 "서촉 일대는 지세가 험악하여 쉽사리 도모할 수 없으니 공연히 수고일 뿐 우리에게 별로 이익이 없다"고 부정적으로 대꾸해서 보냈다.

다음날 한 신하가 조예에게 아뢰었다.

"어제 유엽은 폐하에게 촉한을 먼저 정벌하도록 권하더니 밤에 찾아온 대신들에게는 쳐들어가면 안 된다고 했답니다. 이는 유엽이 폐하를 기만한 것이니 불러서 엄히 하문하십시오."

조예가 유엽을 불러 사실 여부를 물으니, 유엽이 '군사를 쓰는 일에 비밀이 사전에 누설되면 어떻게 되느냐'며 항의하듯 보안의 중요성을 설명한 것.

적에 대한 공격이 공개적으로 거론되면 적군이 탐지할 수도 있으려니와 불필요한 내부의 균열이 발생할 수 있음을 지적한 것인데 조예는 의외에도 스스럼없이 받아들였다.

劉曄奏曰(유엽주왈) / 臣昨日勸陛下伐蜀(신작일권폐하벌촉) /
乃國之大事 (내국지대사) / 豈可妄泄於人(개가망설어인) /
夫兵者(부병자) / 詭道也(궤도야) /
事未發切宜秘之(사미발절의비지) /
睿大惡曰(예대오왈) / 卿言是也(경언시야)

오늘 아궁이 3천 개를 만들고
다음날은 아궁이 4천 개를 만든다

今日掘三千竈 금일굴삼천조　明日掘四千竈 명일굴사천조

제갈량이 말했다.

"내 이제 퇴각하는데 다섯 길로 나누어 물러가겠다. 오늘 먼저 후퇴하는 영채는 영내 천 명이 있을지라도 아궁이를 2천 개 만들고, 오늘 아궁이 3천 개를 만들었으면 다음날은 아궁이 4천 개를 만들어 매일 퇴군할 때마다 아궁이 수를 늘리도록 하라."

제갈량의 북벌전 가운데 사마의 측으로부터 모략을 당해 후퇴한 경우가 있었다. 발단은 군량미를 운반하는 구안이란 자가 기일보다 열흘 늦게 도착한 데서 비롯되었다.

제갈량은 그가 술을 좋아해서 지체했다는 걸 알고 크게 노하여 "끌어내 참하라!"고 소리쳤다.

장사 양의가 말렸다.

"구안은 지금 영안성에서 군량을 책임지고 있는 이엄이 아끼는 부하입니다. 만일 구안을 죽이면 향후에 군량미 수송에 차질을 빚지 않을까 염려됩니다."

이에 제갈량은 벌을 낮춰 곤장 80대를 쳐서 쫓아버렸다. 구사일생한 구안은 원한을 품고 즉시 사마의 진영으로 가서 투항했다. 사마의가 투항해온 이유를 묻자 구안이 사실대로 대답했으나 의심이 발동한 사마의는 "혹시 제갈량의 사주를 받은 건 아닌지 믿지 못하겠다. 네가 한 가지라도 공을 세운다면 그때는 귀순을 받아들이고 높은 벼슬을 내리겠다"고 하면서 성도에 가서 "제갈량이 그동안 공을 세운 것만 믿고 조만간에 황제가 되려 한다"는 헛소문을 퍼뜨리라고 하니 구안이 응낙했다.

마침내 소문을 들은 유선은 놀라 좌우에 방도를 물으니 "제갈량을 소환하고 병권을 박탈하여 반역을 방지해야 한다"는 의견이 많았다.

제갈량은 회군하라는 조서를 받았고, 강유가 "혹 우리 대군이 후퇴하면 적군이 뒤 쫓아와 공격할 것이니 어찌 방비하면 좋겠습니까?" 하고 묻자 제갈량이 옛 병법가들이 즐겨 쓴 아궁이 수를 늘여 사마의를 속이는 꾀를 낸 것.

'밥 짓는 아궁이의 수효를 줄이거나 늘리는 방법으로 적군의 안목을 속이는 계책'으로 잘 알려진 경우가 전국시대 제나라 병법가 손빈과 위나라 방연의 복수전에서 나타난다. 당시 제나라 손빈은 매일 아궁이 수를 줄여서 위나라 방연이 제군들 사이에 매일매일 대량의 도망병이 발생하는 것으로 착각하게 만들었고 결국 승기를 잡았다고 오판한 나머지 무리한 추격을 하게 만들어 물리쳤었다.

그런데 제갈량은 손빈과는 반대되는 작전을 폈다.

"사마의는 용병에 능하기에 우리가 후퇴하면 기회를 놓치지 않고 추격해 올 것이다. 그러면서도 혹 우리가 매복해 있지 않을까 의심하여 우리가 숙영했던 곳마다 아궁이의 수효를 일일이 헤아려 보고 정말 후퇴하는 것인지, 아니면 물러간다고 하면서 군사를 집결시켜 추격병을 무찌르려 하는지 면밀히 계산할 것이 분명하다. 나는 그가 추격할 엄두가 나지 않도록 밥 짓는 아궁이 수를 매일 늘려서 군사를 잃지 않고 안전하게 돌아가려 한다."

나중에 이 작전을 알게 된 사마의가 "제갈량이 우후(虞詡)의 증조계(增竈計)를 이용하여 속였구나"라고 탄식했다.

참고로 우후는 후한 때 사람으로 오랑캐와 싸울 때 매일매일 아궁이 수를 늘려 병력이 충원되고 있는 듯이 보임으로써 상대로 하여금 겁을 먹게 했었다.

孔明曰(공명왈) / 吾今退軍(오금퇴군) /
可分五路而退(가분오로이퇴) / 今日先退此營(금일선퇴차영) /
假如營內兵一千(가여영내병일천) /
卻掘二千竈(각굴이천조) / 今日掘三千竈(금일굴삼천조) /
明日掘四千竈(명일굴사천조) / 每日退軍(매일퇴군) /
添竈而行(첨조이행)

일을 꾀하는 건 사람
성사시키는 건 하늘

謀事在人 모사재인 成事在天 성사재천

제갈량은 산 위에서 위연이 사마의를 계곡으로 유인해 들어가고 일시에 화광이 크게 일어나는 걸 보자 마음속 깊이 크게 기뻐하며 이번에야말로 사마의를 반드시 죽이겠구나 여겼다.

그런데 갑자기 하늘에서 큰비가 쏟아졌고 불이 화약을 터뜨리지 못했다. 연락병이 와서 사마의 부자가 함께 도망쳤다고 보고했다.

제갈량이 탄식했다.

"일을 꾀하는 건 사람이나 성공시키는 건 하늘의 뜻이로다. 밀어붙인다고 되는 것이 아니구나."

제갈량 최후의 북벌전은 기산(祁山)과 오장원(五丈原)을 배경으로 전개되었다.

이때 동오의 손권도 북진군을 출동시켰는데 조예가 친히 남쪽으로 출정하여 막으니 성과를 올리지 못하고 퇴각하였다. 제갈량은 낙담했으나 개의치 않고 둔전을 실시하면서 장기전(長期戰)에 대비했다.

제갈량의 진정한 의도는 속전속결로 승부를 내는데 있었다. 사마의를 유인하여 죽이려 상방곡(上方谷)이란 곳에 목책을 둘러치고 그 안에다 참호를 파서 마른 장작을 쌓고 화약을 묻어 놓은 후 뒷길을 끊어 몰살시키려 했던 작전이 대표적인 것.

상방곡은 지금의 보계시(寶鷄市)에 있는 호로곡과 통하는 골짜기로 보계시의 미현이란 곳인데 입구는 잘록하고 안쪽이 넓어서 생김새가 마치 표주박처럼 형성되어 있다.

제갈량은 이곳으로 곡식을 운반하는 척 가장하고, 만일 위군이 기산 쪽을 공격하면 모두가 구원하러 가서 상방곡 안에는 별로 군사가 없는 것처럼 보이는 계략을 썼다. 사마의가 이 계책에 걸려 위군 주력부대가 상방곡 안으로 들어가자 매복했던 촉한군은 즉시 입구를 막고 계곡 안에다 불을 질렀다.

여기저기서 묻어 놓은 화약이 터지고 불이 붙어 계곡 안에는 화염이 솟구쳤다. 멀리 산꼭대기에서 이 모습을 지켜보던 제갈량은 '이번에는 틀림없이 사마의가 죽는다'며 기뻐했다.

한편 사마의는 계곡 속에서 불벼락을 맞고 지독한 연기를 마시면서 "이제 우리 부자(父子) 모두 여기서 죽는구나"하며 장탄식해마지 않는데 갑자기 하늘에 검은 구름이 몰려들더니 장대 같은 소낙비가 쏟아지기 시작했다. 빗줄기는 계곡 안의 모든 불길을 덮어 버렸고 땅속에 묻은 화약까지 무용지물로 만들었다.

그래서 제갈량은 뜻을 이루지 못하고 하늘을 향해 탄식했던 것이다.

소낙비 덕분에 목숨을 구한 사마의는 이후부터 "다시 나가서 싸우자는 장수가 있으면 참하리라"하고는 오로지 영채를 굳게 지킬 뿐 밖으로 나오지 않았다.

절호의 기회를 놓친 제갈량은 마지막으로 일전을 위해 오장원으로 영채를 옮겼다. 오장원은 '8백리 진천(秦天)'이라고 불리는 관중분지의 서쪽 끄트머리에 위치하고 있는데 비파 모양을 하고 있으며 뒤쪽은 진령산맥의 주봉인 태백산 기슭이고 앞쪽은 동서 방향으로 흐르는 위수가 길게 놓여있는 구릉지다. 그러니까 위수에서 볼 때는 남쪽 연안이 되는 셈이다.

구릉지를 관중사람들은 원(塬)이라 부르는데, 원은 아래에서 보면 산 같으나 위로 올라가 보면 평지가 펼쳐지는 땅. 이곳은 높이가 약 150미터, 남북의 길이가 3.5킬로, 동서 1킬로 정도인데 정남쪽의 폭이 좁은 곳 넓이가 5장(五丈:약 15미터)남짓이어서 이곳 지역민들이 오장원이라 했다.

제갈량은 상방곡에서의 계책이 무산된 후 이 곳에 요새를 쌓고 본진을 설치했다. 이곳 사람들은 그것을 활락성(豁落城)이라 불렀다고 전해지는데 남쪽으로 더 가면 기반산(棋盤山)이 있고, 여기서 포야도로 들어가면 한중 방향으로 통하게 되어 있다.

제갈량이 촉한군의 주둔지로 오장원을 택한 까닭이 이러한 지형적 이점에 있었다. 싸우다가 여의치 못하면 용이하게 퇴각할 수 있는 점을 십분 고려한 것이었다.

제갈량은 이런 의도와 함께 결정적 한판을 준비하고 있었다. 그 증거가 부녀자의 평상복과 똬리와 사마의를 조롱하는 서신을 보내 도발

시킴으로써 위군과 건곤일척 승부를 정하려 시도했다. 서신의 내용은 대략 이랬다.

— 이 부녀자의 평상복과 똬리를 받고도 나와서 싸우지 못하겠거든 두 번 절하고 물건들을 소중히 받아라. 그래도 부끄러워 할 줄 아는 남자의 기상이 있거든 속히 답장하고 쳐들어오너라.

사마의는 이 불쾌한 서신을 읽고도 화를 내기는커녕 오히려 웃음을 띠며 사신으로 온 병사에게 제갈량의 안부를 묻는 여유를 보였다. 마치 옛 친구의 건강이라도 염려하는 듯이.

사신은 "승상께서는 새벽 일찍 일어나시고 밤늦게야 주무시며 곤장 20대 이상 때리는 형벌을 친히 살피시고 잡수시는 음식은 하루에 몇 홉 되지 않습니다"고 솔직히 대답했는데 이는 사마의가 적장인 제갈량의 건강 상태까지 신중하게 따져가면서 촉한군이 철수할 때까지 기다리는 작전을 펼치려는 의도였다.

孔明在山上見魏延誘司馬懿入谷(공명재산상견위연유사마의입곡) /
一霎時火光大起(일삽시화광대기) / 心中甚喜(심중심희) /
以爲司馬懿此番必死(이위사마의차번필사) /
不期天降大雨 (불기천강대우) / 火不能著 (화불능착) /
哨馬報說司馬懿父子俱逃去了(초마보설사마의부자구도거료) /
孔明嘆曰(공명탄왈) / 謀事在人(모사재인) / 成事在天(성사재천) /
不可强也(불가강야)

다스리는 데는 격식이 있으니
상하는 서로 침범해서는 안 된다

爲治有體 위치유체　上下不可相侵 상하불가상침

주부(主簿) 양옹이 간했다.

"제가 보기에 승상께서는 항시 장부와 서류까지 일일이 살피시는데 그렇게까지 하실 필요는 없습니다. '일을 다스리는 데는 격식이 있으니 윗사람과 아랫사람은 서로 침범해서는 안 된다'지 않습니까. 집안 다스리는데 비유한다면 머슴은 필히 농사 일을 시키고, 계집종은 부엌 일을 해서 각자 소임을 열심히 하게 만들어 놓으면 집 주인은 자유롭게 침식을 즐길 수 있습니다. 주인이 친히 일을 한다면 심신이 피곤하여 종내 한 가지도 이루지 못합니다. 이는 주인의 지혜가 비복들만 못하다는 것이 아니고 집 주인으로서의 도리를 잃었기 때문이겠지요. 그래서 옛사람이 '삼공이 앉아서 법도를 논하고, 사대부는 일을 꾸미고

행한다' 했습니다. 옛날 병길(丙吉: 전한의제때승상)은 소가 헐떡이는 걸 보고 걱정했으나 길바닥에 쓰러져 죽은 사람에 대해서는 묻지 않았지요. 진평(陳平: 한고조의 공신으로 좌승상 임)은 돈과 곡식 출납의 수효를 몰라서 '그 일을 맡아서 하는 자가 따로 있다'고 대답했지요. 승상께서는 이제 세세한 일까지 친히 결재하시며 종일 땀을 흘리시니 어찌 지치지 않겠습니까. 사마의의 말은 정말 옳습니다."

위군 진영으로 제갈량의 도발적 서신을 지참하여 갔던 사자가 돌아와 사마의가 승상의 건강에 대해 물었던 바를 자초지종 고하자, 제갈량이 침통한 표정으로 "그가 나를 너무나 깊이 헤아리는구나"라고 대꾸했는데 이는 사마의가 자신의 수명까지 체크하면서 오로지 수비 작전을 펼치고 있다는 점을 인정한 것이었다.

곁에서 이를 지켜보던 주부 양옹이 안타까워하면서 제갈량에게 진언했던 바가 사람마다 역할이 다른데 승상은 너무 무리 한다는 지적으로 건강을 살펴야 한다는 충고였다.

양옹의 말을 듣고 나서 제갈량은 흐느끼며 대답했다.

"내 어찌 그 도리를 모르겠느냐. 선제(先帝)께서 외로운 아드님을 부탁하시고 세상을 떠나셨다. 그 엄중한 책임 때문에 다른 이들이 나처럼 열심히 일하지 않을까 그것이 항상 염려되는구나."

주위에서 이 말을 듣고 모두 흐느껴 울었다.

이후 제갈량은 자신의 건강이 심상치 않다는 걸 알았고, 다른 장수들 역시 의기소침해져 나가 싸우려하지 않았다.

결국 한쪽은 오로지 수비에 치중했고, 다른 한쪽은 적극적으로 나서

지 않았기에 양쪽 전선이 고착된 가운데 계절이 바뀌어 찬 바람 부는 가을로 접어 들었다.

主簿楊顒諫曰(주부양옹간왈) /

某見丞相常自校簿書(모견승상상자교부서) /

竊以爲不必(절이위불필) / 夫爲治有體(부위치유체) /

上下不可相侵(상하불가상침) / 譬之治家之道(서지치가지도) /

必使僕執耕(필사복집경) / 婢田爨(비전찬) / 私業無曠(사업무광) /

所求皆足(소구개족) / 其家立從容自在(기가입종용자재) /

高枕飮食而已(고침음식이이) / 若皆身親其事(약개신친기사) /

將形疲神困(장형피신곤) / 終無一成(종무일성) /

豈其智之不如婢僕哉(개기지지불여비복재) /

失爲家主之道也(실위가주지도야) / 是故古人稱(시고고인칭) /

坐而論道(좌이논도) / 謂之三公(위지삼공) / 作而行之(작이행지) /

謂之士大夫(위지사대부) / 昔丙吉憂牛喘(석병길우우천) /

而不問橫道死人(이불문횡도사인) /

陳平不知錢穀之數(진평부지전곡지수) /

曰(왈) / 自有主者(자유주자) / 今丞相親理細事(금승상친리세사) /

汗流終日(한류종일) / 豈不勞乎(개불로호) /

司馬懿之言(사마의지언) / 眞至言也(진지언야)

죽은 제갈량이 살아있는
중달을 줄행랑치게 했다

死諸葛能走生仲達 사제갈능주생중달

이틀이 지난 후, 향민들이 찾아와서 고했다.

"촉한군이 물러나 골짜기로 들어설 때 애끓는 울음소리가 진동했으며, 군중에 흰 깃발이 올랐으니 제갈량이 과연 죽은 게 분명합니다. 강유만이 남아서 1천 병사를 거느리고 후미를 끊었지요. 전날 사륜거에 앉아 있던 제갈량은 나무로 만든 것이었습니다."

사마의는 탄식하며 "나는 그가 살아있는 줄만 알았지 죽은 걸 몰랐도다." 하니 사람들은 '죽은 제갈량이 살아있는 중달을 줄행랑치게 했다'고 수근거렸다.

제갈량이 죽을 병에 걸려 마지막으로 시도한 '북두(北斗)에 기대어 일기(一紀: 12년)를 연장'하는 기도는 갑자기 뛰어든 위연이 등불 하나를 밟아 깨트리는 바람에 무위로 돌아갔고, 평생 배운 바를 정리한 24편(팔무·칠계·육공·팔구의 법)을 후계자 강유에게 전했다. 그리고 제갈량은 마지막으로 유선에게 바치는 표문을 작성했다.

— 엎드려 고하건대 생사는 유상(有常)하고 정해진 운수에서 피하기 어렵다 했습니다. 죽음에 임박하여 어리석은 충성으로 아뢰나이다. 신 양(亮)은 원래 우둔한 천성으로 난세를 만나 큰 책임을 맡고 군사를 일으켜 북벌에 나섰다가 성공하지 못한 채 병이 골수에 들어 목숨이 조석 간에 달렸으니 폐하를 끝까지 섬기지 못하게 되었습니다. 깊은 한(恨)이 무궁합니다. 폐하께 엎드려 바라옵니다. 마음을 맑게 하시고 욕심을 작게 하시고 검약하시어 백성을 사랑하소서. 선황의 뜻에 효도하시어 어진 은혜를 세상에 펴서 은둔한 인재를 발탁하시되 간사한 무리를 배척하고 풍속을 바로 잡으소서.

신의 성도에 있는 집에 뽕나무 8백 그루와 척박한 밭 15경(頃)이 있어 제 자손들의 의식(衣食)이 넉넉합니다. 신이 외지에서 임무를 수행할 때는 특별히 조달할 필요가 없었고 필요한 의식은 모두 관의 것을 사용했기에 가계를 별도로 경영하지 않았습니다. 신은 죽으나 저희 집안에 남는 비단이나 밖으로 여분의 재산이 있게 하여 폐하에게 부담을 끼치지는 않을 것입니다.

제갈량은 쓰기를 마치자 양의에게 부탁하기를 "내가 죽은 후 발상하지 말고 큰 궤를 만들어 속에다 내 시신을 넣고 쌀 일곱 알을 입에다 넣고 다리 아래에다 등잔 하나를 밝혀라. 병사들을 안정시키되 애도를 표하지 마라. 그리하면 내 별이 떨어지지 않을 것이다" 하고는 병사들을 후퇴시키는 방안과 사마의가 추격해올 때 대처방안 등을 일일이 지시하고 밖으로 나가 마지막으로 군영을 돌아보았다.

그러고는 급히 장막으로 돌아왔으나 견디지 못하고 오장원 군영에서 숨졌다. 때는 건흥 12년(234) 가을 8월23일, 그의 나이 54세였다.

한편, 사마의는 영채에서 밤하늘을 쳐다보다가 큰 별이 촉군 영채 안으로 떨어지는 것을 봤다. 이는 틀림없이 제갈량이 죽은 것이라고 여기고 척후를 보내 살피게 하니 "촉군 영채가 텅 비어 있다"는 보고가 들어왔다.

"제갈량이 죽었다. 추격하라!"

사마의는 흥분하여 전군을 휘몰아 달려갔다. 한참을 달려가니 후퇴하는 촉한군의 후미가 눈에 들어왔다.

"때는 왔다. 놈들을 모조리 쳐부숴라."

사마의는 군사들을 독려하며 촉한군의 후미를 향해 무섭게 공격해 들어갔다. 그때였다. 갑자기 한 방 포 소리가 진동하며 함성이 일어나면서 후퇴하던 촉한군이 일제히 깃발을 돌려 세웠고, 나무 그늘에서 일군이 쏟아져 나오는데 가운데 큰 깃발에 '한승상무향후제갈량'이라고 쓰여 있고, 사륜거에 단정히 앉은 제갈량이 수십 명의 호위를 받으며 앞으로 나오고 있었다.

이 모습을 본 사마의는 실색하여 "내가 경솔했구나!"하고 소리치며 말머리를 돌려 날 살려라 하고 도망치기 시작했다. 사마의는 50여리를 달려가서야 겨우 뒤쫓아 온 장수들에 의해 멈춰 섰다.

"도독께서는 진정하십시오."

그러자 사마의가 머리를 만지며 묻기를 "내 머리가 온전히 붙어 있느냐?"고 묻자 쫓아온 장수가 대답했다.

"촉한군은 이미 멀리 가버렸습니다."

사마의는 겨우 전군을 수습하여 본영으로 돌아왔는데 이틀 후에 향민들이 찾아와서 '촉한군에 곡성이 진동했고, 제갈량은 실제 목상이었다'고 전후 사정을 고하니 사마의가 탄식해마지 않았던 것.

이 대목은 소설 「삼국연의」에서 손꼽을 만한 흥미진진한 부분. 하지만 역사적 사실은 다르다. 당시 상황을 재미있게 재구성하면 제갈량의 사후, 사마의는 철저히 가치부전(假痴不癲: 똑똑하면서 어수룩해 보이는 계책)의 연기를 했다. 촉한군이 후퇴할 때 그는 형식적으로 대응했고, 스스로 제갈량에게 턱도 못 미친다는 소문을 의도적으로 퍼뜨렸다. 이는 조금만 생각 있는 장수라면 누구나 비슷하게 행동했을 것이다. 촉한군이 큰 타격을 받지 않고 돌아가야만 위나라에 사마의 같은 존재가 계속 필요하다. 한마디로 토사구팽을 피하려면 말이다.

過了兩日(과료양일) / 鄕民奔告曰(향민분고왈) /

蜀兵退入谷中之時(촉병퇴입곡중지시) / 哀聲震地(애성진지) /

軍中揚起白旗(군중양기백기) / 孔明果然死了(공명과연사료) /

止留姜維引一千兵斷後(지류강유인일천병단후) /

前日車上之孔明(전일거상지공명) / 乃木人也(내목인야) /

懿嘆曰(의탄왈) / 吾能料其生(오능료기생) /

不能料其死也(불능료기사야) / 於是蜀中人諺曰(어시촉중인언왈) /

死諸葛能走生仲達(사제갈능주생중달)

군주가 신하를 예의로써 부리면
신하는 군주를 충성으로 섬긴다

君使臣以禮 군사신이례 臣事君以忠 신사군이충

촉한군이 물러간 후 승전고를 울리며 귀국한 사마의는 좌우의 칭송을 받으며 태위(太尉: 국방담당 부총리에 해당)가 되었으나, 위제(魏帝) 조예가 대규모 토목공사를 일으켜 당시의 공경대신들까지 동원하여 흙을 나르고 나무를 심게 하는 등 중노동을 시키는 일에 대해서는 모르는 척했다.

이때 동심(董尋)과 사도 등이 표문을 올려 "대신들이 나무를 나르고 흙을 지고 몸이 땀에 젖으니 체통이 말이 아닙니다. 공자께서 '군주가 신하를 예의로써 부리면 신하는 군주를 충성으로 섬긴다'고 말씀하셨지요. 충성으로 섬기지 않고 예의로써 대하지 않는다면 나라가 제대로 서겠습니까(無忠無禮 國何以立)? 신은 이 상소로 틀림없이 죽게 될 줄 압니다만 제 자신이 보잘 것 없는 소(牛)의 터럭 하나로 여기고 있으니 산다해도 무익하고 죽는다 해도 나라에 손해날 것이 없다고 생각합니다.'고 격렬한 간언을 했다.

표문을 읽은 조예는 크게 노하여 "그래 죽는 게 조금도 두렵지 않다구?" 소리치니 좌우 신하들이 "죽어 마땅합니다" 하고 일제히 부화뇌동했다. 하지만 조예는 동심의 충성심과 의리를 익히 알고 있어 좌우 신하들의 말에 동조하지 않고 서민으로 강등시켜 내쫓았다.

동심이 표현한 우지일모(牛之一毛)는 구우일모(九牛一毛)와 함께 '보잘 것 없는 쇠털 하나'로 널리 쓰이기도 한다.

여기서 국가 존망을 위협하는 적군이 사라지면 태평성대가 오는 것이 아니라 지배자들이 사치 방종을 즐기느라 새로운 사업을 일으켜 백성들을 쥐어짜는 것이 역사의 사례였다는 걸 생각해보게 한다.

◆ 장안 백양대의 동상(오른쪽 위)을 뽑아 내는 조예

싸울 수 있으면 마땅히 싸워야 하고
싸울 수 없으면 마땅히 지켜야 한다

能戰當戰 능전당전 不能戰當守 불능전당수

사마의가 말했다.

"군사를 쓰는데 아주 중요한 다섯 가지가 있다. 첫째는 싸울 수 있으면 마땅히 싸워야 하고, 둘째는 싸울 수 없으면 마땅히 지켜야 하고, 셋째는 지킬 수 없으면 마땅히 달아나야 하고, 넷째는 달아날 수 없으면 마땅히 항복할 일이고, 다섯째 항복할 수 없으면 마땅히 죽어야 하는 것이다."

요동 땅에서 공손연이란 자가 있어 태수로 다스리고 있었는데, 그는 야심이 많아 군사를 기르더니 병력 15만 명을 일으켜 위나라 위협했다. 위제 조예가 사마의를 불러 이 문제를 상의하니 그가 장담하기를 "

신의 부하 병력이 기병과 보병 합하여 4만 명이 있으니 충분히 반란군을 토벌할 수 있습니다"고 했다.

조예가 그 기간을 묻자 사마의는 "4천리 길이니 가는데 백일, 공격하는데 백일, 돌아오는데 백일, 휴식하는데 60일이 걸리니 대략 1년이면 족합니다"라고 자신있게 대답했다.

이리하여 사마의가 요동을 치러 떠났고 몇차례의 전투에서 승리했다. 그러자 요동의 군사들은 겁을 먹고 영채 안에 들어가 꼼짝 않더니 하루는 사람을 보내 항복하겠다는 뜻을 사마의에게 전해왔다.

사마의가 호통을 쳤다.

"어찌하여 공손연이 직접 오지 않고 아랫것들을 보냈느냐. 무례하구나."

이 말을 전해들은 공손연은 크게 놀라 이번에는 시중 위연을 항복 사절로 파견했는데 항복 조건이 태수의 아들을 인질로 보내겠다는 것이었다. 사마의가 재차 호통치는데 '싸울 수 있으면 마땅히 싸워야 하고……'라는 이 대목이었다.

여기서 과거의 사마의와 너무나 달라진 점에 주목할 필요가 있다.

요동의 공손연을 진압하러 떠날 때 사마의의 나이는 59세. 당시로서는 노년이었다. 오장원에서 제갈량과 싸울 때는 겁이 많고 조심스러워 무능하게 보일 정도로 일관했는데 몇 년 후 나이가 더 들었음에도 이번에는 호언장담하고, 현지에 가서 적군이 15만 명, 자신이 거느린 병력은 4만 명으로 수효상 절대 열세였음에도 큰소리 치고 있는 것이다. 이렇게 사마의가 오장원에서 겨우 승리했다는 정도의 언행을 보였는데 이후 백팔십도 달라진 까닭이 뭘까?

사실 그는 달라지지 않았다. 원래부터 사마의는 냉철하게 현실과 앞날을 계산하는 인물이었고, 최적주의자로 사고하는 치밀한 전략가였다. 사마의가 진정으로 평가한 제갈량은 그리 두려운 존재가 아니었다고 할 수 있다.

처음 조예로부터 촉한군을 막으라는 명을 받아 출정할 때, 사마의는 동생에게 보낸 서찰에서 '제갈량은 그리 대단한 인물이 아니다. 걱정하지 말라'고 했던 바도 있었고, 촉한 조정의 한계 때문에 제갈량이 정신적으로 받았을 압박감이나 초조함, 건강 상태, 성도의 정치 상황 그리고 촉한군의 규모나 군수 지원 문제까지 종합적으로 판단하여 오로지 수비 위주의 기다리는 전략을 구사한 것이지 촉한군에게 겁을 내서 그랬던 것은 아니었다고 보는 게 합리적이다.

요동으로 소수 병력을 거느리고 멀리 원정왔음에도 자신만만하게 상대를 압도하며 자신의 평소 실력대로 임하는 사마의가 그의 본 모습이라 하겠다.

司馬懿曰(사마의왈) / 軍事大要有五(군사대요유오) /
能戰當戰(능전당전) / 不能戰當守(불능전당수) /
不能守當走(불능수당주) / 不能走當降(불능주당항)
不能降當死耳(불능항당사이)

어진 이는 성쇠에 따라 절개가 변치 않고 의로운 이는 존망에 따라 마음을 바꾸지 않는다

仁者不以盛衰改節 인자불이성쇠개절
義者不以存亡易心 의자불이존망역심

그녀가 울면서 대답했다.

"내가 듣기로 어진 이는 '성쇠에 따라 절개가 변치 않고, 의로운 이는 존망에 따라 마음을 바꾸지 않는다'고 했습니다. 조씨 집안이 융성했을 때도 수절했는데 멸망한 지금에 와서 내가 참지 못하고 금수같은 행동을 어찌 하겠습니까."

사마의는 이 현숙한 여인의 소문들 듣자 그녀에게 양자를 두어 조씨 집안의 후사를 잇도록 했다.

사마의가 일거에 성공시킨 쿠데타로 조정의 판도가 확 달라졌다. 조상 형제와 측근들은 모두 참살 당했고, 그들의 집과 재산 일체는 몰수

되어 국고에 넣어졌다.

이때 조상의 종제(從弟)가 되는 문숙의 아내는 하후씨 집안의 여식으로 슬하에 자녀가 없이 일찍이 과부가 된 여인이었는데 조상의 도움을 받아 왔었다. 그녀는 조상 일족이 처형당하자 자기 코를 잘라서 의리를 보였다.

집안 사람들이 놀라 "사람의 인생이란 작은 티끌이 약한 풀잎에 얹힌 것과 다름없거늘 어찌 자신을 이리 괴롭히는가? 이제 시댁이 모두 사마씨에게 주륙을 당했거늘 누굴 위하여 지키려 하는가"하며 탄식하자 그녀가 대답한 내용이다.

소설 「삼국연의」에 여자들이 여럿 등장하지만 대개가 정절을 지키거나 의로운 일에 자신을 던졌다. 그녀들이 살았던 시대가 여성의 미덕을 절개와 현숙함에 두었던 까닭도 있었겠으나 문숙의 아내는 스스로 인간의 도리를 지키려 했다고 하겠다.

女泣曰(여읍왈) / 吾聞(오문) /
仁者不以盛衰改節(인자불이성쇠개절) /
義者不以存亡易心(의자불이존망역심) / 曹氏盛時(조씨성시) /
尚欲保終(상욕보종) / 況今滅亡(황금멸망) / 何忍棄之(가인기지) /
此禽獸之行(차금수지행) / 吾豈為乎(오개위호) /
懿聞而賢之(의문이현지) / 聽使乞子以養 (청사걸자이양) /
為曹氏後(위조씨후)

흰 망아지가 문틈사이로 달려가다

白駒過隙 백구과극

제갈량의 유지를 받든 후계자 강유는 한중 땅에서 병사들을 훈련시키며 위군을 견제하면서, 끊임없이 북벌 기회를 노리고 있었다.

때는 사마의가 쿠데타를 일으켜 위나라 실권을 장악하고, 조상 일파를 모조리 거세하면서 황족의 일원인 하후씨 일족에게도 손을 뻗치는 무렵이었다.

하후패라는 인물이 촉한으로 망명했다. 그의 부친이 바로 한중에서 촉한군에게 죽은 위나라 명장 하후연. 따라서 그는 부친을 죽인 원수 나라에 투항한 셈이었다.

그런데 촉한에서는 놀랍게도 그를 거기장군(車騎將軍)에 임명했다. 망명객에게 파격적으로 군부 2인자에 해당하는 고위직을 부여한 것이다. 까닭이 있었다. 오래 전 하후씨 집안의 처자 하나가 산으로 땔나무를 하러 갔다가 장비에게 붙잡혔다. 장비는 이 처자가 양가집 규수임을 알고 아내로 삼았다. 장비와 하후씨 집안의 여식 사이에 태어난 딸이 성장하여 유선의 장황후가 되었고, 이런 집안의 내력은 위나라나 촉한에서 익히 알고 있었으므로 하후패의 망명이 자연스럽게 받아들여졌고, 중용하게 된 배경이었다.

하후패는 이후 강유를 도와 북벌의 뜻을 거듭 밝혔는데 그때마다 상서령인 비위가 "아직 때가 아니다"며 반대했고 강유가 하후패를 편들어 강경하게 북벌을 주장하면서 이런 말을 했다.

"인생이란 곧 늙어가고, 세월이란 흰 망아지가 문틈사이로 달려가는 것처럼 짧은 시간이라는 옛 성현의 말씀이 있지 않소. 이리저리 계산하다가 어느 세월에 중원 땅을 회복한단 말인지 참으로 답답하오."

강유는 '세월이란 흰 망아지가 문틈사이로 지나는 것(人生如白駒過隙)과 같다'는 장자(莊子)의 말을 인용해서 북벌을 서둘러야 한다고 역설한 것.

제갈량 사후 촉한의 기둥이랄 수 있는 비위는 잘난 척 하지 않는 인품으로 재물에 대한 욕심이 없었고, 다툼을 해결하는 일에도 능한 우수한 인재였다. 입이 험한 손권조차 "촉한을 떠받칠만한 큰 인물"이라며 칭찬을 아끼지 않았다 한다. 제갈량도 군사에 관한 일은 강유에게 맡겼지만 황제 유선을 보좌하는 일은 장완과 비위에게 맡겼었다.

하지만 비위에게는 결정적인 약점이 두 가지 있었다.

부하를 다루는 방법이 따뜻하지 못했고, 술을 마시는 방법이 서툴렀다. 결국 위나라에서 투항해온 곽순이란 자의 감언에 속아서 끝내 암살당하고 만다.

평소 비위는 출정하려는 강유에게 "우리는 제갈 승상에게 미치지 못하잖은가. 그 승상조차 중원 정벌을 할 수 없었는데 우리로서는 도저히 불가능한 일이다. 국가를 보전하고 백성을 다스리는 것이 먼저다. 대업을 달성하는 것은 능력 있는 자의 출현을 기다린 다음에 하도록 하자. 일전을 벌여 승패를 결정하려고 하다가 자칫 실패할 경우 후회해도 때가 늦는다"며 출정을 삼가도록 훈계하면서, 강유가 거느리는 병사를 만 명 이상은 허용하지 않았던 일도 소신이 있었다고 평가하기 보다는 강유의 군사적 자부심을 지나치게 경계한 때문이라고 보는 견해가 우세하다.

서기 253년 비위가 암살당한 이후 강유의 거병을 막을 사람이 없게 되자, 해마다 출병이 계속되는데 '백구과극'은 제갈량의 유지를 받든 강유의 집념이나 열정을 헤아려 볼 수 있는 대목이다.

◆ 제갈량의 팔괘진을 재현한 시가지

대국은 걱정이 없으면 태만하고
소국은 걱정이 있으면 착한 생각을 한다

大國無患子 恒多慢 대국무환자 항다만
小國有憂者 恒思善 소국유우자 항사선

중산대부 초주가 구국론(仇國論)을 지어 강유에게 보냈다.

강유가 뜯어보니 옛 고사를 논하여 "어떤 사람이 묻기를, 과거에 약세에 있는 자가 강한 자를 이기기 위해 어떤 방법을 썼는가라고 한다면 이렇게 대답할 것이다. 대국 입장에서 걱정 없는 자는 항상 대부분 태만하고, 소국에서 걱정이 있는 자는 착한 생각을 사모한다. 대부분 태만하면 난이 일어나고, 착한 행동을 사모하면 천하가 잘 다스려지는데 이는 국가를 잘 다스리는 규율인 이치다. 주문왕은 백성을 잘 다스렸기에 적은 수를 갖고도 많은 수를 물리쳤고, 구천은 백성을 보살펴 마침내 약소국 처지를 벗어나 강대국을 이겼으니 바로 그 방법이었다."

부친 사마의, 형 사마사가 세상을 떠난 후, 사마소(사마의의 둘째 아들)가 위나라를 실질적으로 다스리면서 조조의 후예들이 힘을 잃었고, 동오에서도 손권 사후 거듭되는 지도계층의 내부 투쟁으로 국력이 크게 쇠퇴하였다.

촉한의 경우는 더욱 심했다. 제갈량 사후 국력이 쇠해 가는 속도는 하루가 달랐고 그 과정도 몹시 한심했다.

어리석은 2세 황제 유선을 싸고도는 간신배들과 환관들의 농간이 심해져 나라의 법도가 크게 어지러워졌다. 이런 판에 강유는 해마다 '제갈무후의 유훈(遺訓)'을 받든다는 이유로 출병을 거듭했다. 병사들은 지쳤고 백성들은 전쟁에 염증을 냈다. 중산대부 초주는 이런 상황이 몹시 안타까워 탄식했다.

"우리 조정은 천자가 주색에 빠지고 환관 황호는 이를 부추겨 권세를 휘둘러대는데 강유 장군은 나라의 장래보다 군사만 일으키려하니 참으로 염려되는 바가 태산 같도다."

이리하여 상서령 벼슬의 진지와 형세의 이로움과 해로움에 대해 논의하고 조정에서 물러나 「구국론(仇國論)」을 저술했는데 그 말미에 "만일 무력을 써서 몇 번이고 정벌하여 토지가 붕괴되는 형세가 생기고 불행히 어려움을 만나게 된다면 비록 총명한 사람이라도 다른 방도를 찾을 수 없을 겁니다. 종횡으로 기이한 계책을 내어 조금의 여유도 없이 군대를 출병시켜 파도를 헤치고 수레가 가는 길을 끊고 계곡을 지나 산 넘어 배와 노에 의지하지 않고 나루터를 건너간다면 나는 어리석은 사람이므로 실제로 목적한 바에 이르지 못할 것입니다"라고 했다.

강유는 이를 다 읽고 나서 "이건 썩어빠진 선비의 공론이다"고 화를 내며 책자를 내던지고 군사를 일으켜 또다시 북벌에 나섰으나 실패했다. 이미 사마소 휘하의 군사력이 월등하게 강해져 촉한군의 처지에서 강유의 뜻과는 달리 이기기 힘들었던 것.

◆ 기산에서 동애를 쫓는 강유

中散大夫譙周乃作仇國論一篇(중산대부초주내작구국론일편) /
寄與姜維(기여강유) / 維拆封視之(유절봉시지) / 論曰(논왈) /
或問(혹문) / 古往能以弱勝強者(고왕능이약승강자) /
其術何如(기술하여) / 曰(왈) / 處大國無患者(처대국무환자) /
恒多慢(항다만) / 處小國有憂者(처소국유우자) / 恒思善(항사선) /
多慢則生亂(다만즉생란) / 思善則生治(사선즉생치) /
理之常也(이지상야) / 故周文養民(고주문양민) /
以少取多(이소취다) / 句踐恤眾(구천휼중) /
以弱斃強(이약폐강) / 此其術也(차기술야)

노반의 대문앞에서
도끼를 휘두르다

班門弄斧 반문롱부

강유의 북벌은 집요하게 계속되었는데 기산으로 출정해서 땅굴을 파고 들어오는 등애의 군사를 막아낸 후의 일이었다.

두 사람이 대치하여 진법(陳法) 대결을 벌였는데 강유가 소리쳤다.

"나는 제갈무후께서 가르쳐주신 비법을 배운 사람이다. 지금 그대가 나와 진법을 겨루려 하는 건(今搦鬪陣法) 마치 노반의 집 대문 앞에서 도끼를 휘두르는 것(乃班門弄斧耳)이나 다름없구나."

제갈량의 팔진법(八陣法)은 천(天), 지(地), 풍(風), 운(雲), 조(鳥), 사(蛇), 용(龍), 호(虎)의 8진이지만 8·8이 64개의 문호로 확대됨은 물론 그 변화가 실로 다양하여 겉보기와 달리 변화의 폭은 실로 무궁무진하다 할 정도였다.

여기서 등애는 팔진법의 핵심을 모르면서 상대의 진법을 흉내내 써

먹다가 꼼짝없이 강유에게 당하고 말았던 것.

노반(魯班)이라고 하면 춘추시대 노(魯)나라의 유명한 목공 기술자 공수반(空輪班)을 말한다. 자와 컴퍼스를 사용하지 않고도 정확히 사각형과 원을 그렸다고 전해지는데 중국 4천년 역사상 최고의 장인으로 '장인의 신(神)'으로 추앙받는 바로 그 사람이다.

그 노반의 집 대문 앞에서 도끼를 휘두른다는 건 속된 말로 '공자님 앞에서 아는 체 문자를 쓰고, 번데기 앞에서 주름 잡는다'는 식이니 서툰 수준으로 높은 수준의 전문가인 대가(大家) 앞에서 설익은 실력을 뽐낸다는 비유다.

송나라 시인 구양수는 「여매성유서」라는 글에서 "지금 수록해 놓으니 노반의 대문 앞에서 도끼를 가지고 희롱하듯 가소롭고 가소롭구나(今錄去班門弄斧, 可笑可笑)"라고 했고, 명나라 시인 배지환은 당나라 시성 이태백의 묘비에 많은 시구가 적혀있는 걸 보고 「제이백묘(題李白墓)」라는 시 한수를 썼는데 마지막에 '마치 노반의 대문앞에서 큰 도끼를 휘두르는 것 같구나(魯班門前弄大斧)'라고 했다.

뛰어난 기재로 꼽히는 등애를 마치 어린아이 다루듯 했던 강유의 진법, 제갈량의 진수가 오늘날까지 계속 전해지지 않는 것이 좀 섭섭하달까.

소인배들이 당상에 자리잡고 있으니
큰 집이 언제 불타버릴지 모른다

燕雀處堂 연작처당　不知大廈之將焚 부지대하지장분

동오의 손휴가 "근래 촉한의 움직임이 어떠하더냐?" 하고 묻자 설후가 아뢰었다.

"근래 중상시 황호가 멋대로 일을 처리하는데 공경대부 다수가 아첨하는 무리여서 조정에 가보니 직언하는 이가 없었고, 경제 사정이 좋지 않아 백성들은 굶주리고 있었습니다. 소위 제비나 참새 같은 소인배들이 당상에 자리 잡고 있으니 큰 집이 언제 불에 타버릴지 모른다는 격이었습니다."

손휴는 동오의 황제 손권의 여섯 째 아들로 호림 땅에서 살았는데, 대장군 손침이 쿠데타를 일으키고 그를 옹립한 덕에 도읍으로 올라와 황제가 되었다.

하지만 거칠기 이를 데 없는 손침의 횡포에 전전긍긍하던 차 노장 정봉의 도움으로 손침을 제거할 수 있었다.

동오에서는 이 상황을 국서(國書)에 적어 촉한 성도로 보내니 유선은 답례 사신을 보내 축하했다. 이리하여 손휴는 재차 설후를 촉한에 사신으로 보내 답례하고 양국의 우호를 다졌는데 성도에 갔던 설휴가 돌아오자 촉한의 실상을 물었던 것.

손휴가 탄식하기를 "제갈무후가 살아 계신다면 그런 지경까지 되었겠는가"했다. 그러면서 새 국서를 성도로 보냈는데 그 내용은 장래에 사마소가 조 씨의 위(魏)를 대신해 제위에 오르면, 그때는 동오와 촉한 두 나라가 힘을 합쳐 무찌르자는 것이었다.

전통적인 '손·유 동맹'의 재확인이었지만 이 무렵의 촉한은 강유의 군대를 제외한다면 국가를 유지할만한 인재나 조직이 거의 사라지고 없는 상황이었다.

吳主孫休問蜀中近日作何擧動(오주손휴문촉중근일작하거동) /
詡奏曰(후주왈) / 近日中常侍黃皓用事(근일중상시황호용사) /
公卿多阿附之(공경다아부지) / 入其朝 (입기조) /
不聞直言(불문직언) / 經其野(경기야) / 民有菜色(민유채색) /
所謂燕雀處堂(소위연작처당) / 不知大廈之將焚(부지대하지장분)

이 정도도 참아야 한다면
못 참을 일이 뭣이냐

是可忍也 시가인야 孰不可忍也 숙불가인야

조모가 소리쳤다.

"이 정도도 참아야 한다면 못 참을 일이 뭣이냐! 짐은 이미 결심했으니 죽는다 해도 두려울 바 없다."

그러고는 태후에게 가서 고했다.

조모는 위나라 4대 황제. 조비의 손자로 동해정왕 조림의 아들인데 3대 조방이 폐위당할 때 군신으로부터 추대되었다.

젊은 시절 학문을 좋아하고 총명했던 조모가 결국에 비극적 최후를 맞이하게 되는데 사마씨에게 장악된 권력을 되찾으려다 사마소의 부하 성제에게 살해당한 것이다. 그 직전의 일이었다.

조모는 실권자 사마소에게 휘둘리는 조정이 안타까워 〈잠룡시(潛龍詩)〉 한 수를 지었다.

슬프도다 용이 곤궁한 처지에 빠져
깊은 연못에서 빠져 나오지 못 하네
위로는 하늘 높이 날지 못하고
아래로는 밭에도 보이지 못하네
우물 바닥에 똬리 틀고 있으니
미꾸라지와 뱀장어가 앞에서 춤추는구나
이빨을 악물고 손톱을 감춘 모습이
슬프구나 나와 같은 신세로다

이 내용을 전해들은 사마소가 화를 벌컥내며 내전으로 들어가 조모에게 큰 소리로 따졌다.

"잠룡시를 지어 우리를 미꾸라지와 뱀장어에 비유하였으니 그게 무슨 대접인가?"

조모는 사마소의 서슬 푸른 눈빛에 질려 아무런 대꾸를 못 했다. 그러나 그날 저녁 왕침과 왕업을 불러 사마소를 내칠 수 있도록 도와달라는 부탁을 했다. 그들 두 사람은 조모 앞에서 동조했으나 태도를 바꿔 "이대로 가다가 멸족의 화를 입을지 모르니 사마공에게 이실직고합시다" 하고는 배신자가 되고 말았다.

결국 조모는 살해당했고, 5대 황제로 조환이 세워졌으나 이후 위나라 조정은 어디까지나 진공(晉公) 사마소의 꼭두각시에 불과했다.

'이 정도도 참는다면 못 참을 일이 뭐이냐'는 구절은 논어(論語) 제3편 〈팔일(八佾)〉에 나오는데 춘추시대 노(魯)의 세도가 계손씨가 천자에게만 허용된 팔일무(八佾舞: 여덟 사람이 여덟 줄로 늘어서서 추는 64명의 군집무용)를 자기 집 뜰에서 추게 하자 공자가 보고 '이를 보고는 더 참을 수 없다'는 강렬한 분노의 의미로 사용했다.

 힘없이 소신을 가진다면 패가망신할 뿐이라며 몸을 사리는 세상에서 살아가야하는 어려움을 보여준다.

◆ 위주 조모를 시해하는 성제(중앙 왼쪽)와 사마소

曹髦曰(조모왈) / 是可忍也(시가인야) /
孰不可忍也(숙불가인야) / 朕意已決(짐의이결) /
便死何懼(편사하구) / 言訖(언흘) / 即入告太后(즉입고태후)

사랑하면 살리고자 하고
미워하면 죽이고자 한다

愛之欲其生 애지욕기생   惡之欲其死 오지욕기사

환관 황호는 후한 말엽의 십상시 못지않게 간계를 부리고 군주의 이목을 가린 채 환락에 빠지도록 만든 촉한 조정의 악명 높은 탁류의 전형으로 꼽힌다. 물론 그의 행위는 어리석은 군주 유선의 무책임한 태도와 연결되어 있지만 누구 하나 이를 견제하려는 사람이 없었다는 점에서 더욱 비극적이었다.

마침내 외지에 나갔던 강유가 분노하여 유선에게 따지듯이 고했다.

"황호가 농간을 부려 권세를 휘두르는 것이 후한 영제 때 십상시와 다를바 없습니다. 진(秦)을 망친 조고를 생각해 보십시오. 하루 속히 황호를 죽여야만 우리 조정이 제대로 설 것이며, 중원을 되찾는 과업도 가능한 것입니다."

유선이 웃으며 둘러댔다.

"황호는 변변치 못한 신하라 권세를 부린다 해도 무슨 큰 문제가 있겠는가. 예전에 동윤이 황호를 몹시 미워하기에 짐은 궁금하게 여긴 적도 있다. 경은 크게 관심을 쏟지 말라."

강유가 재차 강조했다.

"황호를 지금 죽여서 본보기로 삼지 않으신다면 미구에 나라에서 큰 불행을 겪는 일이 생길 것입니다."

그러자 유선이 「논어」에 나오는 '사랑하면 살리고자 하고 미워하면 죽이고자 한다'는 구절을 들어 황호를 용납하라고 하면서 황호를 불러 강유에게 절하고 사죄토록 시키니, 강유는 어쩔 수 없이 뜻을 이루지 못하고 궁에서 나올 수밖에 없었다.

강유가 한중을 떠나 북쪽의 답중 땅으로 가서 둔전을 실시하며 병사를 기른 것은 바로 이 직후의 일이었다.

결국 강유는 유선의 조정에 장래성이 없다는 걸 분명하게 깨닫고 제갈량의 은혜에 보답하고자 스스로 힘을 길러 북벌을 완성하려는 단독적 결행이었다. 하지만 이미 기울어진 촉한의 국운을 되돌리기에는 혼자 힘만으론 역부족이었다.

패배한 장수는 용기를 말하지 않고
망국의 대부는 장래를 도모하지 않는다

敗軍之將 패군지장 不可以言勇 불가이언용
亡國之大夫 망국지대부 不可以圖存 불가이도존

사마소가 서조연 벼슬의 소제에게 말했다.

"조정 신하들이 촉한을 정벌하지 말라는 것은 겁을 내기 때문이다. 종회가 쳐들어 가면 촉은 필히 패배할 것이다. 지금 종회는 혼자서 촉한을 칠 계책이 있으니 이는 겁을 내지 않기 때문이다. 겁을 내지 않으면 필히 촉한을 격파할 것이며, 촉한이 격파되면 촉인들은 슬픔과 절망에 빠질 것이다. 패배한 장수는 용기를 말하지 않고, 망국의 대부는 장래를 도모하지 않는다고 했다. 종회가 딴 마음을 품고 있다 해도 촉 백성들은 분명 그를 돕지 않을 것이다. 만약 우리가 이기면 병사들은 돌아오고 싶어 반드시 종회의 반란에 따르지 않을 것이니 무엇을 염려할 것인가. 이는 너와 나만이 아는 일이니 누설하지 말라."

소제는 감복하여 절했다.

서기 263년 초가을, 위나라 장수 종회가 10만 대군을 거느리고 촉한 정벌에 나섰다. 그날 사마소는 성 밖 10리까지 배웅하고 돌아오는데 측근 부하 소제가 종회가 반역할 가능성이 있음을 지적했고 사마소가 이에 대답한 내용.

서조연 소제는 이런 말을 했었다.

"주공께서 종회에게 10만 대군을 내주어 촉한을 정벌케 하셨으나 제 우둔한 생각으로는 염려가 됩니다. 종회는 본디 뜻이 크고 자존심이 강한 사람입니다. 그런 인물에게 10만 대군이란 큰 힘을 쥐어주면 오히려 우리 쪽이 위험에 처해질 수도 있지 않겠습니까?"

이에 대해 사마소는 '패장은 용기를 말하지 않고 망국의 대부는 장래를 도모하지 않는다'는 말로 종회가 설령 반역을 도모할지라도 촉한을 배경으로 반란에 성공하기 어렵다는 점을 지적한 것.

사실 사마소는 이미 종회의 반역 가능성을 염두에 두고 다양한 계산을 하고 있었으며 대책을 마련해 두고 있었다.

훗날 종회는 강유의 꾀임에 넘어 가 둘이 손잡고 반역을 꾀했으나 실패하고 만다.

세상을 뒤집어엎는 일, 흔히 혁명이라고 하지만 본질적인 면에서 혁명과 반역은 별로 다를 바 없다. 성공과 실패에는 분명한 차이가 있는데 실패한 경우를 보면 대부분 계획 자체가 부실한 경우가 대부분이었으나 대의명분도 약했다는 사실이다.

힘이 좀 생겼다고 함부로 밀어붙여서 세상을 바꾸려는 시도가 제대로 성공한 예는 그리 흔치 않다.

司馬昭謂西曹掾邵悌曰(사마소위서조연소제왈) /

朝臣皆言蜀未可伐(조신개언촉미가벌) / 是其心怯(시기심겁) /

若使強戰(약사강전) / 必敗之道也(필패지도야) /

今鍾會獨建伐蜀之策(금종회독건벌촉지책) /

是其心不怯(시기심불겁) / 則破蜀必矣(즉파촉필의) /

蜀旣破(촉기파) / 則蜀人心膽已裂(즉촉인심담이열) /

敗軍之將(패군지장) / 不可以言勇(불가이언용) /

亡國之大夫(망국지대부) / 不可以圖存(불가이도존) /

會卽有異志(회즉유이지) / 蜀人安能助之乎(촉인안능조지호) /

至若魏人得勝思歸(지약위인득승사귀) /

必不從會而反(필부종회이반) / 更不足慮耳(갱부족려이) /

此言乃吾與汝知之(차언내오여여지지) /

切不可泄漏 (절불가설루) / 邵悌拜服(소제배복)

호랑이 굴에 들어가지 않고
어찌 호랑이 새끼를 얻겠느냐

不入虎穴 불입호혈 焉得虎子 언득호자

등애가 말했다.

"우리 군사들이 여기까지 오느라 7백여 리를 행군했고, 여기만 지나면 곧 강유 땅이다. 어찌 되돌아갈 수 있겠느냐"

그리고 병사들을 불러 설득했다.

"호랑이 굴에 들어가지 않고 어찌 호랑이 새끼를 얻겠느냐. 나와 너희가 이곳까지 왔으니 성공하게 되면 부귀를 함께 누리겠노라."

종회의 대군이 검각에서 멈춰 서 있을 때, 등애는 기습전략으로 '음평 땅 좁은 길에다 험난한 산악지대를 지나 한중의 덕양정을 빠져나가 성도로 직행'하는 방법을 택했다.

종회가 이를 알고서 코웃음 치며 비웃었다.

"음평의 길은 좁고 높은 산과 험악한 지세여서 그곳에 촉한군 1백 명만 지키고 있으면 등애의 군사들은 꼼짝없이 굶어 죽을 것이다. 나는 당당히 큰 길로 나아가 촉한을 멸망시킬 것이다."

소설 「삼국연의」에서는 '음평을 출발한 등애군이 깎아지른 산과 험준한 계곡을 20여일에 걸쳐 7백여 리를 돌파했는데 촉한군은 물론이고 사람 하나 볼 수 없는 무인지경이었다'고 하면서 마천령에 올라가 보니 선발대로 떠났던 아들 등충이 병사들과 함께 울고 있어 까닭을 물으니 '고개 서쪽은 험준한 절벽이라 도저히 길을 낼 수 없어 지금껏 고생한 보람이 사라지니 억울하고 슬퍼 울었다'고 했다.

등애가 택한 길은 울창한 원시림과 험한 산세가 유명한 밀림지대였다. 한무제 때 이곳에 소로를 개척하여 음평도(陰平道)라고 하여 이를 이용했는데 북벌을 일으킬 때 제갈량이 길을 정비하고 요소요소에 관문을 만들어 방비를 단단히 했었다. 하지만 등애가 기습공격 할 무렵에는 거의 버려지다시피 되어 있었다. 그래도 마천령은 해발고도 2784미터의 민산산맥 지맥가운데 험준하기로 소문이 난 곳이었다.

사서에는 '등애가 인적 없는 7백리 길을 행군하여 마천령까지 올라간 것은 좋았는데 내려가는 길이 없었다. 그래서 모포를 휘둘러 몸을 감싸고 손수 언덕을 굴러 내려가서 가시덤불을 걷어내고 한줄기 길을 만드니 병사들은 나무에 매달려 절벽을 타고 한 줄이 되어 전진을 계속하였다. 결국 마천령을 넘은 등애군은 남패진(강유관)을 지키던 촉한 장수 마막의 항복을 받은 뒤 성도로 직행했다'고 기록되어 있다.

이 마천령 위에서 등애가 부하 장병들에게 일장 연설하여 사기를 북

돋운 부분이 바로 이것.

오늘날에도 마천령 남쪽 기슭은 소나무와 삼나무 거목들이 울창하게 솟아 있고 전죽(箭竹: 높이 3미터 정도 자라는 대나무. 화살을 만드는데 적당하다)의 숲이 인근을 뒤덮고 있는 자연 원시림. 이곳에 3천여 종류의 동식물이 서식하고 있다. 그 가운데 유명한 것이 우리에게도 익숙한 팬더곰과 금사 원숭이 터어킨(산양 비슷하게 생긴 야생동물) 등이 국가 차원에서 보호받고 있다. 사천성의 꽤 많은 보호구역 가운데 팬더곰의 수효가 가장 많은 곳이 여기다.

등애의 고단한 행군의 자취와 어리석은 마막의 이야기가 있는 음평도와 인근 지역은 제갈량의 유적지 등을 포함하여 오늘날 삼국시대 역사의 교훈을 되새기는 명소로 손꼽히고 있다.

鄧艾曰(등애왈) / 吾軍到此(오군도차) /
已行了七百餘里(이행료칠백여리) / 過此便是江油 (과차편시강유) /
豈可復退(개가복퇴) / 乃喚諸軍曰(내환제군왈) /
不入虎穴(불입호혈) / 焉得虎子(언득호자) /
吾與汝等來到此地(오여여등래도차지) / 若得成功(약득성공) /
富貴共之(부귀공지)

이렇듯 즐거우니
촉이 그립지 않다

此間樂 차간락 不思蜀也 불사촉야

  술이 반쯤 거나해졌을 때 사마소가 가충에게 "사람이 무정해도 저런 지경이라니. 비록 제갈공명이 살아있을지라도 보필하여 나라를 보전할 수 없었을 것이다. 강유인들 어찌 해볼 수 있었겠는가"하고는 후주(유선)에게 물었다.

  "촉이 그립지 않은가?"

  유선이 대답했다.

  "이렇게 즐거우니 촉이 그립지 않습니다."

  촉한이 망하고 유선을 비롯해 수행한 신하들이 포로 신세로 낙양에 도착했을 때, 사마소가 유선을 꾸짖었다.

"그대는 황음무도하여 어진 인물을 쫓아내고 나라를 다스리는데도 실패했으니 죽어 마땅하다."

유선은 죽인다는 말에 안색이 검게 변하며 당황해하는데 다행히 사마소의 측근들이 말렸다.

"이미 나라가 망했고 저항 없이 항복하였으니 정상을 참작하여 살려주는 것이 좋을까 합니다."

사마소는 그제야 노기를 풀고 유선을 안락공(安樂公)으로 봉하여 낙양에서 살게 해주고, 나머지 수행원들에게는 벼슬을 내렸으나 환관 황호만큼은 나라를 좀먹고 백성을 해친 죄가 크다 하여 거리로 끌어내 능지처참했다.

이렇게 조치한 후에 사마소는 잔치를 열어 항복한 자들을 대접했다. 이때 촉한에서 온 관리들은 모두 눈물을 흘리며 울적해 하는데 유선만큼은 즐거워하는 모습이 역력했다. 이런 모습을 보고 사마소가 측근인 가충에게 한심하다는 의사를 표시한 것.

유선에 대한 많은 이들의 탄식은 그의 너무나 부족한 자질에서 비롯되었다.

'환락을 좇아 즐거워하면서 얼굴가득 웃을 뿐(追歡作樂笑顔開)
망한 일은 염두에 없고 반점 슬픔조차 없구나(不念危亡半點哀)
타향에서 쾌락에 젖어 고국을 잊었으니(快樂異鄕忘故國)
알리라 후주(유선)가 얼마나 용렬한 자인가를(方知後主是庸才)'

이 시구처럼 유선은 황제라는 지위를 황음무도하고 쾌락이나 맛보는 시정잡배형(型)으로 삼은 삼국지 무대 최악의 군주였다.

◆ 최후를 맞이하여 불타는 성도

酒至半酣(주지반감) / 昭謂賈充曰(소위가충왈) /

人之無情 (인지무정) / 乃至於此(내지어차) /

雖使諸葛孔明在(수사제갈공명재) /

亦不能輔之久全(역능보지구전) / 何況姜維乎(하황강유호) /

乃問後主曰(내문후주왈) / 頗思蜀否(파사촉불) /

後主曰(후주왈) / 此間樂(차간락) / 不思蜀也(불사촉야)

천하에 뜻대로 되지 않는
일이 십중팔구다

天下不如意事 천하불여의사 十常八九 십상팔구

사마염은 표문을 읽고 크게 기뻐하여, 군사를 일으키려 하는데 가충·순욱·풍담 삼인이 불가하다고 역설했다.

사마염은 이 때문에 결단하지 못했다. 양호는 자신의 간청이 받아들여지지 않았음을 전해 듣고 탄식했다.

"천하에 뜻대로 되지 않는 일이 십중팔구로구나. 이제 하늘이 주는데 받으려 않으니 애석하기 이를 데 없도다."

사마소가 죽고 그의 큰아들 사마염이 뒤를 잇자, 옛 조비의 예를 본따서 위제 조환을 겁박하여 수선대를 쌓고 옥새를 빼앗아 선양이란 명분으로 진(晉)제국을 출범시켰다.

이 무렵 형주를 총괄하는 양호(羊祜) 장군은 오나라 군주 손호가 제멋대로 권세를 휘둘러 민심이 완전히 떠났다는 걸 알고 동오 공략의 표문을 올렸다.

— 하늘이 기회를 내리지만 성공하는 데는 필히 사람의 힘으로 이루어집니다. (天期運雖天所授 而功業必因人而成). 오늘날 강(江)과 회(淮)의 방비가 단단하다 해도 촉의 검각만큼 험난하지 않으며, 손호의 횡포는 유선보다 더 극악무도하고 동오의 백성들이 겪는 고생은 지난날 촉 땅 백성들보다 한층 심합니다. 우리 진제국(晉帝國)의 군사는 예전에 비해 훨씬 강해졌으니 지금 천하를 평정하지 않고 군사를 두어 지키기만 한다면 세상을 난세에 빠뜨리고 긴 세월을 버티지 못할 것입니다.

양호의 결론은 이 기회에 동오를 공략하여 천하를 통일하는 것이야말로 백성을 위한 최선의 방책이라는 것. 사실 양호는 그동안 동오를 쳐들어갈 상황을 염두에 두고 작전계획은 물론 군량 등 필요한 물자를 철저히 준비하고 있었다. 그리고 자기 생전에 동오를 점령하여 삼국 통일의 위업을 꼭 이루고 싶어 했다.

양호는 결국 자신의 뜻이 좌절되자 하직하고 고향으로 돌아갔는데 곧 병에 걸려 죽었다. 그리고 유언으로 두예를 천거했다. 두예는 동오를 멸하고 천하통일을 이루었다.

진제(晉帝) 사마염은 동오 점령의 축하식에서 "모두 태부 양호의 공로다. 그가 이를 보지 못하고 죽었으니 참으로 애석하도다"라고 하면서 눈물을 흘렸다.

이렇게 해서 후한 조정의 매관매직 등 부패 무능으로 시작된 난세가 황건의 난으로 천하대란이 되고 지방군벌들의 발호로 만백성이 고통 속에 살아야 했던 암울한 군웅할거 시대가 조조 손권 유비 세 영웅들에 의해 분할 되면서 시작된 위·촉·오 삼국시대는 결국 사마의의 후손에 의하여 진(晉)으로 통일되면서 마감되었다.

司馬炎觀表(사마염관표) / 大喜(대희) / 便令興師(편령흥사) /
賈充荀勖馮統三人(가충순욱풍담삼인) / 力言不可(역언불가) /
炎因此不行(염인차불행) / 祜聞上不允其請(호문상불윤기청) /
嘆曰(탄왈) / 天下不如意事(천하불여의사) /
十常八九 (십상팔구) / 今天與不取(금천여불취) /
豈不大可惜哉(개불대가석재)